図解 新版

なるほど！これでわかった

よくわかるこれからのSCM

原材料の調達から生産、販売、顧客までの流れを通じて、
在庫と利益を最適化する供給コントロールの手法である
SCM（サプライチェーンマネジメント）を徹底解説

石川和幸

同文舘出版

はじめに

●サプライチェーン分断による変化

２０２０年代に入り、サプライチェーンにはさまざまな問題が発生し、新たな改革の必要性が顕在化しています。いままでスムーズに連携し、安定供給を維持していたサプライチェーンが、突然分断されたのです。

半導体不足を皮切りに、原材料、部品の調達難が発生し、その影響がいまも続いています。パンデミック、災害、紛争、電力不足が発生し、生産、調達や輸配送が滞りました。

また、成長市場の大量需要による原材料、部品の高騰と取り合い、輸送手段の取り合いも発生しました。発注すればすぐ生産、調達できた時代は終わり、生産、調達、物流リスクを考慮したサプライチェーンマネジメント（以下ＳＣＭ）の再構築が必要になったのです。

●ＩＴテクノロジーの進展とＤＸ化

テクノロジーの進展も凄まじく、特にＩＴが仕事の仕方を大きく変えようとしています。

業務システムでは、ＥＲＰ（基幹システム：Enterprise Resource Planning）の導入が当たり前になり、商談管理などの新たな領域のシステムもどんどん導入されています。ＩｏＴやＡＩも今後、大きなインパクトをもたらすでしょう。

その上で、あらゆるものの情報がデジタルデータ化し、業務プロセスがデジタル化していくＤＸ（Digital Transformation）が目指されています。

システムを使った業務革新が、あらためて始まっているのです。

●SCM業務プロセス革新の動き

業務領域でも革新の動きがあります。俊敏性を追求したSCMに加えて、あらためて組織間の調整を行い、施策の財務インパクトを見極め、経営判断を伴う意思決定をするS&OP（Sales & Operation Plan）という業務が目指されています。

●SCMの基本からSCM革新まで

本書の初版は、2010年に出版されました。本書はSCMの基本的な考え方、SCMの正しい構築のステップ・勘所を伝えること主眼としています。

今回の改訂では、SCMの基本概念に加え、サプライチェーンの分断といった環境変化とその対応、テクノロジーの進展と対応、SCM業務プロセス革新を盛り込みました。

第1章では、SCMの概念と効果の説明に加え、昨今のサプライチェーンのリスク対応の重要性を補足しました。SCMがいかに効果的な仕組みか理解されることでしょう。

第2章では、SCMを構築する際の枠組み（フレームワーク）を解説します。いままで部門ごとに細切れの業務改善をSCMと言っていた企業にとっては、SCMが組織の壁を越えた改革手法だということが理解されるでしょう。

第3章から第7章までは、具体的なSCMの構築方法に加え、商談管理について補強しました。第8章ではSCMの効果を測定する管理指標を例示しています。

第9章では、SCMを支えるシステムを解説しています。加えて昨今のテクノロジーの進展を踏まえ、SCMに対するIoTやAIの影響と使い方、その注意点を解説しています。

第3章から第9章では、SCMを通じて企業競争力を強化するための多くのヒントが得られるはずです。

第10章は内容を大幅に改訂しました。ＳＣＭの改革・改善手法が大きく変化してきているからです。ＳＣＭが企業の永久の改革手法であることが伝わるでしょう。

「必要なモノを、必要なときに、必要な場所に、必要な量だけ」届けることで、ムダな在庫をそぎ落とし、欠品せずに、売上・利益を上げることができるのです。ＳＣＭの業務品質が高ければ高いほど、企業は収益を上げ、永続していくことができます。

本書がＳＣＭを正しく理解し、正しく構築するための一助となり、企業競争力の向上に貢献できれば幸いです。

石川和幸

２０２３年９月

もくじ なるほど！　これでわかった

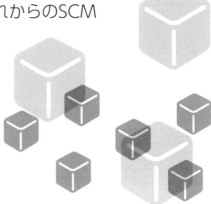

新版 図解　よくわかるこれからのSCM

第1章 ▶ SCMとは何か

Section

第2章 ▶ SCMを構成する各種要素

Section

第3章 ▶ 儲けを生むビジネスモデルの築き方

Section

第4章 ▶ 競争力に直結するロジスティクスの築き方

Section

第5章 ▶ 売上最大化と在庫最適化を狙う、販売計画と在庫計画

Section

第6章 ▶ コストを最適化する生産計画と調達計画

Section

第7章 ▶ スピードが重要な実行系業務

Section

第8章 ▶ SCM管理指標とは

Section

第9章 ▶ SCMを支えるシステムのいろいろ

第10章 ▶ これからのSCM

カバーデザイン◎春日井恵実
立体イラスト◎野崎一人
本文 DTP ◎春日井恵実

第1章

SCMとは何か

時代の変化がSCMを生み出した

SCMはなぜ生まれたのか

モノの供給を効率的に行う仕組みが必要になった。

●「つくれば売れる時代」の終焉

戦後、世界経済は長らく成長を続けてきました。日本においても、モノ不足や高度経済成長を背景に「つくれば売れる時代」が続きました。

ところが、市場が成熟化したため、「つくれば売れる時代」は終焉しました。消費者の目は厳しくなり、店にあれば何でも買うという姿勢はなくなりました。

消費者にとって必要なモノが、必要なタイミングで、必要なところにないと、「他社の製品を買おう」となって、生産・流通サイドからすると売り逃がしになります。一方、必要な量以上に用意してしまうと、在庫が余る状況になったのです。

●情報化社会の到来

情報化社会も「つくれば売れる時代」の終焉に拍車をかけました。製品情報が行き渡り、比較ができるようになりました。顧客は情報を武器に賢い購買行動をとるようになったのです。

成長著しい新興国でも情報が行き渡り、良いものしか売れなくなりました。売れるものは爆発的に売れて、売れないものはまったく売れないという状況になったのです。

●ビジネスでの〝のんびり〟は致命傷

売れるものは即座に補充したり、増産しないと、あっと言う間に売れなくなる可能性があります。逆に、売れないものはすぐに在庫を減らしたり、生産数量を落とさないと、余剰在庫を抱える怖れが出てきています。

市場の動向を俊敏に捉え、対応していかないと、またたく間に業績が悪化してしまう時代になりました。十年一日のようなのんびりしたビジネスを営んでいるようでは、市場から追い出されかねない状況が訪れたのです。

●SCMの誕生

モノをきちんと供給することは現代社会では必須のことです。お店に行っても商品がないとか、部品が届かなくて工場の生産が止まるなどすると大変困るわけです。一方、不要なものを大

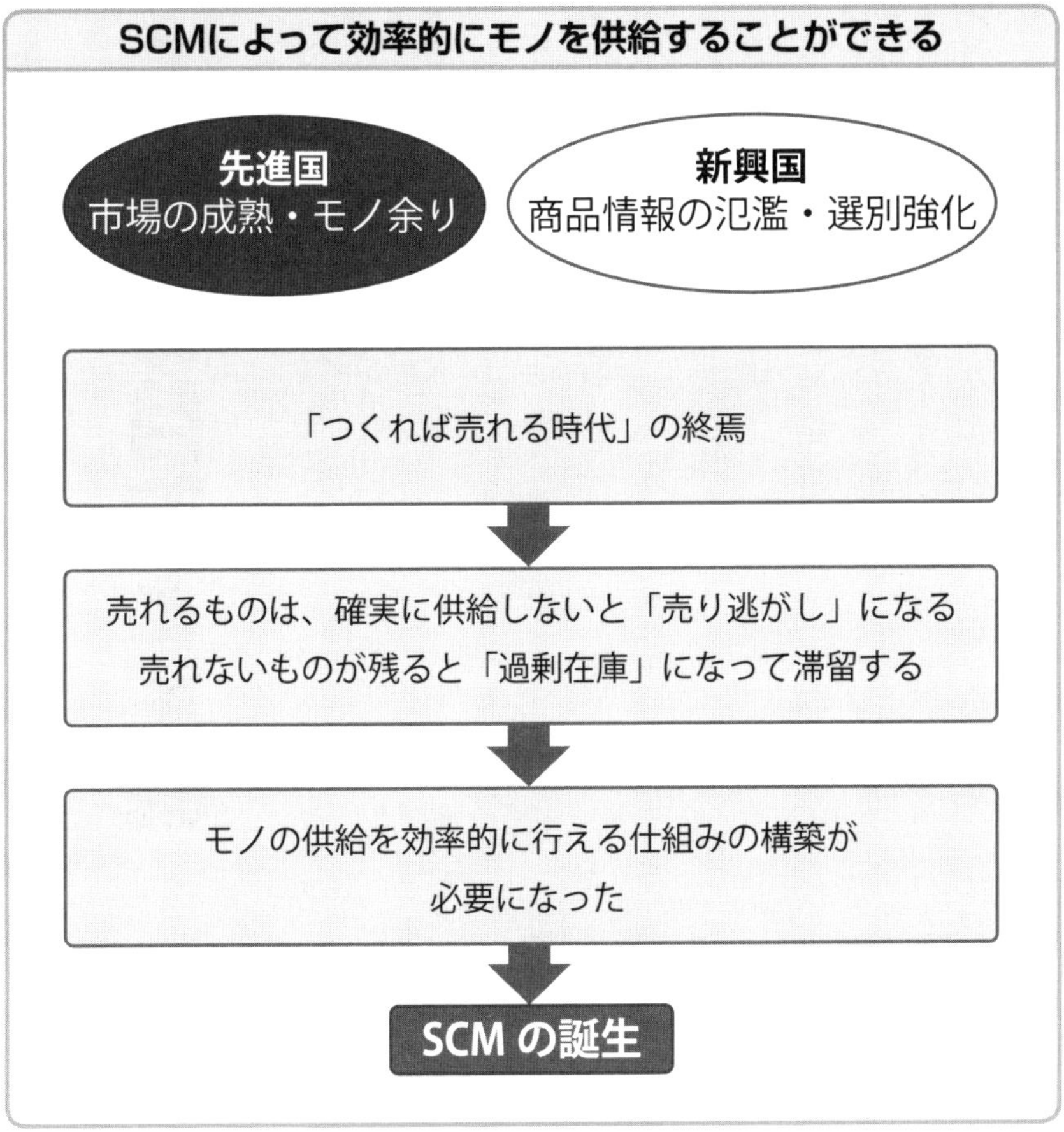
SCMによって効率的にモノを供給することができる
先進国
市場の成熟・モノ余り
新興国
商品情報の氾濫・選別強化
「つくれば売れる時代」の終焉
売れるものは、確実に供給しないと「売り逃がし」になる
売れないものが残ると「過剰在庫」になって滞留する
モノの供給を効率的に行える仕組みの構築が
必要になった
SCMの誕生

量に生産・供給すると、売れない在庫になって企業は大打撃を被ります。

そこで、モノの供給を効率的に行える仕組みを構築して、必要なモノを、必要なタイミングで、必要な量だけ、滞りなく供給することを目指そうという改革が行われるようになりました。

改革事例として最初に登場したのは、世界最大の小売業「ウォルマート」と、同じく世界最大の消費財メーカーである「P&G」のケースです。両社で店舗の在庫情報を共有し、欠品が起きないようにP&G側が商品を供給することが紹介されたのです。

この考えは衝撃的でした。通常、小売業は製造業に在庫情報を開示せず、製造業も注文がない限り店舗で欠品していても知らん顔でした。そうした状況に対し、企業同士の壁を取り払って情報を共有し業務を行う、「Win－Win」の関係が構築されたのです。

SCMの目的と定義を明確にする

SCMの目的と定義

SCMの目的は「儲け続けること」。

●SCMの定義の混乱

ウォルマートとP&Gの事例に代表されるような、小売業と製造業・卸売業が連携して店頭へ効率的に商品を補充する業務形態は最初、QR（Quick Response）とかECR（Efficient Consumer Response）と呼ばれました。

その後、この業務がSCMと呼ばれるようになったのです。その結果、受注して、出荷し、店頭に補充するための最適な在庫管理と受発注の業務がSCMであると紹介されました。

さらに、迅速かつ効率的な輸送がSCMと言われ、物流こそSCMであると言う人が登場しました。SCMの概念はさらに拡大し、最適な生産の仕方もSCM、効率的な調達もSCMと呼ばれ出しました。SCMの範囲はどんどん拡大し、定義があいまいになっていったのです。

そのため、物流業務をSCMと言ったり、工場の業務だけをSCMと言ったり、販売・物流だけをSCMと言ったり、各社各様の定義が存在するようになってしまったのです。

営業部門と話すと、「SCMは工場の話で、ウチには関係ない」という反応が返ってきたりします。SCM部と言えばトラックを持っている物流部門であると言われたりします。

●SCMの目的

しかし、SCMは単なる一部の組織の業務改革ではありません。SCMは1部門、1組織の業務効率化を超えて、仕入れから販売までの組織や、場合によっては企業を超えてのサプライチェーン（モノを届けるための供給《連鎖》の体制）全体に関わる改革なのです。

たとえば、物流だけ効率化しても、欠品していたのでは意味がありません。工場がフル稼働しても、売れない製品在庫をつくっているのでは、会社がおかしくなってしまいます。一部の組織だけが得をして、サプライチェーン全体で望ましくない結果を生んでいるのでは、本末転倒です。

SCMはサプライチェーン全体の儲けを最大化するための改革

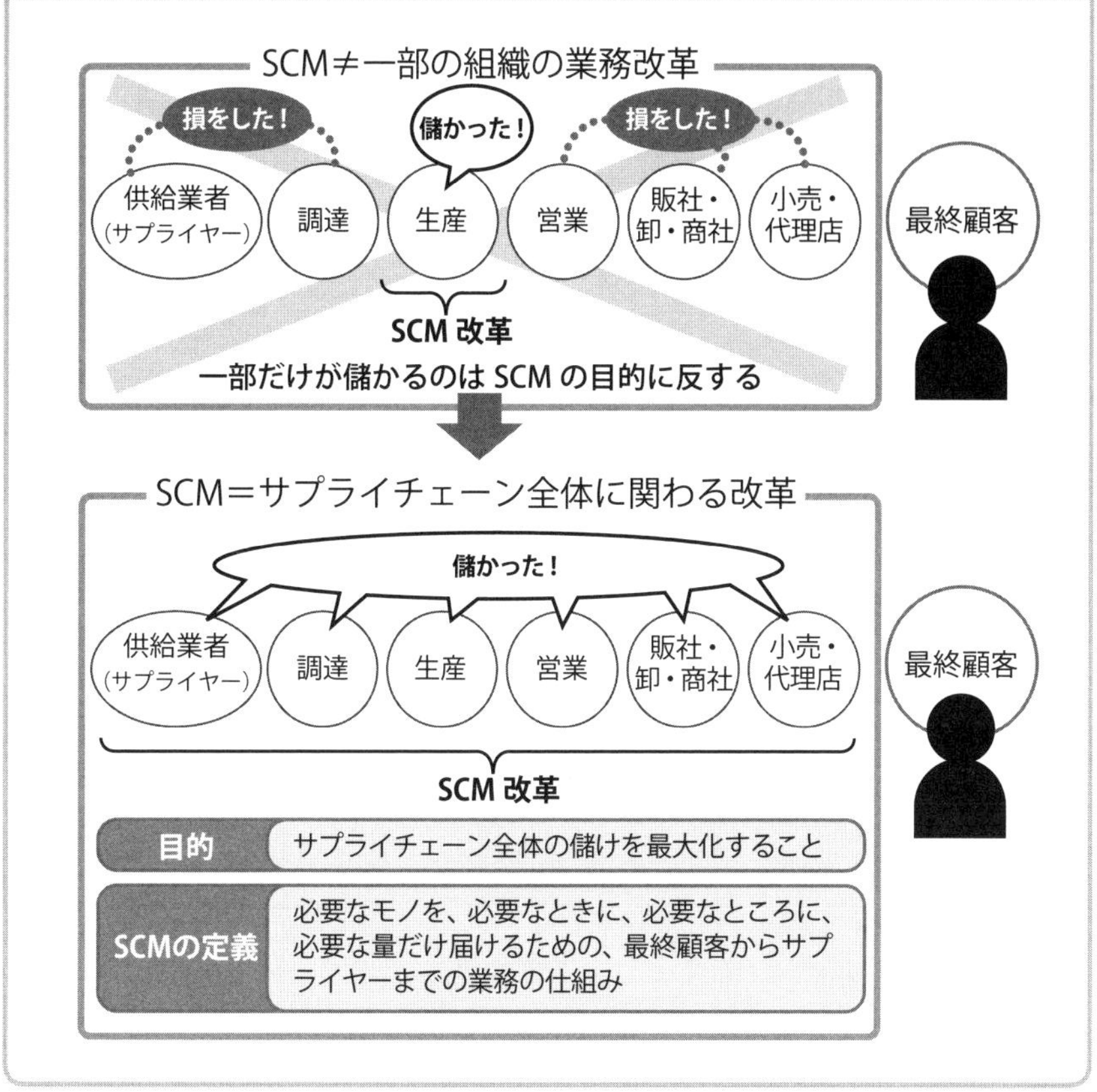
SCM≠一部の組織の業務改革
損をした！
儲かった！
損をした！
供給業者（サプライヤー）
調達
生産
営業
販社・卸・商社
小売・代理店
最終顧客
SCM 改革
一部だけが儲かるのは SCM の目的に反する
SCM＝サプライチェーン全体に関わる改革
儲かった！
供給業者（サプライヤー）
調達
生産
営業
販社・卸・商社
小売・代理店
最終顧客
SCM 改革
目的
サプライチェーン全体の儲けを最大化すること
SCMの定義
必要なモノを、必要なときに、必要なところに、必要な量だけ届けるための、最終顧客からサプライヤーまでの業務の仕組み

一部の組織だけが効率化された結果、会社全体がおかしくなる状況は、まさにＳＣＭが避けようとしたことです。ＳＣＭを一部の組織の改革と勘違いすると、こうした悪い結果になりかねないのです。

ＳＣＭの狙いは、サプライチェーン全体で改革し、儲け続けることです。最終顧客からサプライヤー（供給業者）までの全組織をパートナーシップで結び、サプライチェーン全体の儲けを最大化することが目的なのです。

●ＳＣＭの定義

ＳＣＭの定義は混乱していますが、本書では、「必要なモノを、必要なときに、必要な場所に、必要な量だけ届けるための、最終顧客からサプライヤーまでの業務の仕組み」と定義します。ＳＣＭは一部の組織だけの利害を超えた改革であると意識しましょう。

SCMに登場する企業・組織と業務

SCMのキーポイント①
SCMの構成要素

SCMの構成要素を押さえよう。

●SCMを構成する企業・組織

本書では前項のように、SCMを「必要なモノを、必要なときに、必要な場所に、必要な量だけ届けるための、最終顧客からサプライヤーまでの業務の仕組み」と定義しました。

では、SCMが1組織に限定された活動ではないとすると、そこにはどのような企業・組織が登場するのでしょうか。

最終顧客の側から見ていくと、小売・代理店、卸・商社が存在します。製品の製造業があり、部品の製造業があり、原材料業者が存在します。他企業だけでなく、グループ会社の販売会社、製造子会社などもあるでしょう。

そして、各企業・組織をつなぐ物流業者が存在します。倉庫業者、トラック輸送業者、航空輸送会社、船舶会社、通関業者などが存在します。

企業の中にあって、SCMに関わる組織もたくさんあります。営業、生産、調達、物流に関わる各部門などです。

●SCMを構成する業務の仕組み

企業や組織という見方ではなく、SCMを業務という要素で見るとどうでしょう。SCMを構成する要素としては、業務の土台となる物流インフラと、計画、実行、評価という三つの業務が存在します。

物流インフラとは、実際にモノが動く仕組みです。工場のライン設備や倉庫設備、トラックなどの物理的な設備を要素にした、工場の拠点配置、倉庫配置、物流ネットワークなどが物流インフラです。

物流インフラの組合せは多様です。工場や倉庫をどこに置くのか、輸送には船を使うのか飛行機か、出荷の締切時間はどうするのか、などの組合せによって、企業の競争力に大きな影響を与えます。物流インフラの選択と組合せが、企業の競争力の重要なカギになっています。物流インフラを土台にして、その上で、計画、実行、評価の業務が営まれます。

計画業務は、SCMで最も重要な業

さまざまな要素で構成されるSCM

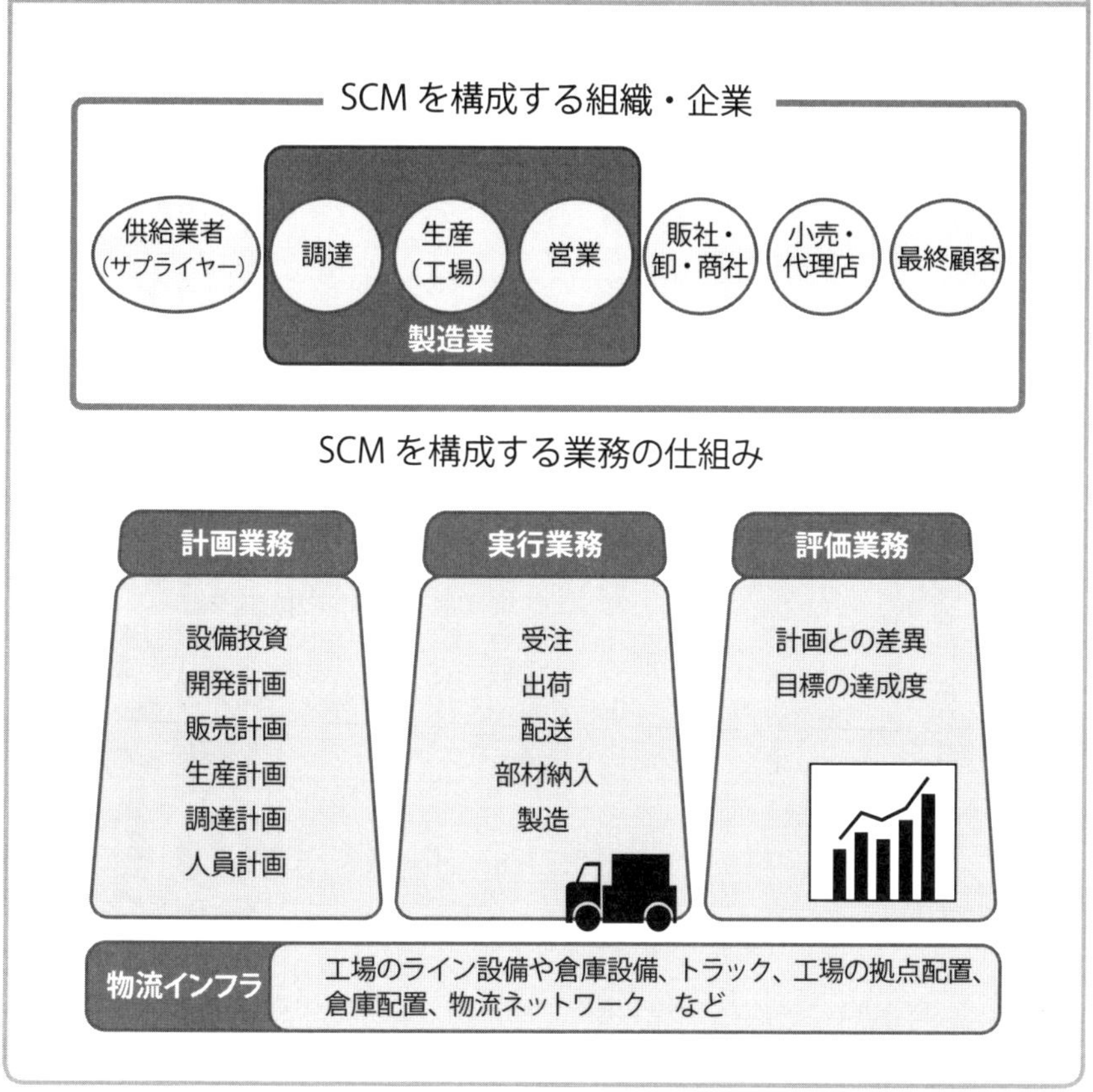

務です。長期計画では、設備投資や開発計画が決まり、月次計画で販売計画や生産計画、調達計画が決まります。販売計画をベースに在庫の計画も決まり、生産計画によって人員計画や部品・原材料の購入数が計画され、調達量が決まるのです。計画業務が企業の収益構造をある程度決めてしまうのです。

実行業務は計画業務の枠内で、粛々と営まれる業務です。受注して、出荷し、配送します。部材を発注して、受け入れ、製造して在庫します。品質とコスト、正確さとスピードが要求される業務です。

評価業務は、実行の結果を「見える化」して、計画との差異、目標の達成度を評価する業務です。たとえば、販売不振で販売計画未達になり、在庫が積み上がってしまった場合、各計画を見直すきっかけになります。

SCMのキーポイント② 需要情報と供給情報の連携

SCMの二つの流れを押さえよう。

●SCMを起動する需要情報

物流インフラ上で、計画業務、実行業務、評価業務のPDCAサイクルを回すことが、SCMの名前に「M（マネジメント）」が冠されている理由と言えます。SCMのマネジメントサイクルを動かすためには、情報が必要になります。

情報は、あたかも神経を伝達していくシグナルのようなものです。神経伝達情報を受けて体が動き出すように、SCMは需要情報と供給情報を受けて動き出します。

需要情報は、サプライチェーンの川下（顧客側）から川上（サプライヤー側）に向かって伝達される情報です。需要情報には、計画情報、実行指示情報と実績情報があります。

計画情報は、販売計画、在庫計画、仕入計画、生産計画、調達計画です。販売計画に基づき、在庫計画、仕入計画が立案され、生産（要求）計画、調達計画に結びつきます。まさに川下から川上に向けて計画情報が伝達されるのです。

実行指示情報には、受注、発注、生産指示、納入指示などの実際の実行を行わせる情報があります。注文書や製造指図書などは、実行指示情報が記載された書類なのです。

実績情報には、販売実績、在庫実績、仕入実績、生産実績、調達実績などがあります。計画に対して、実行結果を示すものが実績情報です。

実績情報を計画情報と比較し、差異がある場合には計画を見直し、サプライチェーン上のモノの流れをコントロールします。SCMを起動し、コントロールしているのが需要情報です。

●SCMを安定化させる供給情報

川上から川下に伝えられる情報が供給情報です。供給情報にも計画と実行指示、実績があります。

計画に関する供給情報には、仕入計画に対する供給計画、生産（要求）計画に対する生産（実施）計画、調達計画に対する納入計画があり、需要情報

SCMを支える2つの情報の流れ

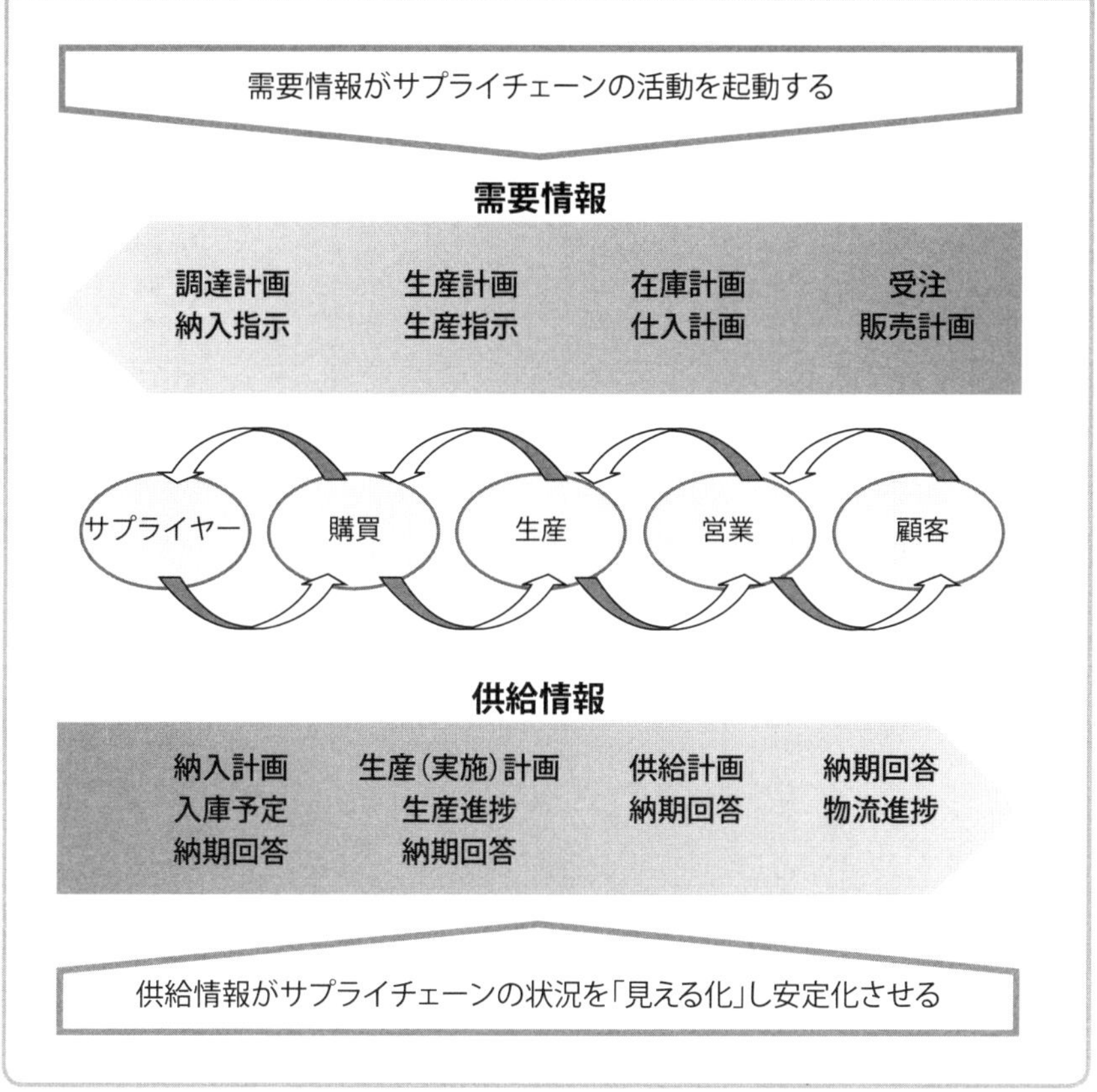

への「返し」となっています。

実行指示情報への「返し」としては、受注や発注、納入指示に対しては納期回答や入庫予定があり、生産指示に対しては生産予定や生産進捗情報があります。また、実績情報としては入庫実績、生産実績などがあります。

需要情報の「返し」である供給情報が需要情報と相違した場合、アクションが必要になります。

たとえば、100個の仕入計画を立てていても、納期回答が50個の場合、50個の不足が生じます。このとき、生産を前倒しにして不足50個を生じさせないように計画を変更できないか、検討が始まります。

供給情報は、需要情報が満足できるかどうかをチェックし、アクションをとる上で欠かせない情報です。SCMでは需要情報と供給情報の二つの情報が必須なのです。

Section 5

SCMは欠品をなくす

SCMは売上を最大化する

欠品がなくなれば、売り逃がしもなくなる。

●欠品ほど損なことはない

需要情報と供給情報をうまく使うことができず、「必要なモノを、必要なときに、必要な場所に、必要な量だけ」届けることができないとどうなるでしょう。欠品が生じます。

欠品が生じると、せっかく顧客が買いに来ても買うことができませんから、売り主側は売上になりません。ヘタをすると、顧客は別なところで買ってしまい、二度と買いに来てくれないかもしれません。一時的な売上の損失だけでなく、永久に顧客を失ってしまうかもしれないのです。

顧客の信頼を失い、「ここでは必要なモノが買えない」と思われてしまうと、買いに来たときだけでなく、長期的に販売機会を逸してしまうのです。欠品ほど損なことはありません。

●SCMは売れ筋をつかみ、供給する

ＳＣＭでは、欠品を避けるために、何が売れ筋商品かをつかみ、きちんと補充したり供給することを目指しています。こうしたことがきちんと行われているのがコンビニエンスストア（コンビニ）です。

コンビニは店舗スペースが狭いのにもかかわらず、消費者が行けばたいていほしいものが揃っています。こういうことができるのは、売れ筋をつかみ、在庫が減ると適時補充しているからです。その一方で、売れない死に筋は売場から除外しているのです。コンビニは欠品をなくして売上を最大化しているのです。

売れ筋情報はＰＯＳシステム（販売時点情報管理システム）で把握できます。ＩＴを駆使して売れ筋情報を把握しているのです。

●在庫減や欠品にもすぐ気づく

ＰＯＳがあるおかげで在庫管理もきちんとできます。在庫が少なくなり、このままでは欠品してしまう怖れがある場合も、すぐに気づくことができます。欠品の怖れを事前に察知して発注し、補充することができるわけです。

コンビニにはたいていのものが確実

SCMを確立することで売上を最大化できる

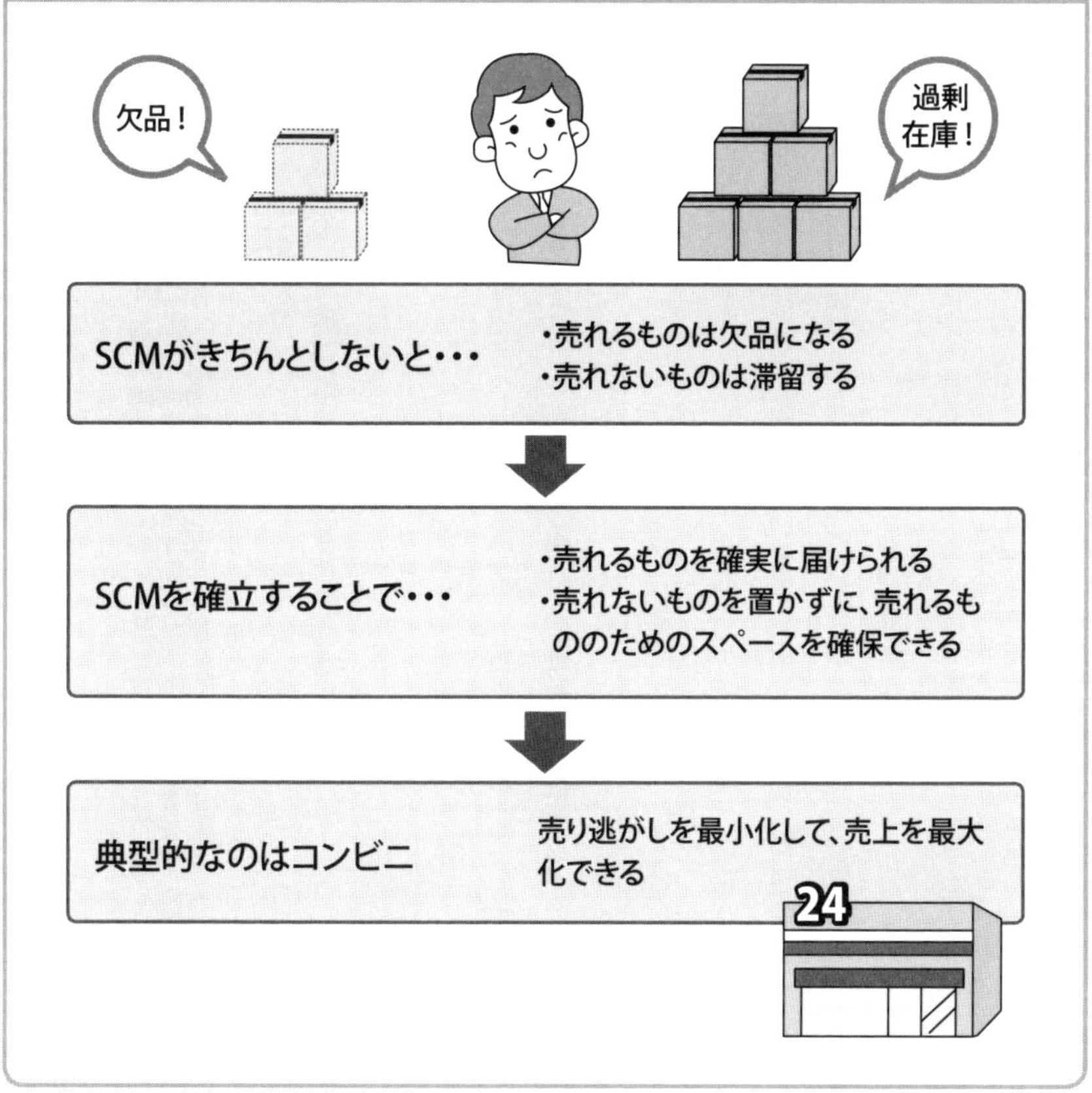
欠品！
過剰在庫！
SCMがきちんとしないと・・・
・売れるものは欠品になる
・売れないものは滞留する
SCMを確立することで・・・
・売れるものを確実に届けられる
・売れないものを置かずに、売れるもののためのスペースを確保できる
典型的なのはコンビニ
売り逃がしを最小化して、売上を最大化できる
24

にあるので、安心して買い物に行ける場所となっているのです。まさにSCMの威力です。

●SCMは需要予測精度を上げる

発注して即供給されるものは、売上情報から売れ筋・死に筋を把握してアクションしても間に合いますが、供給されるまでに時間がかかるものは事前に需要予測をしなければなりません。生産に1ヶ月かかるのであれば、1ヶ月後にどれほど売れそうかということを予測しなければつくることができないからです。

多くの製造業では、需要予測をしなければなりません。需要予測に失敗すると、ここでも欠品が起きます。そうならないためにも、SCMを確立し、過去の販売実績を把握して、需要予測精度を上げることで欠品を極力なくし、売り逃がしを最小化して、売上最大化を狙います。

在庫は存在せざるを得ない

SCMは在庫を最適化する

在庫をコントロールし、最適化するのがSCMの役割。

●在庫は悪か

売れ筋をきちんと把握できず、売れない在庫がたまってしまうと、企業は危機的な状況に陥ります。在庫は売れてはじめて現金になって戻ってきます。しかし、売れないで在庫として滞留すると、企業は必要な現金を得ることができず、資金繰りに窮してしまうのです。

あのトヨタでさえ、かつて売れない在庫を抱えて危機に陥ったことがあるのです。トヨタが在庫を「悪」と捉えて、可能な限り在庫を持たない経営をしようとしているのは、こうした過去の苦い経験があるからです。

●在庫は必ず存在する

しかし、在庫は必ず悪なのでしょうか。残念ながら、モノをつくるのには時間がかかります。いますぐほしいという人がいるのに、原材料から調達していては、まったく顧客のニーズは満たせません。

極端な例かもしれませんが、のどが渇いてジュースがほしいという顧客に対して、その姿を見てから遠くの農地でみかんを収穫していたのでは間に合いません。自動車を買いに来た顧客に対し、今から鉄鉱石を輸入していては、いつ供給できるのか予想もつかなくなります。

このように、顧客の要求のスピードと、モノをつくり、供給するスピードとの間には大きなギャップが存在するのです。この時間のギャップを埋めるのが在庫の役割です。

顧客が買いに来たときに即お渡しできるのは、前もって在庫が用意されているからです。すぐほしいという顧客の要求を満たすために、在庫が存在しているのです。

顧客の要求と、製造し供給するときの時間のギャップを埋める在庫は、決して「悪」ではありません。顧客にとっては、むしろ「善」と言っていいかもしれません。

●SCMが目指す在庫の最適化とは

だからと言って、何でも在庫してよ

コントロールされ最適化された在庫は良い在庫

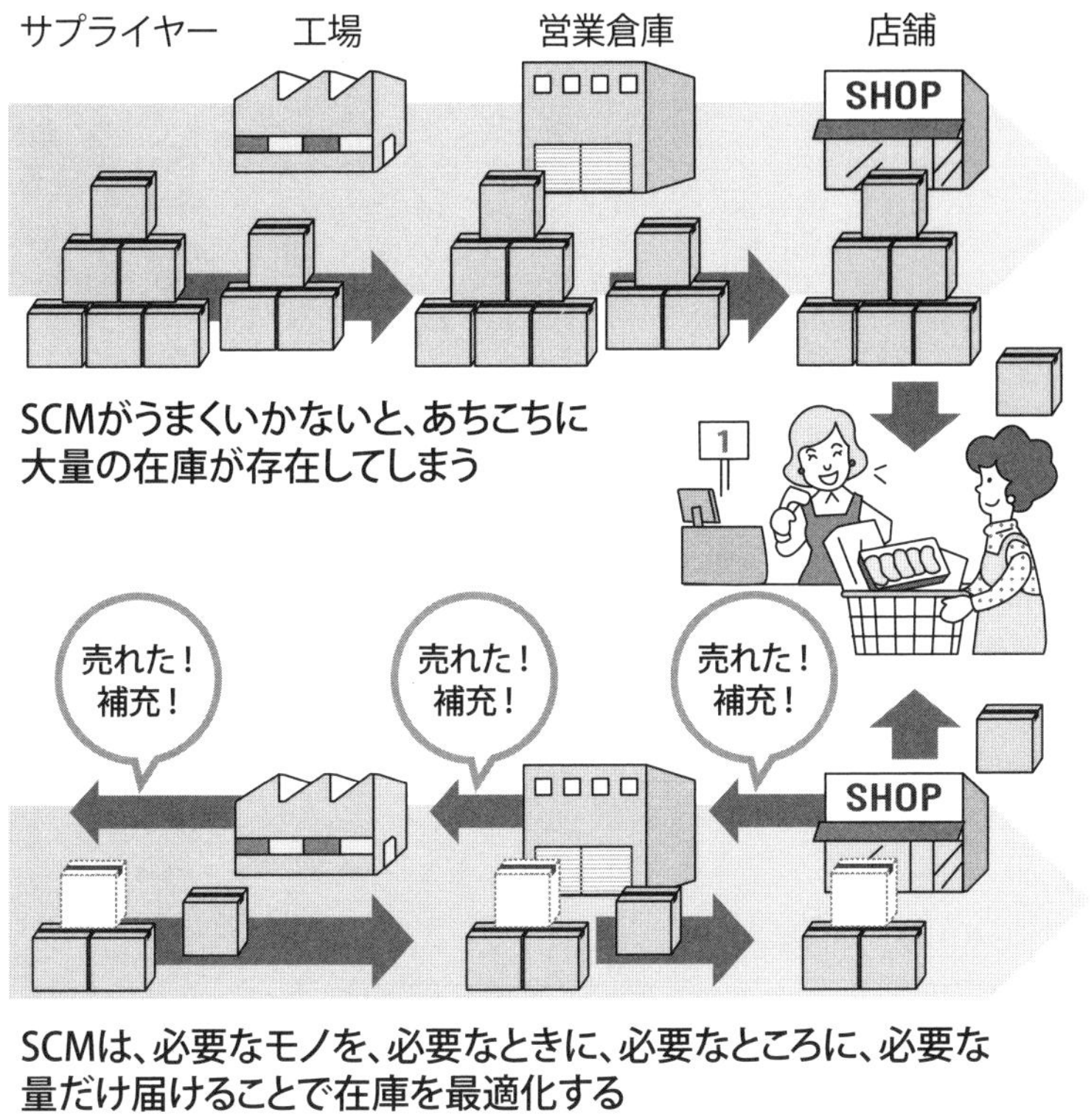
サプライヤー
工場
営業倉庫
店舗
SHOP
SCMがうまくいかないと、あちこちに
大量の在庫が存在してしまう
1
売れた！
補充！
売れた！
補充！
売れた！
補充！
SHOP
SCMは、必要なモノを、必要なときに、必要なところに、必要な
量だけ届けることで在庫を最適化する

いということにはなりません。冒頭で書いたように、売れない在庫を大量に持ってしまうと、資金繰りが悪化するため、きちんとした対応が必要になります。

そこで、ＳＣＭが目指す狙いが、在庫の最適化です。在庫の最適化とは、売れるものが売れるタイミングで、適量の在庫として存在し、売れないものは必要以上に存在せず、かつ滞留しないようにコントロールすることです。

企業がＳＣＭを構築する目的は、売れるものを在庫して、顧客の要求スピードに合致させて売上を確保し、滞留も起こさないようにコントロールすることです。

先のウォルマートとＰ＆ＧのＳＣＭは、店舗在庫の最適化を実現した例です。欠品も滞留も起こさずにコントロールされた在庫は悪ではなく、コントロールできないことが悪なのです。

サプライチェーン上にはたくさんのムダがある

SCMはコストダウンを徹底する

ムダな在庫やムダな輸送をなくせば、大幅なコストダウンが実現する。

●サプライチェーン上のムダ

サプライチェーン上にはたくさんのムダがあります。SCMはこのムダを極限まで減らし、コストダウンすることを目指します。

たとえば、ムダな在庫とムダな輸送は、本来発生しなかったはずのムダな費用を発生させます。SCMでは、サプライチェーン上に存在する在庫と輸送のムダをなくし、コストダウンを目指すのです。

●在庫が減ればコストが下がる

在庫は存在するだけで、さまざまな費用がかかります。

まず、保管のコストがかかります。外部倉庫を借りているのであれば、倉庫の賃貸料や荷役費、保険料などがかかります。自社倉庫であれば、倉庫管理をする人件費、水道光熱費、システム運用費、減価償却費、固定資産税などが発生します。

在庫そのものは、現金が成り代わったものです。在庫をつくるのに使われた原材料費や部品費、人件費などの現金は、売れない限り回収することはできません。その間の現金立替えが必要です。立替期間の間は、金利がかかると考えます。

長期間保管したために価値が下がるのであれば、在庫は評価減をします。実際に腐ったり、減耗して損失になってしまう場合もあります。廃棄となれば、廃棄損、廃棄の処理費用がかかります。

在庫があるというだけで、これだけの費用がかかるのです。ムダに在庫を持てば持つほど、それだけムダな費用がかかりコストが上がるわけです。

その逆に、ムダな在庫を極力減らすことができれば、コスト削減につながります。SCMがきちんと機能すれば、在庫最適化によってムダな在庫の削減が実現し、コストダウンが実現するのです。

その効果は、在庫金額の10～20%程度と見込めます。実際に私が支援した医療機器メーカーでは、在庫が生み

ムダの削減の徹底が大幅なコストダウンにつながる

SCMで削減できるコスト

在庫最適化・輸配送効率化で削減できる

倉庫賃貸料
荷役費
保険料
人件費
水道光熱費
システム運用費
減価償却費
固定資産税
原材料費
部品費

現金立替期間の金利
在庫評価減
在庫減耗損
在庫廃棄損
廃棄の処理費用
輸配送費

出す費用を、在庫金額の20％と試算しました。年間10億円の在庫があると、年間2億円のコストがかかる試算です。すると、1億円の在庫削減で2000万円のコストダウンになる計算です。同様に、製造装置メーカーでは12％と試算しました。

両社とも、SCMを構築して在庫を削減し、コストダウンに成功しました。

●物流最適化によるコストダウン

SCMでは、物流の最適化も狙います。物流の最適化とは、輸送の形態の最適化です。

たとえば、トラックを空荷で走らせず、積載効率を上げることで、1運行当たりのコストを下げたり、運行回数自体を減らします。飛行機輸送を海運輸送に切り替えてコストダウンすることもあります。SCMで最適物流をデザインし、選択し、コストダウンを実現するのです。

業務スピードは競争力

SCMは供給スピードを極限まで速くする

業務スピードアップで、サービス向上と在庫減を狙う。

●スピードアップはサービス

SCMによって物流が効率的にデザインできれば、供給のスピードアップが図れます。そして、供給のスピードアップは、顧客へのサービスアップに直結します。

たとえば、デパートに買い物に行って、ほしい商品が店頭にない場合でも、「明日には届けられる」と言われれば買う気も持続しますが、これが3週間後とか1ヶ月後となってしまうと、とても買う気にはなれません。

自動車を修理に出したときはどうでしょう。修理部品が即届いて、短時間で直してくれるのであれば、そのメーカーの自動車に乗り続けようと思います。しかし、「修理用部品がいつ来るかわからないので、直せる見込みが立ちません」と言われたらどうでしょう。そのメーカーの自動車に乗り続けるでしょうか。

このように考えると、モノを届けるスピードが速いほど、評価されるということがわかります。SCMは物流のデザインを最適化し、供給スピードを極限まで速くする改革も目指します。

●スピードアップは在庫を減らす

供給スピードが上がると、在庫を持つ必要がなくなります。たとえば、届くのに1ヶ月もかかるのであれば、その間欠品しないように大量の在庫を持たざるを得ません。しかし、1週間後に届くとなったらどうでしょう。1週間欠品せずに持ちこたえられるだけの在庫を持っておけば十分ということになります。

少ない店舗スペースしかないコンビニが、多品種少量の在庫で欠品せずビジネスを営むことができるのも、供給スピードが速いからです。コンビニの場合は、供給の多頻度化もあって、供給のサイクルを短縮して供給スピードを上げているのです。

倉庫拠点の最適配置、輸送ルート・時間の最短化、多頻度化による輸送間隔の短縮などが供給スピードを速める打ち手となります。SCMはこうした

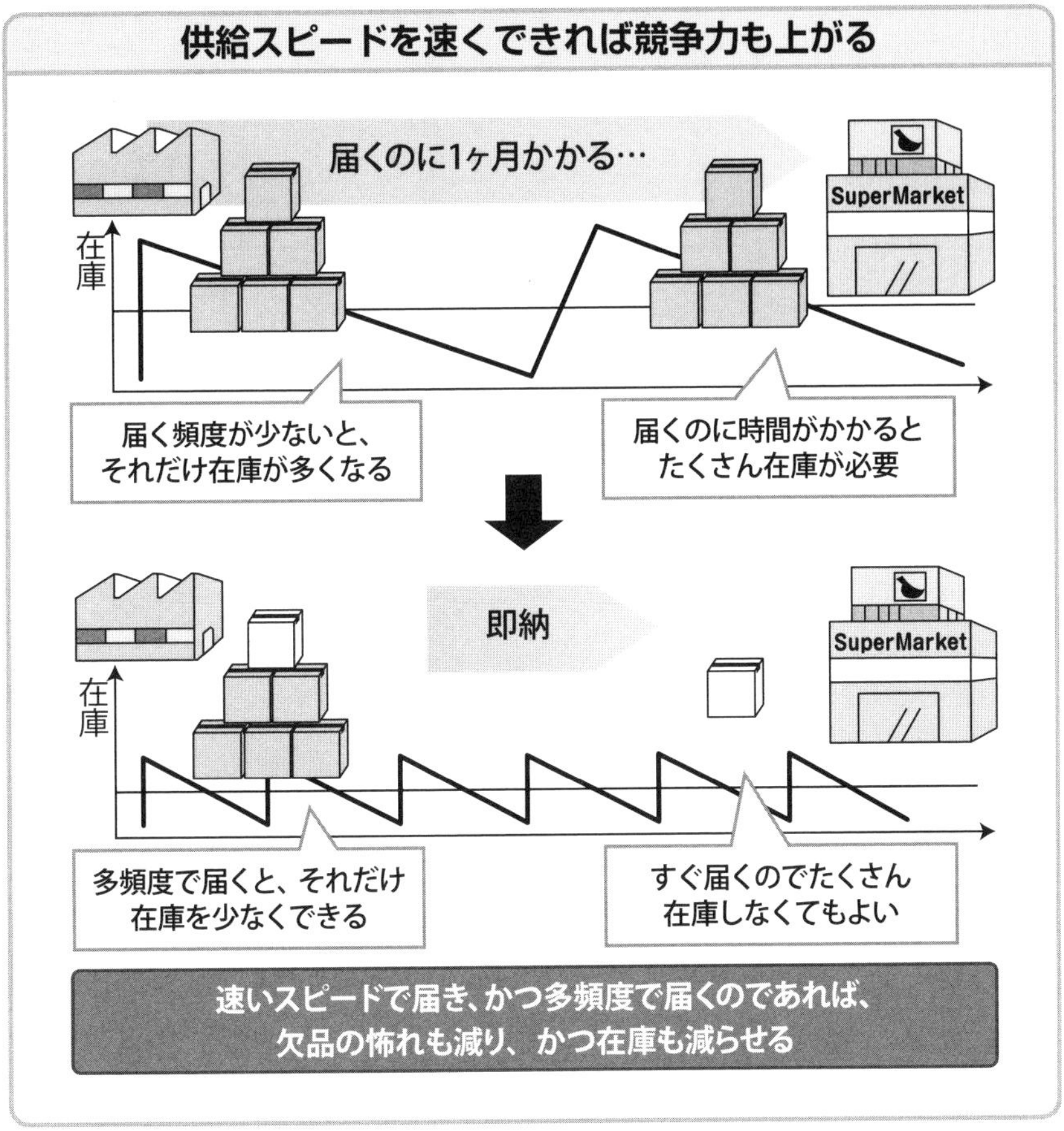
供給スピードを速くできれば競争力も上がる
届くのに1ヶ月かかる…
SuperMarket
在庫
届く頻度が少ないと、
それだけ在庫が多くなる
届くのに時間がかかると
たくさん在庫が必要
即納
SuperMarket
在庫
多頻度で届くと、それだけ
在庫を少なくできる
すぐ届くのでたくさん
在庫しなくてもよい
速いスピードで届き、かつ多頻度で届くのであれば、
欠品の怖れも減り、かつ在庫も減らせる

手を打っていくのです。

●業務サイクル高速化の効果

供給サイクルの多頻度化だけでなく、SCMに関わる各種業務の実行サイクルを高速化することも重要です。

たとえば、月に1度しか計画しない場合、計画の見直しが遅れればそれだけアクションが後手になります。

月に1度しか計画しない企業では、売上が鈍化し、在庫が過剰になっても、次の計画タイミングになるまで生産が止められないことがよくあります。この月1回の見直しが、週1回の見直しになれば、それだけ早く状況判断をして、計画変更することができるのです。

業務サイクルの高速化は、状況変化に対する俊敏性を確保する上でも大事です。SCMでは業務スピードを上げ、業務サイクルを短サイクル、多頻度化して、サービス向上と在庫減を狙うのです。

会社では利益よりキャッシュが大事

SCMはキャッシュフローを増大させる

SCMでムダな在庫と経費を削減。

●黒字でも過剰在庫で倒産

私の知っている企業で、海外にあった販社を閉鎖せざるを得なかったメーカーがあります。その海外販社で過剰在庫になり、資金繰りに行き詰ってしまったのです。

在庫は現金が成り代わったものです。売れるまでは現金化されて回収されないので、その間、資金繰りを考えなければなりません。利益が出ていても、在庫が多ければ多いほど、経営が圧迫されるわけです。このメーカーの海外販社は、まさに売れない在庫をたくさん抱えて黒字倒産したのでした。

この例は、利益上は業績好調な企業に見えても、在庫が過剰化して現金が枯渇すれば、倒産もあり得るということを如実に示しています。右肩上がりの経済成長が終焉し、つくれば売れる時代ではなくなった今日、在庫は放っておいても売れるという状況ではなくなりました。過剰在庫は、大変な問題になるようになったのです。

その結果、利益にばかり目を奪われず、現金の出入りに注目したキャッシュフローを見据えた経営が一般化してきたのです。

●在庫減はキャッシュフロー改善

SCMは、在庫を最適化して不要な在庫を最小化します。在庫が少なくなれば、それだけ余計な資金が不要になり、企業としてはキャッシュフローが潤沢になるのです。多くの企業が在庫削減をSCMの改革テーマに掲げるのは、キャッシュフローの改善を狙っているからです。

在庫削減は在庫になっている分のキャッシュを取り戻すだけでなく、在庫を持つことによる各種費用や資金の流出を低減することにも直結します。倉庫費、荷役費、廃棄費用など在庫と関連する費用が不要になり、その分ムダなキャッシュが外部に流出せずにすむわけです。

在庫削減は、在庫関連費用の削減に結びつき、キャッシュフローを増大させます。

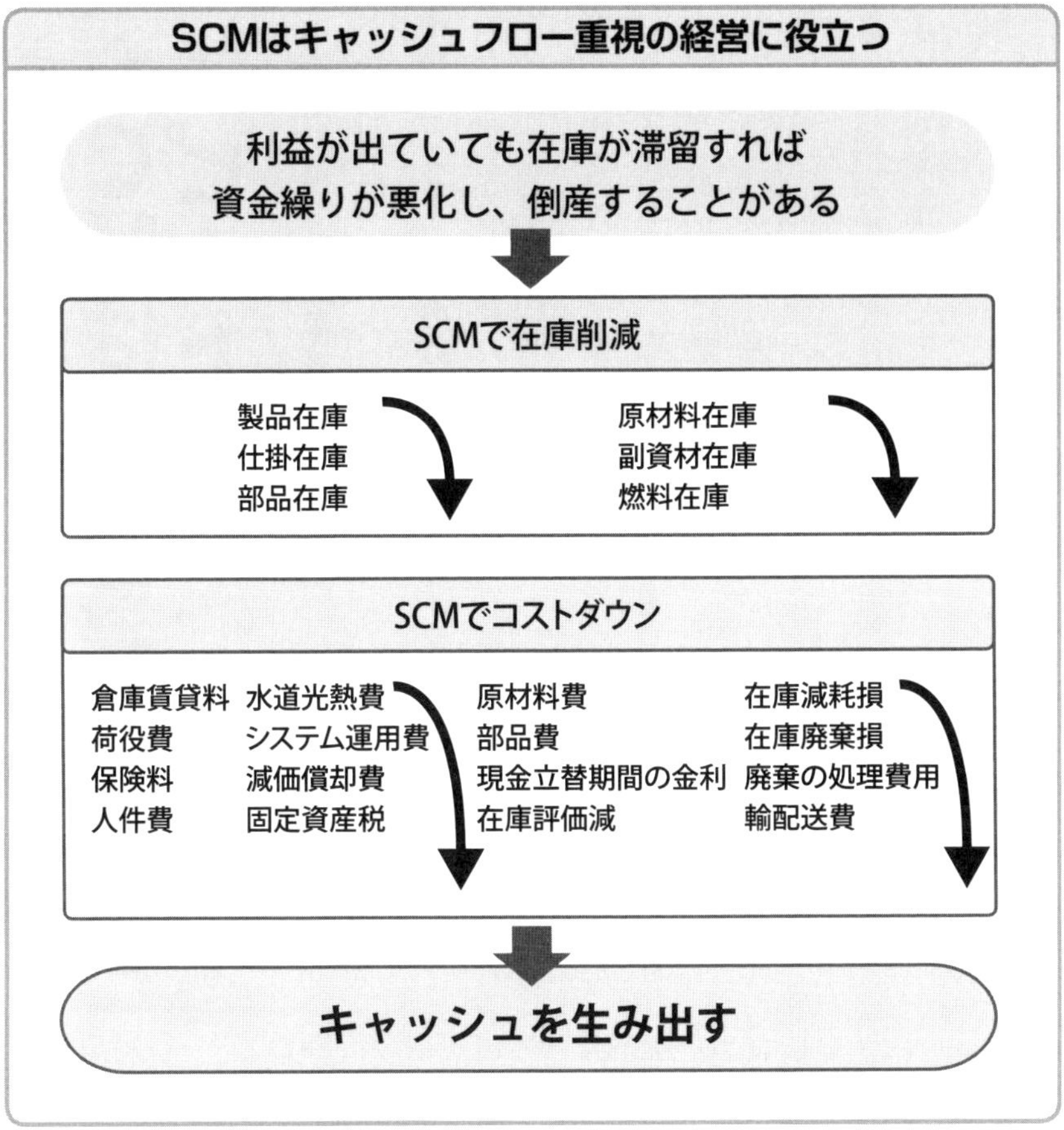

●ムダ取りでキャッシュフロー改善

SCMによってさまざまなムダが排除できますが、これらもキャッシュ流出の歯止めになります。

たとえば、必要としていないモノを送ってしまうと、返品や転送を生じさせ、ムダな輸送を生み出すことになります。必要なモノは送らないというきめ細かい供給管理を行い、ムダを省くのです。

また、物流でもきめ細かい管理をすることで費用を削減します。積載効率が悪く、ガラガラの荷台で2回トラックを走らせるよりも、可能な限り荷台に満載して1回の運行で運んだほうがムダを省けます。

このように、不必要な輸送や効率の悪い運送形態を改めることで、ムダな費用を削減するわけです。こうしてSCMでムダを省き、キャッシュフローを改善します。

変化の激しい現代はスピードが命

SCMは経営基盤強化とスピード経営を実現する

SCMで迅速な判断を実現。

●ハイテクメーカーの行方

ハイテク業界は変化の激しい業界です。変化のスピードが速く、そのスピードに対応できない企業は苦境に陥っていきます。

ハイテク業界では技術革新のスピードが速いため、次から次へと新製品が出てきます。新製品によって、あっと言う間に旧製品の性能は陳腐化して売れないものになってしまい、価格を下落させます。

以前、ハイテクメーカーのSCM構築に関わったときのことです。

変化にスピーディーに対応できるSCM業務を構築しようとしている横で、新製品が市場に出て行きました。しかし、この製品はまったく売れず、市場と工場内に在庫が山積みになっていきました。

売れないまま生産にストップがかからず、製品在庫が増大し、さらに不要な部品在庫もどんどん入庫されてきました。

一部の部品は他の製品に転用したことで少しは在庫対策もできましたが、製品在庫と転用できない専用部品在庫はどうしようもありません。

製品は莫大な販促費をつけて叩き売りしましたが、それでも売れないものは廃棄されました。

このハイテクメーカーは当時、大きな損失を出してしまいました。

●俊敏な販売状況把握と対応が必要

販売状況を見て、売れないとなったらスピーディーに生産や調達のブレーキを踏むという体制ができていれば、まだ傷は浅かったかもしれません。しかし、このメーカーではそうした体制はできていませんでした。

自社製品がどれくらい売れているのかを確認するのに、データを整理するだけで数日かかりました。それから分析を開始し、会議を開いて意思決定している間に数週間が過ぎ、状況が悪化していったのです。

もっと俊敏な販売状況の把握と対応が必要だったのです。

SCMはスピード経営を実現する

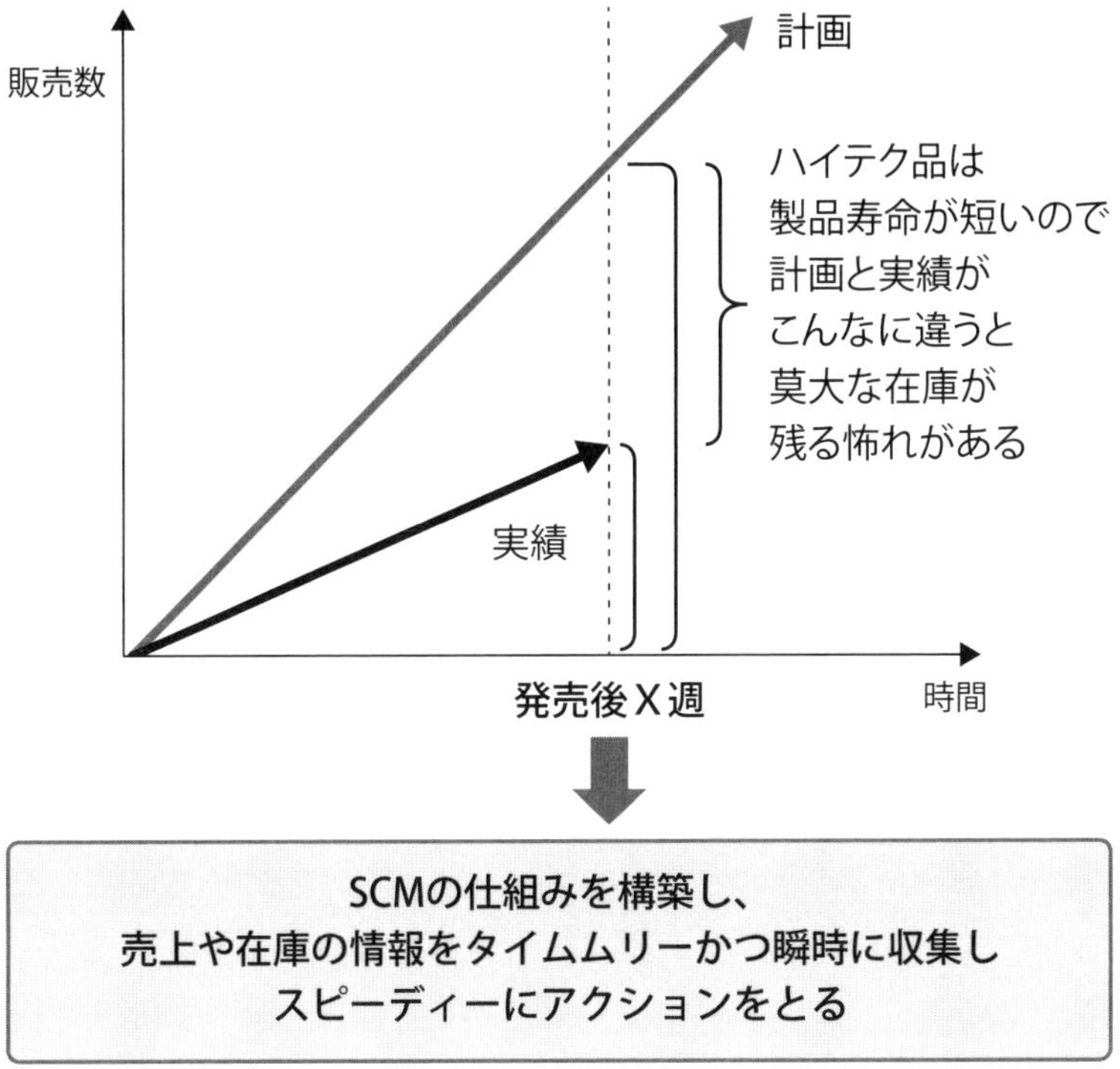

販売数
計画
ハイテク品は
製品寿命が短いので
計画と実績が
こんなに違うと
莫大な在庫が
残る怖れがある
実績
発売後X週
時間
SCMの仕組みを構築し、
売上や在庫の情報をタイムムリーかつ瞬時に収集し
スピーディーにアクションをとる

●SCMが経営スピードを上げる

ちょうどSCMを再構築しようとしていたため、このときのことはよい教訓になりました。

ハイテク業界では状況確認と分析、意思決定のスピードを上げて、迅速に意思決定しないと苦境に陥るということが明らかになったからです。

このメーカーではSCM改革として、売上や在庫の情報をタイムムリーかつ瞬時に収集できるようにしました。

これで、売れ過ぎで在庫が逼迫していることや、売れずに在庫過多になっていることが見えるようになり、即アクションの検討に入れるようになりました。

製品の生産計画や部品の調達計画も毎週見直せる体制に変え、生産・調達量を増やすアクセルや減らすブレーキを踏めるようにし、SCMで経営の意思決定スピードを上げたのです。

SCMは将来のリスクへの対応

組織横断で先を読み、リスクを感知

計画的なリスク対応により、グループ売上・利益を最大化する。

●SCMは計画によりリスクを把握

ＳＣＭの肝は計画です。計画とは、過去の計画と実績の差異をもとに未来の数値を推定し、意思決定をすることです。一度立てた計画でも硬直的に維持するのではなく、リスク判断によって変更・確定の意思決定を行うのです。

以下、各計画業務での例を述べてみましょう。

●調達リスクを読み、意思決定を行う

ある精密機器メーカーでは、１年間の半導体の調達数量を半導体サプライヤーと合意していました。しかし、期の途中で年度初めに立てた調達計画が成り立たない可能性が出てきて、調達リスクが顕在化したのです。半導体がなければ製品が生産できず、売上が立たなくなります。

そこでこのメーカーでは、部品在庫が増えてもいいので、先行発注を意思決定しました。通常期は在庫低減が徹底され、半導体を含めた部品は必要な数量しか購入されません。しかし、このときばかりは半導体不足で生産・販売不能に陥るリスクを回避すべく、意思決定がなされました。

競合会社が半導体不足で生産・販売量を大きく落とす中、このメーカーは売上の拡大ができたのです。

●生産リスクに対応できなかった例

長期の需要増が続いて残業が継続、人が疲弊し、かつ設備メンテナンスもできない加工メーカーがありました。

工場から、このままの高負荷では人か設備が稼働困難になるので、受注を抑えるか、代替工場を探すかの提案がなされました。しかし、営業と経営陣はこの好機を逃したくないと要望を却下しました。結果、この会社では設備トラブルで生産が困難になり、退職者が続出、かえって売上を落として顧客の信頼を失ってしまったのです。

現状の高負荷、先の計画見通しも高負荷で設備メンテナンスができず、生産不能に陥るリスクを軽視したのです。計画で先々の高負荷継続が読めたにもかかわらず、意思決定を誤りました。

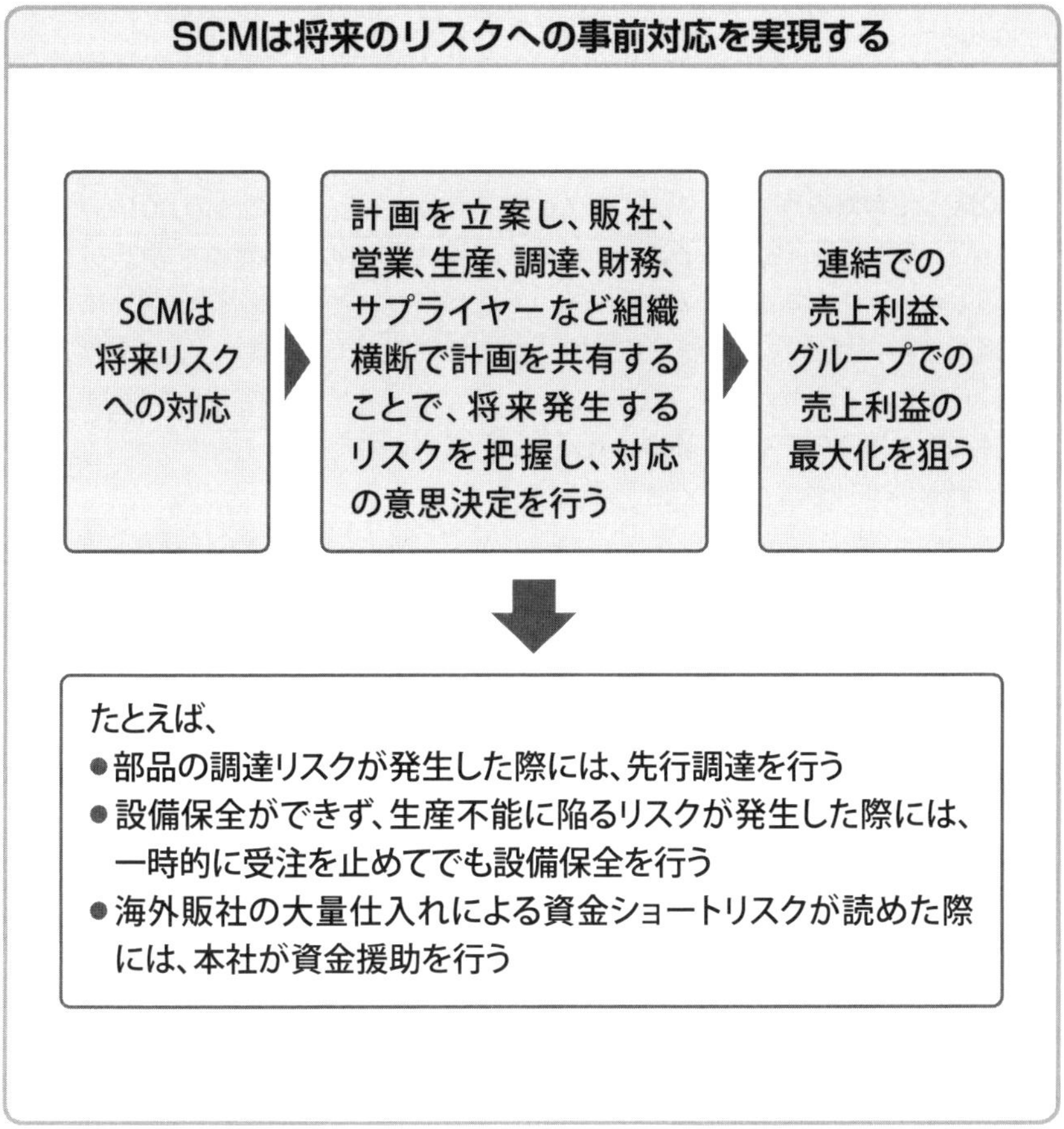
SCMは将来のリスクへの事前対応を実現する
SCMは将来リスクへの対応
計画を立案し、販社、営業、生産、調達、財務、サプライヤーなど組織横断で計画を共有することで、将来発生するリスクを把握し、対応の意思決定を行う
連結での売上利益、グループでの売上利益の最大化を狙う
たとえば、
●部品の調達リスクが発生した際には、先行調達を行う
●設備保全ができず、生産不能に陥るリスクが発生した際には、一時的に受注を止めてでも設備保全を行う
●海外販社の大量仕入れによる資金ショートリスクが読めた際には、本社が資金援助を行う

ライン休止計画と設備保全がされていればこの事態は避けられたでしょう。

●財務リスクを読み、意思決定を行う

SCMにより、海外販社のさまざまな計画が共有できるようになった精密機器メーカーでは、海外販社の販売計画、在庫計画、仕入計画を必ずチェックするようにしました。

あるとき海外販社が、大量の製品仕入計画を本社に提示してきました。売上を増やすためです。

しかし、仕入と販売にはタイミングのずれがあり、支払いが先で、売上の入金は後になります。事前に大量仕入れをしたときの資金繰りを計算してみると、資金不足に陥ることがわかりました。海外販社の資金ショートリスクが想定できたのです。

そこで本社は、海外販社の資金繰り支援の意思決定をし、グループ売上の最大化を達成したのです。

Column

SCMの黎明期の変遷①

◉ SCMって何だろう

SCMはその名前が生まれた当時、それがいったい何を意味するのかがわからず混乱した時期がありました。SCMが最初に日本に紹介されたとき、店舗へ商品を途切れなく補充する例が紹介されたため、効率的な「物流」がSCMと考えられました。いまでも、SCMと言うと「物流」だと思う人がいるのは、その影響です。

その後、流通業の在庫管理や効率的な補充へと視野が広がりました。店舗の在庫をきちんと管理して、欠品や滞留が起きないように上手に発注したり、多頻度納入することがSCMとされました。いまでも、SCMと聞くと「流通」の改革と言われたり、コンビニがSCMの優等生と言われるのは、このときの影響です。

モノをきちんと管理し、補充したり発注したりすることから、次に「調達」に関わる改革がSCMと考えられました。工場の購買部の仕事がSCMと言われるのは、このときの名残です。

こうした、産業界でのSCMの概念の変遷と同様に、学問の世界でも「SCMとは何か」という定義は混乱していました。さまざまな学者が、各人各様の定義をして、それぞれの考えでSCMを研究していたのです。

◉ SCMという言葉には注意しよう

黎明期から定義が変遷・混乱したため、いまでもSCMに関して明確な考えを持っている人は多くありません。人によりSCMの意味合いが違うため、それぞれの使い方に注意を払い、どのような意味で使っているか確認が必要です。

以前、私が容器メーカーのSCM改革を手がけようとしたとき、「SCMは工場の仕事だから関係がない」と言った営業マンがいました。在庫の滞留や生産の混乱は、営業の販売活動が引き起こしていたのに、「工場が悪いから」という認識もあって、SCMは他人事だったのです。その後、需要情報の管理レベルを改善しない限り、在庫過剰も欠品も解消しないことを理解した営業マンは、SCM改革の主体となってくれました。

本書で使うSCMという言葉は、販売から調達まで、組織間、企業間をまたいだ横断的な業務を視野に置いています。業務に関しても、計画、実行（処理）、評価といった幅広い業務を視野に置いています。

第2章

SCMを構成する各種要素

モノの流れに関わるすべての企業が関係する

SCMには どのような企業が 存在するのか

あまりにも多種多様な企業が存在するため、SCMをむずかしくする。

●販売に関わる企業は幅広い

ＳＣＭには、最終顧客からサプライヤーまでのモノの流れに関わるすべての企業が関係し、多種多様な企業が存在します。

まず、テレビやカメラ、衣料品などの消費財の場合、小売業が存在します。小売業の中には大型量販店、大型専門店、中小の専門店などが存在します。大型量販店では、商品納入先が各店舗になる場合とセンターになる場合とがあります。センター納品では、量販店の物流センターに一括納品します。

センター納品された場合では、物流センター側が個別店舗向けに商品を仕分けして店舗に納品します。規模の大きな量販店はセンター納品によってまとめ発注を行い、ボリュームディスカウント（大量注文による値下げ）を受けることが可能になります。

中小専門店は取引量が少ないため、製造業が直接納品する場合と、間に卸売業者を挟んで納品する場合とがあります。

自動車業界では、ディーラーと呼ばれる専門販売店があります。ディーラーには、製造業の系列ディーラーと独立系のディーラーがあります。アメリカなどでは独立系ディーラーは複数の製造業の自動車を扱う場合があります。

小売業以外では、代理店や商社などがあります。代理店は代理販売を行う事業者です。商社には総合商社、専門商社があります。製造業が直接販売できない小売業や代理店に対して、仲立ちして販売をするのが卸売業者です。

代理店や商社、卸売業は一般に中間業者と呼ばれ、最終消費者ではなく、事業者に対して販売をします。

最終消費者に販売されるまでには、これだけの各種のバリエーションが存在するため、製造業は複雑な需要管理が要求されます。あまりに複雑なので最終消費者の本当の需要が読みにくく、そのことがＳＣＭの運営をむずかしくするのです。

欠品と過剰在庫をなくし、売上を最

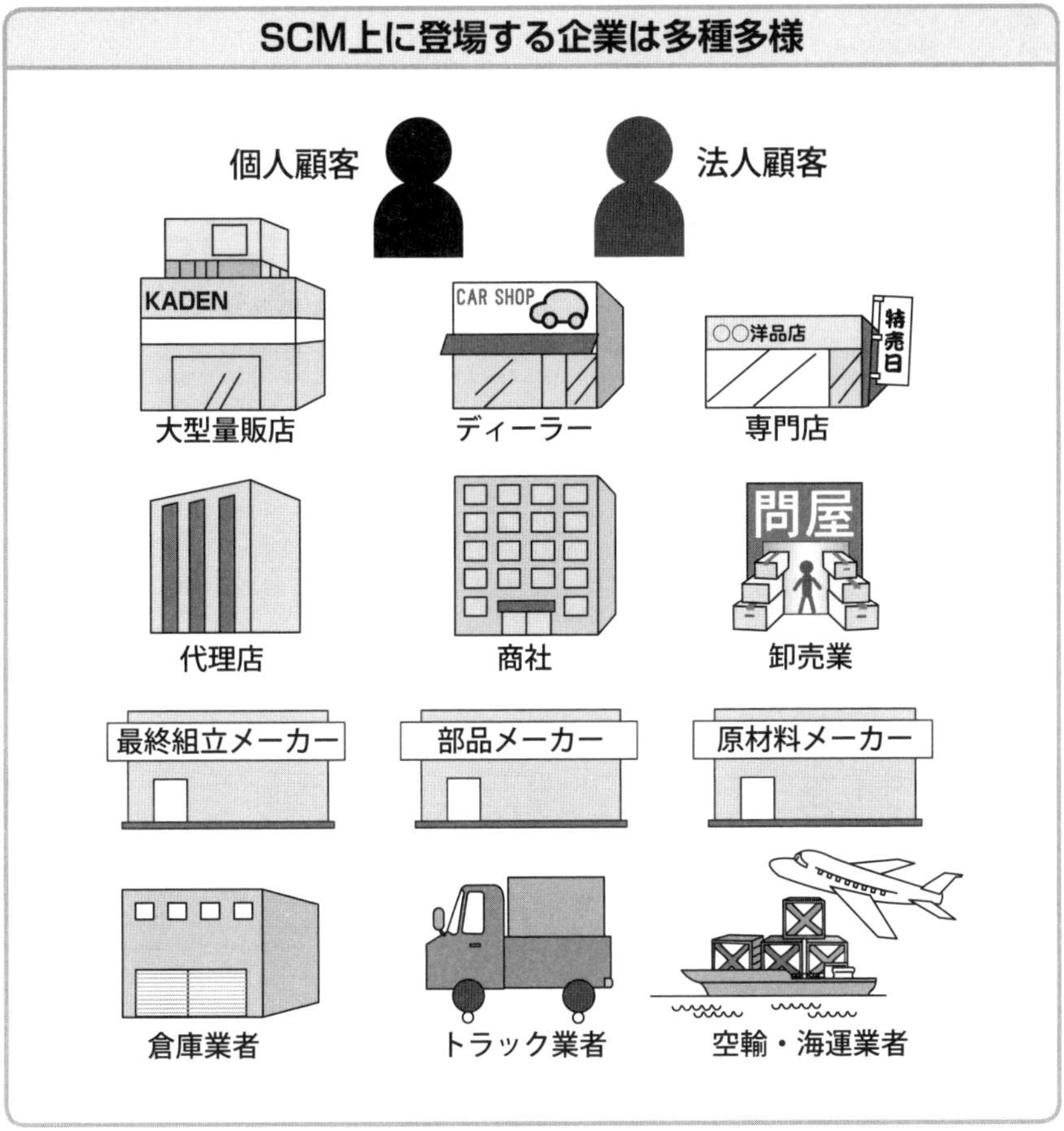

大化して、在庫最適化を同時に狙うSCMでは、需要情報管理が非常に重要になります。需要情報管理として、「デマンドチェーンマネジメント」という言葉も生まれています。

●生産と原材料に関わる企業

生産に関わる企業は製造業で、最終組立メーカー、部品メーカー、原材料メーカーと多様です。

製造業は、自社製造以外に外部に委託する外注先があります。最終組立メーカーは、需要情報に基づいて、自社工場、部品メーカー、原材料メーカー、外注先を上手にコントロールしなければなりません。

●SCMをつなぐ物流業者

サプライチェーン上には多くの物流業者が存在します。倉庫業者、トラック業者、空輸・海運業者などがそれで、これらがサプライチェーンをつないでいます。

SCMは会社の背骨

SCMに関わる組織には何があるのか

多くの組織が連携してSCMが成り立つ。

ＳＣＭに関わる組織としてどんなものがあるのか、販売側と供給側のそれぞれについて見てみましょう。

●販売側企業でＳＣＭに関わる組織

販売に関わる企業の内部には、実際に店舗で販売する販売部、営業活動に携わる営業部、広告宣伝やキャンペーンを立案し実行するマーケティング部などの組織が存在します。

販売に関わる組織が販売予算や販売数量を計画します。この計画がスタートとなって、必要な在庫と仕入れの計画が立てられます。

在庫管理や仕入計画を行う組織は企業ごとにさまざまです。仕入部や調達部、購買部などのさまざまな名前で呼ばれますが、これらはいずれも仕入組織と考えてよいでしょう。企業によって、仕入計画と実際の発注を行う組織が分かれている場合もあります。

仕入れの組織は、企業によって物流部に所属している場合もあります。在庫管理の一環として仕入れも管理するという認識によるものです。

こうした組織は、小売業、代理店、商社、卸売業にかかわらず各業態に共通して存在する機能の組織です。

また、販売側では顧客にモノを届けたり、在庫管理をしたり、仕入れに関わる物流手配を行う必要があるため、販売物流に関わる物流部門が存在します。

●製造業でＳＣＭに関わる組織

次に、供給側企業として製造業を見てみましょう。製造業と言っても、工場だけで成り立っているわけではありません。製造業の中にも販売組織があります。また、営業部、マーケティング部もあります。

営業部に、代理店販売部やＯＥＭ（相手先ブランド販売）営業部などを持つ製造業もあります。修理用の補修部品を売っている場合は、補修部品販売部があります。海外に販社がある場合は、海外販社と海外営業部を統括する海外営業部があります。海外営業部は営業地域ごとに分かれていることがあり、北

各企業のSCMに関わる組織にはどんなものがあるか

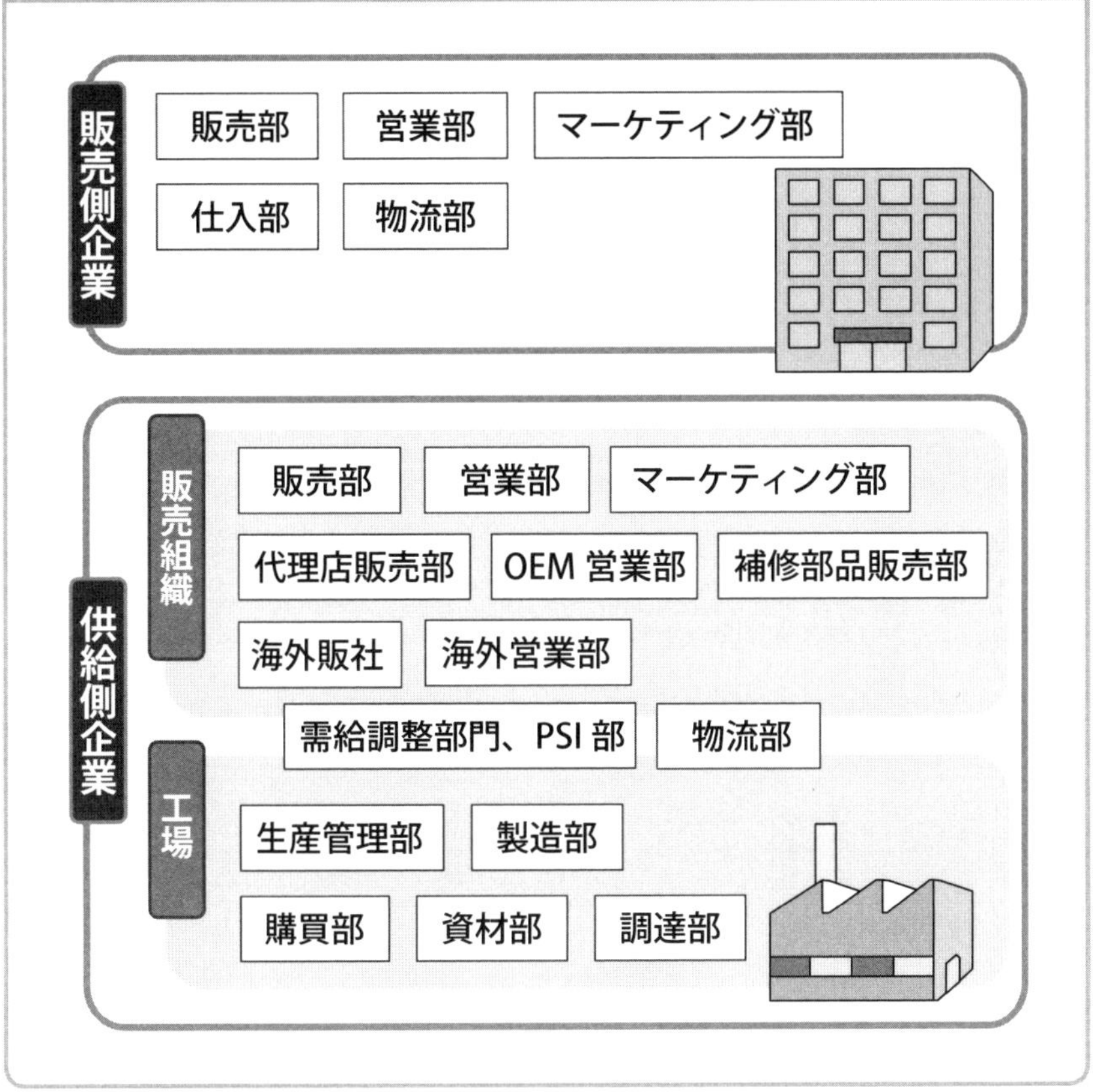

米担当、欧州担当となっていたり、あるいは各国別に細分化されていることもあります。

製造業では、販売組織が多種多様で業務が標準化されていないことが多いので、ＳＣＭを構築するときに非常に苦労することがあります。

販売組織と供給組織の間に、需要と供給を調整する組織が存在することがあります。この組織は、需給調整部門や仕入れ・生産、販売、在庫の英語の頭文字をとってＰＳＩ部と呼ばれます。

供給の主体は工場です。工場では、生産全般を統制管理する生産管理部を筆頭に、実際の生産を担う製造部、調達を行う購買部（または調達部）、実際の入出庫、在庫管理をする資材部が存在します。

販売と供給の各所に物流をつかさどる物流部があり、モノの輸配送を行います。

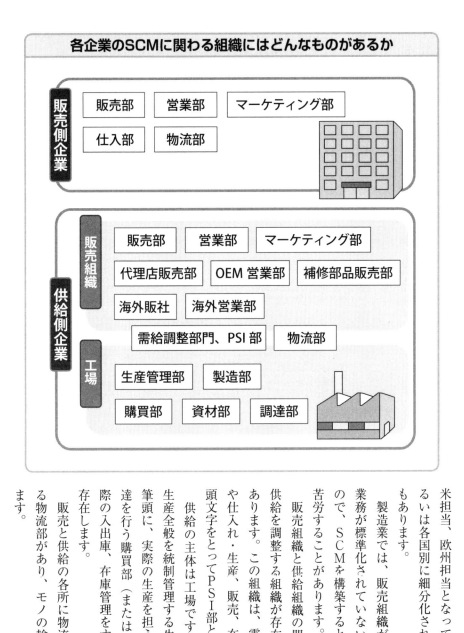

SCMを見るためのさまざまな階層

SCMの業務全体像はどうなっているのか

SCMを考えるときのフレームワークは。

●ビジネスモデルから考える

本書ではSCMを「必要なモノを、必要なときに、必要な場所に、必要な量だけ届けるための、最終顧客からサプライヤーまでの業務の仕組み」と定義しました。この定義にしたがえば、SCMを実現するためにはビジネスモデルから考える必要が出てきます。

ビジネスモデルは、モノの売り方、買い方、つくり方に関わるビジネスのあり方を決めるもので、まさにサプライチェーンのあり方のベースになります。

●ロジスティクスが業務のインフラ

ビジネスモデルに基づいて構築されるのがロジスティクスです。物理的な工場配置、倉庫配置、物流ネットワーク、物流モード（陸送・海運・空輸など）、販社配置などです。

ロジスティクスの組み方によって、効率的なSCMとなるか、煩雑な管理を必要とするSCMになるのかが決まります。

●サプライチェーンモデルを分類

ロジスティクスをインフラにしてSCMが実行されますが、SCMのあり方は、顧客、扱っている製品、製造方法によって違ってきます。

こうした要件を特性と言い、特性ごとに違うSCMのあり方を最初に定義してから、計画、実行、評価の業務の設計を行います。

●計画、実行、評価のPDCAが肝

業務は計画、実行、評価のPDCAマネジメントサイクルが回ることで完成します。SCMがマネジメントたる理由は、計画、実行、評価のマネジメントサイクルがきちんと設計されていることを要求するからです。

計画、実行、評価のマネジメントサイクルは階層化されています。3ヶ年計画や予算といった長期計画が立案され、長期計画を詳細化した実行計画として月次計画が立案され、さらに指示に結びつく週次計画に細分化されて、指示、実行にいたるのです。

上位の計画から下位の計画に細分化

SCMの全体象を示すフレームワーク

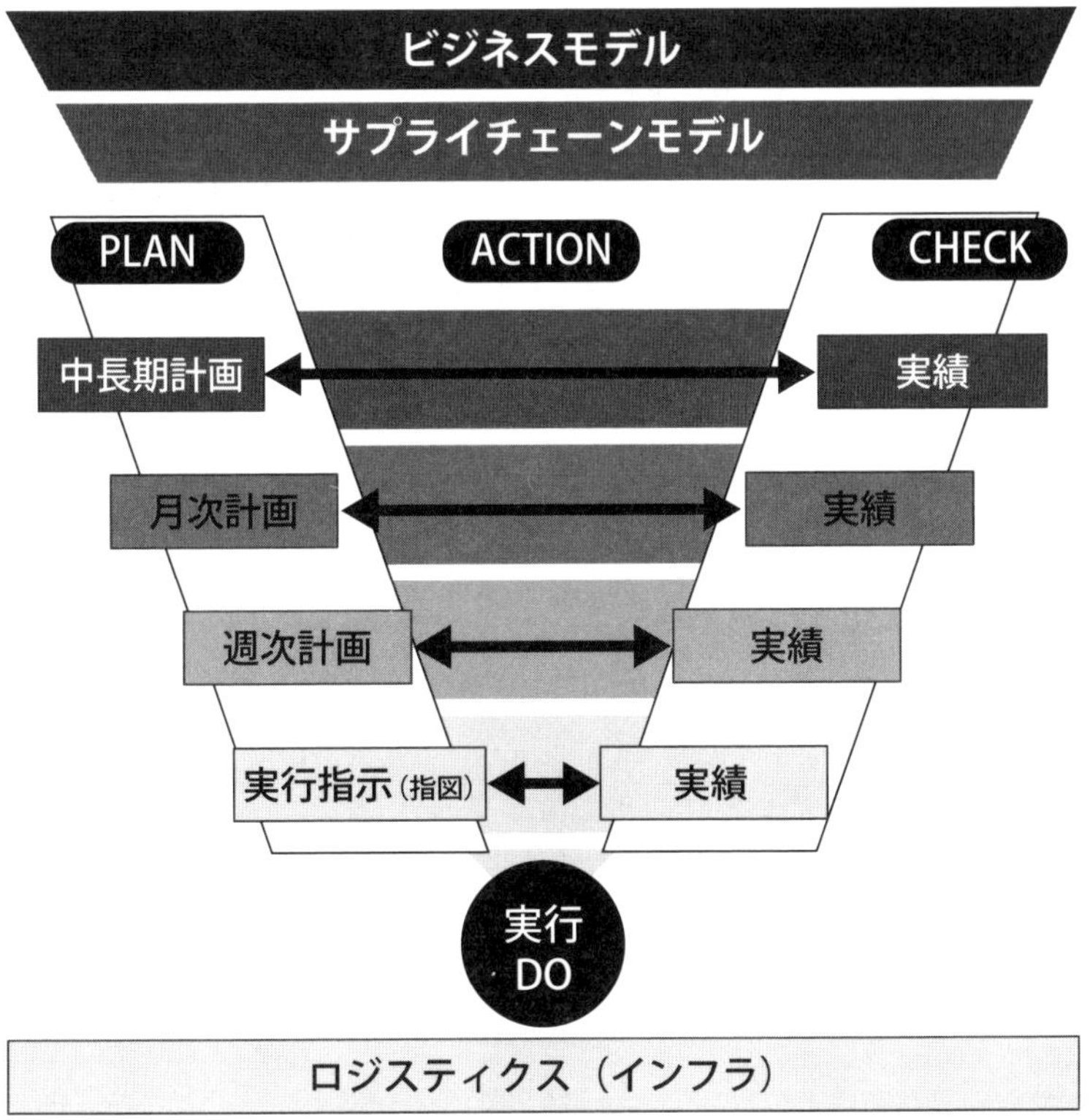

PDCA-Vモデル

されていく過程で、必要な実績を集計・評価し、計画を再立案します。実行結果を評価するには、実行結果の実績を、週次では週次の実績を、月次では月次の実績を、年次では年次の実績を評価します。実績は、上位に向けて集計されていくことで、それぞれの計画と同期して評価されます。

実行系業務は競争力に直結する業務です。構築された既存のロジスティクス上で、粛々とQ（クオリティー：品質）、C（コスト：予算）、D（デリバリー：納期・スピード）を追求して業務が実行されていきます。

評価において、実行結果をフィードバックし、再計画することでアクションをとっていきます。

これがSCMの業務全体像です。SCMの肝（キモ）は、階層化した計画、実行、評価のマネジメントサイクルをきちんと業務に落とし込むことです。

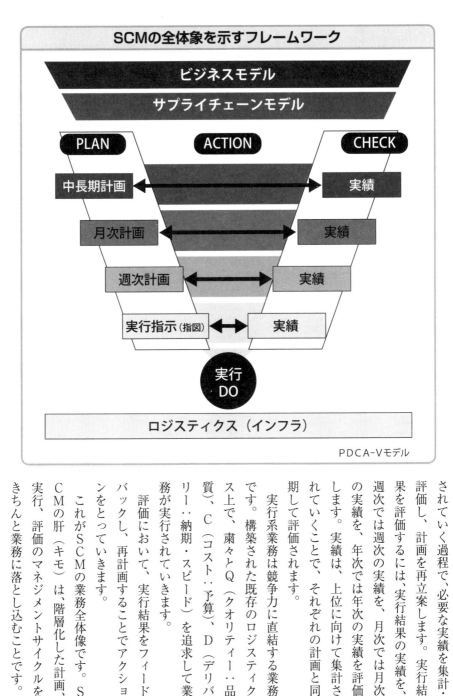

ビジネスモデルが競争力の源泉

SCMのグランドデザインを決める「ビジネスモデル」

企業が収益を上げるためのビジネスのあり方。

●ビジネスモデルを構成するもの

ビジネスモデルは、企業が収益を稼ぐためのビジネスのあり方を定義する考え方です。

ビジネスモデルを構成するものとしては、ターゲットとなる「顧客」、「売り方」、「つくり方」、「届け方」といった項目が考えられます。まさにサプライチェーンを構成する項目ですが、それぞれについて見ていくことにします。

①顧客……誰を顧客に持つべきか、ということです。個人か、法人かで大きく違います。法人も、民間企業か、公共機関かで違います。民間企業も、小売業や代理店、商社などの販売機能を持つ相手を顧客とするか、生産機能を持つ製造業を顧客とするのかで大きく変わってきます。

②売り方……在庫販売か、受注してから生産して販売するのか、といった在庫方針に絡む要件と、直接販売か小売業、代理店などを通じての間接販売かという違いがあります。

間接販売の場合は、販売チャネルの持ち方が重要になります。大手量販店を通じて売るのか、大手専門店か、パパママストアと呼ばれるような中小専門店を通じて売るのか、百貨店のように雑多な商品を扱うチャネルで売るのかで売り方が違います。巨大な総合商社相手か、中小の商社、代理店を相手にするのかで違いが出ます。

SCMでは、需要情報のとりやすさと拡販施策の打ちやすさで差が出ます。SCMを通じて販売をコントロールするためには、情報のとりやすさと施策の打ちやすさが影響するからです。

SCMをコントロールするためには、需要情報もとれて、拡販施策も打ちやすい直販が最も有利です。しかし、直販は自前で顧客を開拓する必要があり、時間的にもコスト的にも並たいていのことではできません。したがって、SCMのコントロールがむずかしくなっても、他社の協力の下で販売チャネルを拡大する間接販売のほうが、多くの企業にとってはリーズナブルな選

ビジネスモデルを決める４項目
「顧客」
誰を「顧客」とするか？
大安売
「売り方」
「売り方」は直接か、間接か
「つくり方」
「つくり方」は在庫生産
（見込生産）か、受注生産か
「届け方」
「届け方」は持ち帰りか、
配送か、空輸か、海運か
選択したビジネスモデルによってSCMが変わり、
競争力、収益力が左右される

択になります。

③つくり方……そもそも自社でつくるか、購入して（仕入れて）売るかという「Make or Buy」の選択があります。必ずしも自社でつくらず、他社につくらせる、あるいは他社から買ってきて売ることで収益を稼ぐという選択もあります。

自社でつくる場合も、事前に製品在庫化するための見込生産方式と、受注してからつくる受注生産方式では大きくつくり方が違ってきます。

④届け方……在庫の持ち方に影響を与えます。顧客の近くに在庫してすぐ届けるのか、それとも工場の近くに在庫してゆっくり届けるのか、顧客が持ち帰るのか、届けるのかの違いもあります。

ビジネスモデルの考え方によって、この後のロジスティクスのあり方や業務のあり方が違ってきます。

ビジネスモデルを受けてデザインする

ロジスティクスがSCMの業務基盤

競争力に影響するロジスティクスデザイン。

●ビジネスモデルを受けた拠点配置

ビジネスモデルを受けて、ロジスティクスのあり方が検討されます。

ロジスティクスとは、もともと「兵站」（へいたん）を意味した戦争用語です。兵站というのは、戦場への物資輸送のことです。戦場では効率的に物資輸送が行われないと、弾薬が切れたり、兵糧が切れてしまいます。そのため、効率的な調達、保管、輸送のあり方を検討する考え方として生み出されたものです。

ビジネスにおけるロジスティクスも同様です。ビジネスモデルが大きな戦略図だとすると、ロジスティクスはその戦略を実現し得るモノの生産・調達、保管と輸送に関する仕組みづくりにあたります。

ビジネスモデルのグランドデザインを行うときに考えた「顧客」と「売り方」、「届け方」の組合せをベースに、販売拠点の持ち方、販売拠点へ商品（製品）を補充する倉庫の持ち方などが決められます。

たとえば、スーパーに日配品と呼ばれる食品を納めている企業だとしましょう。日配品として、乳製品、アイスクリーム、スープ、調味料を納めている場合では、顧客であるスーパーは売場の欠品を嫌うので短時間での補充を要求します。

そこで、「届け方」としては即納を要求されるため、倉庫は顧客のすぐ近くに、となります。

同様に、工場の配置も決まってきます。スーパーを顧客とする場合は、新鮮なものを売りたいとなるので、その「売り方」に適した形で、工場も顧客の近くに立地させることになります。

このように、ビジネスモデルで狙った競争力を実現するために、ロジスティクスがデザインされ、実際に拠点が配置されていくのです。

●ロジスティクスは制約条件にも

一方で、いつもビジネスモデルどおりのロジスティクスが自由にデザインできるとは限りません。たいていの企

ビジネスモデルを受けてデザインされたロジスティクスがSCMの基盤となる

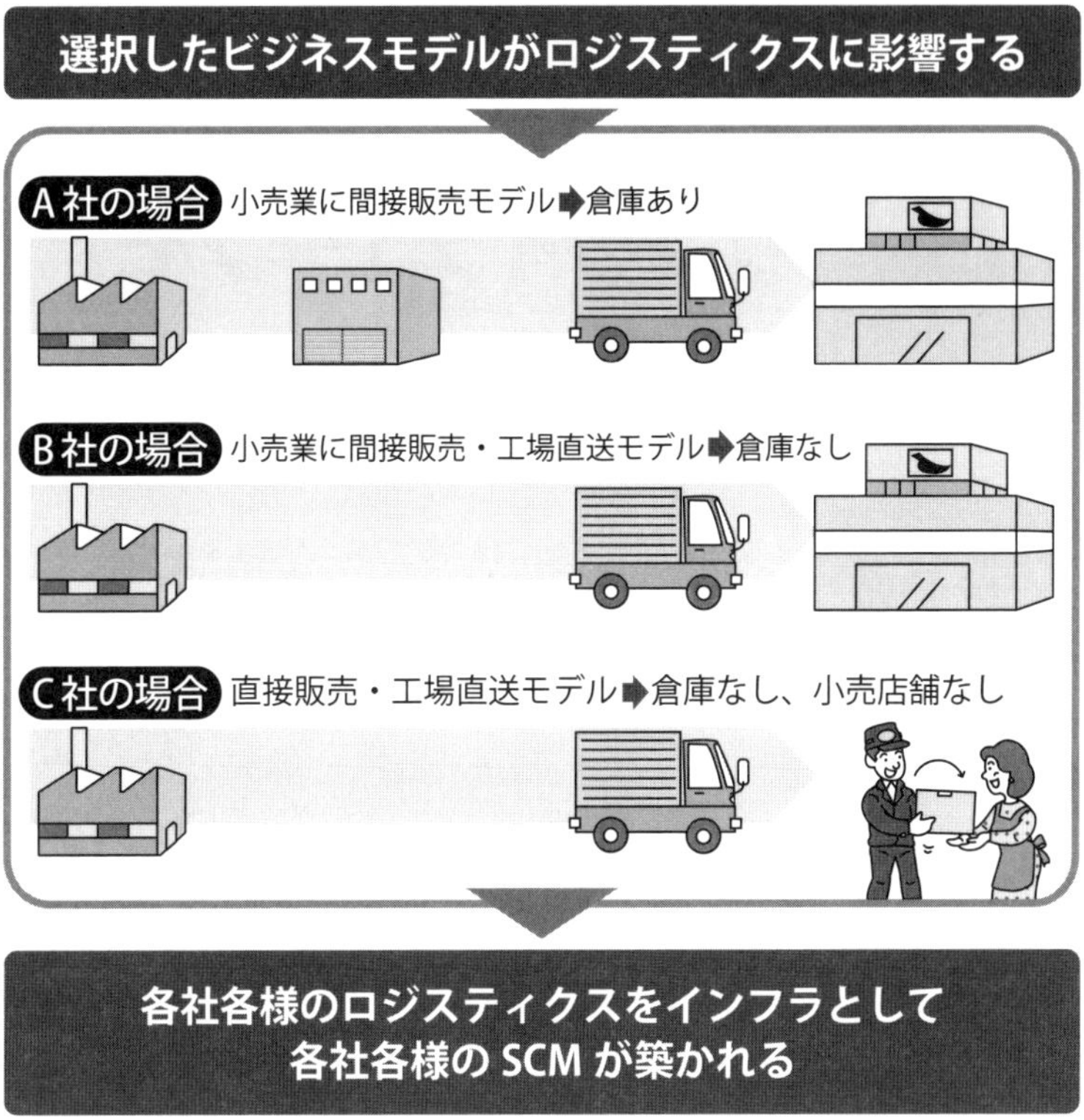
選択したビジネスモデルがロジスティクスに影響する
A社の場合 小売業に間接販売モデル➡倉庫あり
B社の場合 小売業に間接販売・工場直送モデル➡倉庫なし
C社の場合 直接販売・工場直送モデル➡倉庫なし、小売店舗なし
各社各様のロジスティクスをインフラとして
各社各様の SCM が築かれる

業は長い歴史の中で、過去の遺産を引きずっているからです。

長く存在する企業であれば、すでに工場がどこかに建設されていて稼動しているはずです。工場建設には莫大な資金と手間がかかります。一度つくった工場は、そう簡単に捨てることも移動することもできないのです。

歴史のある販社が存在したり、長い付き合いの代理店が存在していて、チャネルを自由に切り替えることができないかもしれません。かの松下電器（現・パナソニック）も家族経営の系列小売店を重視したため、一時、大型量販店対応が遅れたほどです。

一度築かれたロジスティクスはそう簡単には変えられないため、制約条件になってしまうのです。

ゼロベースでデザインできるにせよ、制約になるにせよ、ロジスティクスがＳＣＭのインフラになります。

サプライチェーンにはパターンがある

SCMを分類するサプライチェーンモデル

ビジネスモデル、ロジスティクス構築の次段階。

●SCMを類型化するパターン

ビジネスモデルが決まり、ロジスティクスが整備されたからといって、いきなりこの後、業務設計やシステム導入をしてはいけません。SCMにはパターンがあり、そのパターンに沿った業務設計、システム導入をしないと大失敗します。過去、多くのSCM構築プロジェクトやシステム導入が失敗した原因が、SCMを類型化せず、いきなり実施に走ったことによるのです。

本書では、サプライチェーンを類型化する考え方を「サプライチェーンモデリング」と呼びます。サプライチェーンモデリングは、実現すべきビジネスモデルと制約となるロジスティクスの双方を考慮し、現実的なSCM業務を構築するための橋渡しとなる考え方です。

サプライチェーンモデリングでは、デカップリングポイント検討と、計画主導業務と実需主導業務の切り分けを行います。このデカップリングポイントで類型化したパターンごとに、業務の設計をするのです。

●デカップリングポイントとは

SCMではプル業務、プッシュ業務という考え方があります。「プル業務」とは需要に基づいて生産したり、出荷する業務です。「プッシュ業務」は、実際の需要を先読みしたり、供給側の都合で事前につくったり、在庫配置しておくことです。

このプルとプッシュの交わる点が「デカップリングポイント」です。自動車であれば、在庫生産でディーラーまでつくっていれば、ディーラー在庫まではプッシュでつくり、顧客が買いに来ることを「プルされる」と考えます。この場合、デカップリングポイントはディーラー在庫拠点になるのです。

左図にあるように、デカップリングポイントがどこにあるかでSCMを分類すると、見込生産（MTS）は、在庫拠点までは見込み（プッシュ）で対応（製造）し、在庫を受注（プル）で出荷することがわかります。一方、受注生産（BTO）は在庫をせず、注文

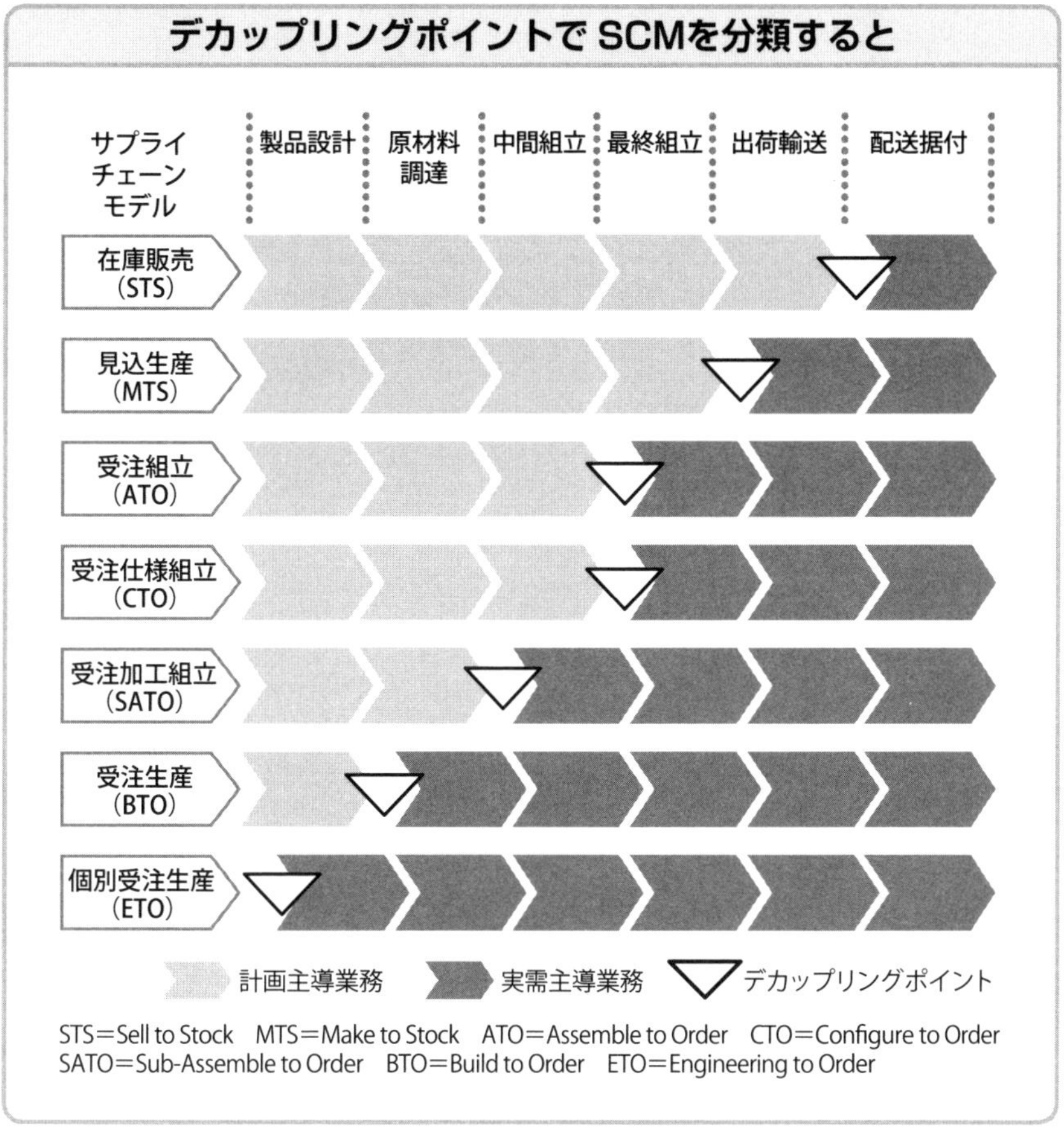

を受けて（プルで）初めてつくり始めることがわかります。

デカップリングポイントを挟んで、準備がプッシュ型で計画的に行われる業務を「計画主導業務」、受注に基づいてプル型で行われる業務を「実需主導業務」と言います。

●計画主導と実需主導で切り分け

計画主導業務では、需要予測、各種計画業務が行われます。計画によって顧客要望を読んで「構える」のです。計画主導業務は先読みが必要です。先読みの精度によって、欠品になるか、売上になるか、過剰在庫になるかが決まるため、収益に影響する重要な業務です。計画主導業務には、計画系業務と計画に基づく実行系業務があります。

実需主導業務は受注後の業務で、受注というきっかけ（イベント）によって実行される実行系業務です。

SCMを効果的にするための業務の肝

SCMの成果を決める計画系業務

計画系業務の良否が収益力に直結する。

●計画がすべてを握る

いっさい事前の計画をせずに、顧客のほしいものが顧客のほしいタイミングで届けられるのであれば、最も効率的なＳＣＭとなるでしょう。

しかし、実際は顧客の要求するスピードと供給できるスピードにはギャップがあるため、どうしても事前に計画して、必要な措置をとらざるを得ません。

顧客が「のどが渇いた」と言って店頭に来たときに、そこで農場に指示してみかんの実を採りに行っていたら、いつジュースが届くかわかりません。これでは顧客は逃げてしまいます。顧客はのどが渇いたその瞬間にジュースが飲みたいのです。それを事前に読んで計画的にジュースをつくって、在庫しておくことが必要なのです。

このような場面は、あらゆるところに存在します。顧客の要求の時間（顧客要求リードタイム）と実際に供給される時間（供給リードタイム）にはギャップがあるのです。そのギャップを埋めるために、事前の計画在庫が必要になるのです。

●計画を行うための計画系業務

この計画を行うのが計画系業務です。計画系業務には、需要予測、販売計画、在庫計画、仕入計画、生産計画などの各業務があります。

販売計画を立案する前には、統計的な需要予測と人間が勘と経験で行う人的需要予測を行います。この需要予測に、拡販計画など人間の意思を入れた計画が販売計画です。

販売計画は企業によって呼び名がまちまちで、販売計画そのものを需要予測と呼んだり、英語にしてフォーキャストと呼んだり、あるいは需要計画といったり、意外とあいまいに使われています。

本書では、責任を持って売る意思を入れる前の計画を需要予測、意思入れ後の責任を持った計画を販売計画と呼びます。

在庫計画は、販売計画を満たすため

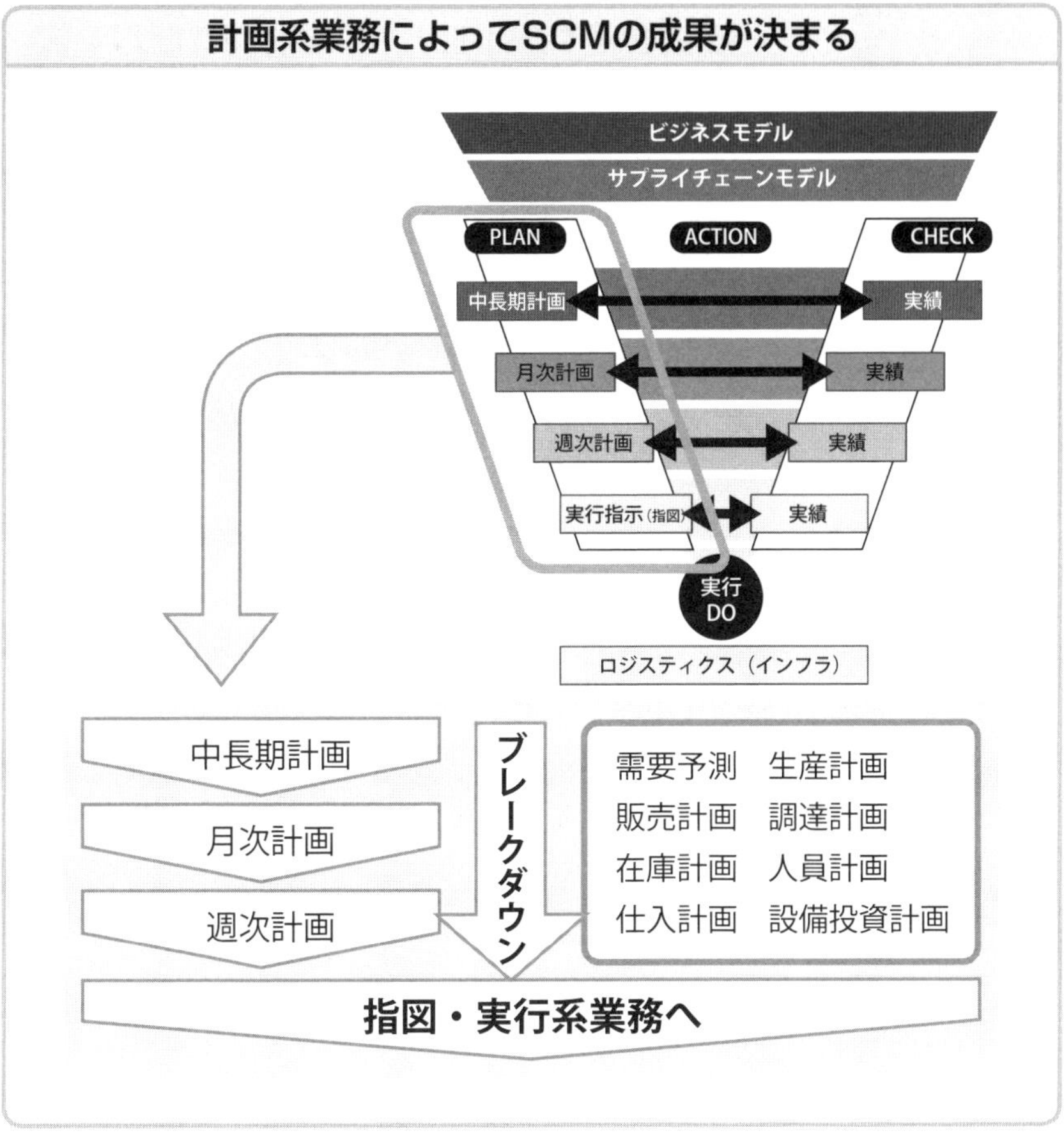

に必要となる在庫数量を見積もる計画です。在庫計画を満たすように立案されるのが仕入計画です。

海外販社がある場合は海外販社の販売・在庫・仕入計画から連鎖して、本社の販売・在庫・仕入計画が立案されます。こうした計画の連鎖は需要連鎖計画と呼ばれ、販売・在庫・仕入計画は頭文字をとって「ＰＳＩ計画」と呼ばれる場合もあります。

計画業務は未来の計画です。販売・在庫・仕入計画によって、未来の在庫数が決まり、販売可能数が決まってしまうため、ある意味で計画系業務が収益を稼ぐための前提を決めていると言っても過言ではありません。

仕入計画は生産計画につながります。生産計画によって、部品の調達計画が決まり、人員計画、設備投資計画が決まります。計画系業務が生産可能数を決め、原価の元を決めています。

実際にモノをつくらせたり、モノを移動させたりする業務

SCMの成果を刈り取る実行系業務

実行系業務には、計画からの実行指示とイベントに基づく業務がある。

●実行系業務には2種類ある

実行系業務とは、実際にモノをつくらせたり、モノを移動させたりする業務です。実行系業務は、計画系業務に引き続いて指示となって実行着手される業務と、受注・出荷や返品処理のような「イベント」ベースで着手される業務があります。

受注を受けて発行された受注伝票や出荷伝票が出た以降の業務が誰にでもわかりやすいため、多くの場合、ＳＣＭとは受注・出荷と出荷のための在庫管理だという認識に矮小化されていた面がありました。

しかし、私たちはすでに見たとおり、ビジネスモデルとロジスティクスが収益の前提となり、計画系業務が収益の構造を決めてしまうため、ＳＣＭの本筋はビジネスモデルの決め方から計画系業務の設計、実施にあることに気がついています。

実行系業務は、計画系業務までの流れの中で準備され、意思決定された内容の指示を受けて、粛々と行われる業務です。実行系業務は、ＳＣＭの末端の実施を受け持つだけなのです。

●計画系業務からの指示で行われる実行系業務

計画系業務の意思決定を受けて行われる実行系業務は、通常「指図」という指示を受けて実行されます。生産実行であれば製造指図、調達実行であれば購買指図、出庫であれば出庫指図といった具合です。

実行系業務は「指図」どおりに、正確に、低コストで行われることが重要です。いわゆるＱＣＤが追求される世界です。ＱＣＤが追求されるので、その実行結果が収集され、実績となって評価に結びつきます。

●イベントに基づく実行系業務

「イベント」という言葉は催事などの意味でよく耳にしますが、この場合は、計画系業務とは別の受注や返品などがきっかけで業務の実行指示が出る「起因」のことです。

受注から始まる実行系業務では、顧

大きく2つに分けられる実行系業務

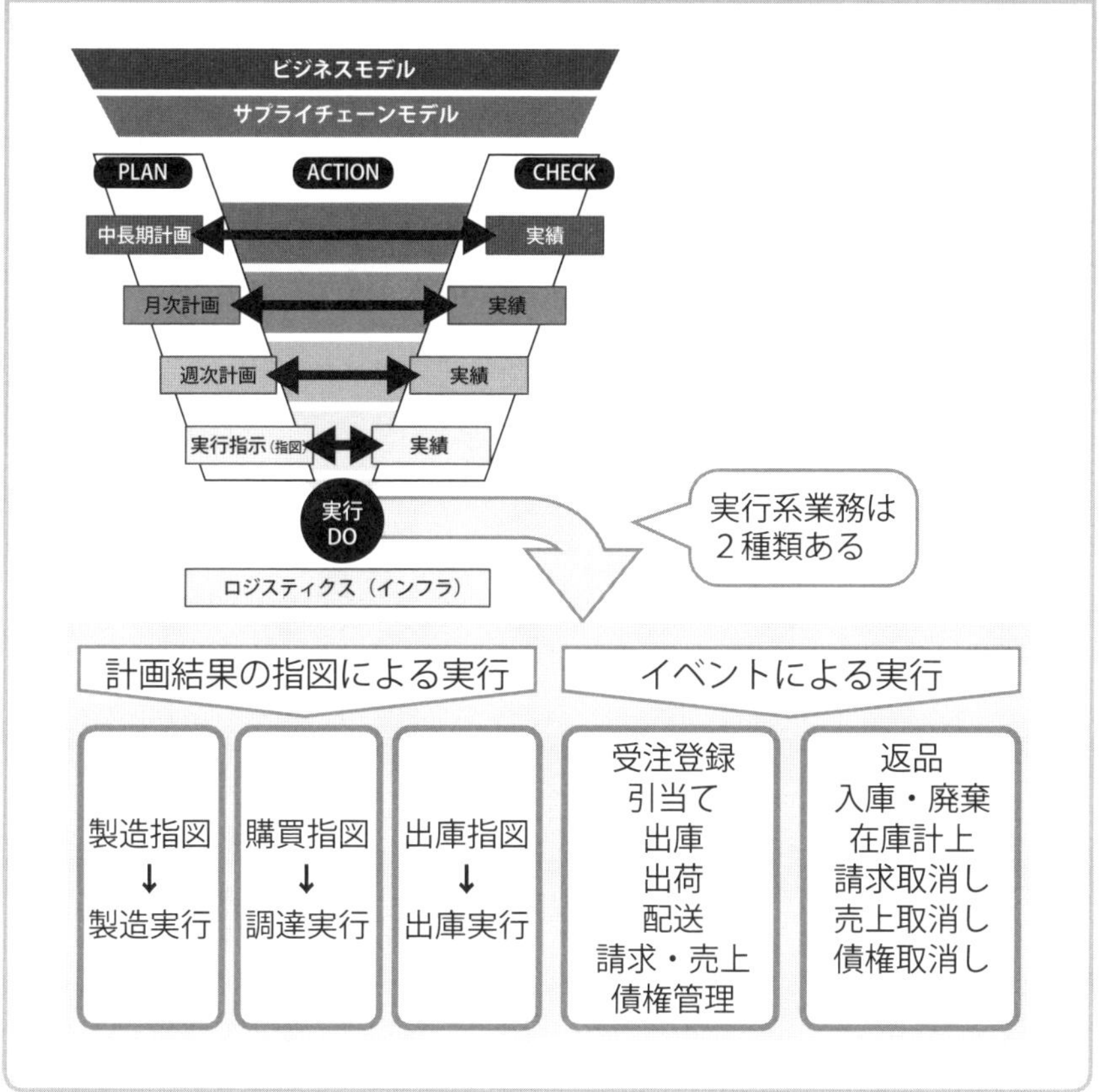

客から注文を得る受注というイベントを受けて始まります。計画系業務からの「指図」ではなく、受注というイベントを「起因」にして、受注登録、在庫を割り当てる「引当て」が行われ、出庫、出荷、荷積み、輸配送、売上、請求、債権管理という実行系業務が流れていきます。

イベントベースの実行系業務は、計画業務とは無関係にイベントごとに伝票が発行されます。受注を受けて、一連の受注伝票、出荷伝票、納品（書）伝票、請求伝票が発行されるのです。

イベントベースの実行系業務は、ＱＣＤが追求されます。正確であること、低コストであること、納期が守られ、スピーディーであることが必要なのです。

顧客にとって重要なのは、実際に目に見える実行系業務で示されるＱＣＤです。顧客満足上、重要な業務です。

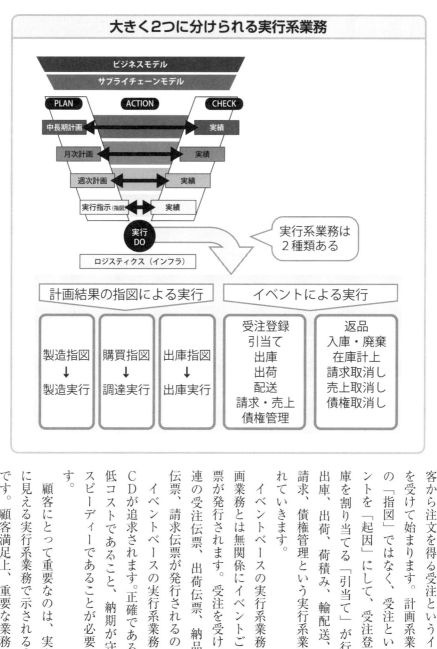

階層化する実績管理

SCMのパフォーマンスを測るSCM管理指標

ステータス管理から財務管理まで。

●ＰＤＣＡサイクルの要

　ＳＣＭのＰＤＣＡサイクルでＣにあたるのが実績管理です。実績管理は、計画と実行結果の差異から次のアクションとして再計画を行ったり、異常値を把握して緊急アクションをとるために必要不可欠の業務です。

　再計画や緊急アクションはＰＤＣＡのＡにあたりますが、そのアクションの実行を促すのがＰＤＣＡのＣにあたる実績管理です。

●実績管理にも階層がある

　実績管理も階層化しています。実行系業務の結果として見るべき実績もあれば、計画業務で狙った目標に対してどのくらいの差異かを見る実績もあり、それぞれ違ったレベルの実績を見ることになります。

　実行系業務に対応した実績は、生データに近い現場の実績です。測定した出来高や不良率などがそれにあたります。

　計画系業務には年次、月次、週次とあり、階層化した計画業務に対応した実績管理があります。

　実績管理では、最下位の生データに近い現場の実績の数値から、上位のマネジメント層が見る単位に集計されていき、各階層に適した実績にまとめられます。

●異常値管理というステータス管理

　最初に把握されるのは、実行結果としての現場の実績です。指示どおりの出来高だったか、品質はどうか、納期は守られたか、コストはどうか、といった測定可能な数値です。この数値に異常があれば、即座にアクションがとられます。

　ＳＣＭ上重要なのは、納期と出来高です。納期が守られないと、欠品になります。受注生産の場合は、納期遅れはクレームになるでしょう。また、出来高が計画どおりでないと、同じく欠品になります。

　こうした異常値には即座に対応しないと、大きな影響を及ぼすのです。製造業でいわれるＱＣ活動や「目で見る

計画と実行結果の差異を把握する実績管理

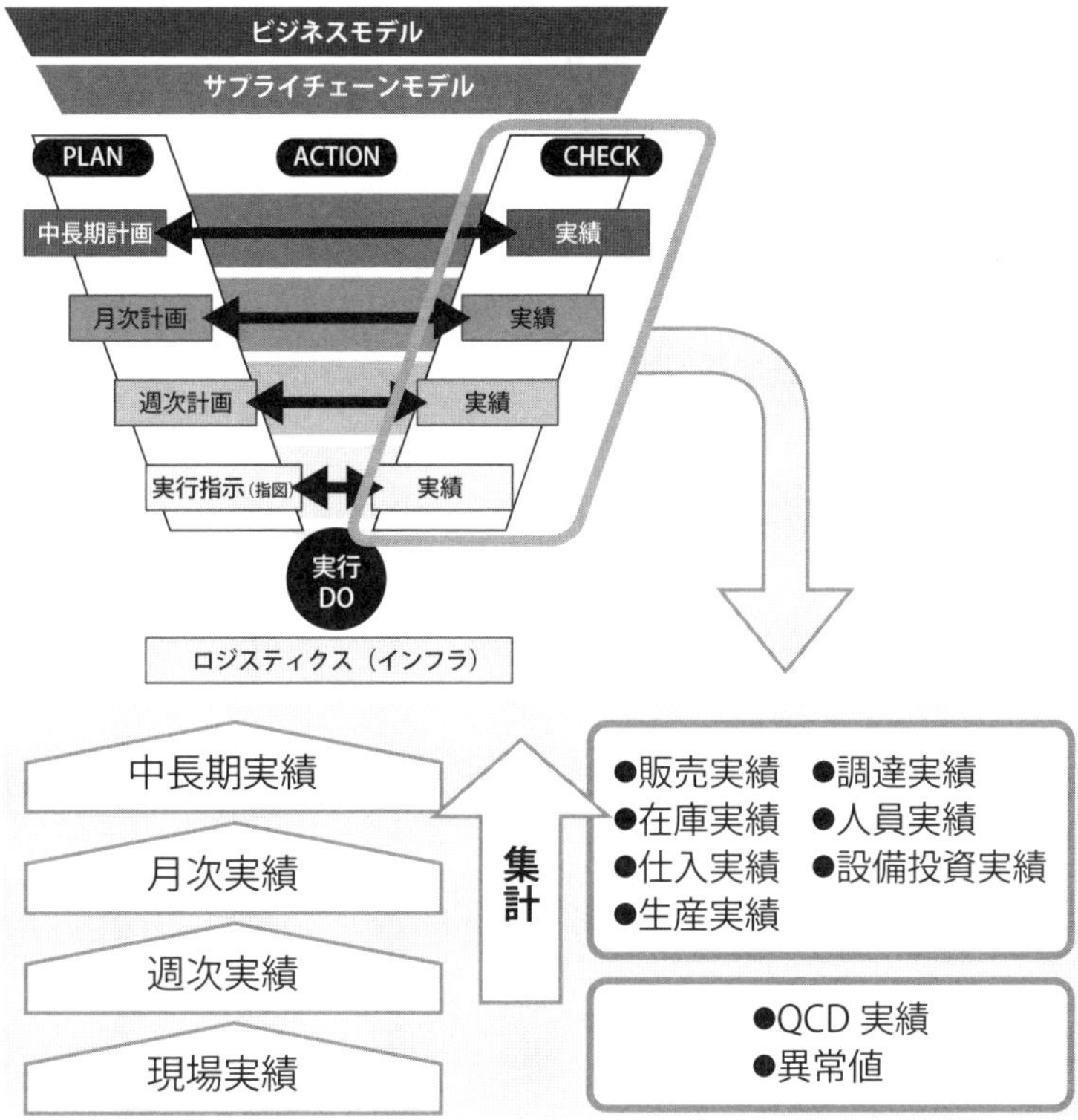

管理」は、まさに現場の実績管理なのです。

●再計画のための実績管理

次に実行結果が集計されて、計画と差異がないかが確認されます。生産計画は守られたか、在庫は計画どおり計上されたか、出荷や販売は計画どおりだったか、ということが実績として集計されて確認・対比されます。

集計は、週でまとめたり、月でまとめられます。数量だけの場合もありますが、必要に応じてさまざまな金額に換算されて対比されます。

たとえば、生産実績が計画と相違して未達成の場合は、過少在庫になる恐れがあるので、次の計画で増産指示が出されたりします。

●SCMの主要管理指標（KPI）

こうした異常値管理や再計画用の実績管理でチェックされる数値を、主要業績管理指標（KPI）と言います。

SCMを支えるシステムは多様

SCMを取り巻く仕組み、各種システム

計画系、実行系でシステムが違う。

●計画系システムが計画を立案

　計画を立案するシステムには、いろいろあります。

　統計的な需要予測を行うシステムとして、需要予測システムがあります。いくつかの統計モデルを搭載し、統計予測計算を行います。商談管理を行うシステムとして、セールスフォースオートメーション（以下SFA、93項参照）も活用されます。

　販売計画、在庫計画、仕入計画・生産計画を一気に立案するのが、サプライチェーンプランニングシステム（以下SCP）と呼ばれるものです。一時期、自動最適化をうたい文句に、海外のSCMパッケージがこぞって導入され、その中心がこのSCPでした。

　しかし、SCMの計画系業務がマネジメントの意思決定であるとの認識が強まる中で、よくわからない最適化ロジックで自動計算されるSCPは下火になりました。近年、SCPの機能は見直され、再導入が検討されています。

　日程ベースの生産計画（小日程計画という）を立案するシステムは、スケジューラーと呼ばれます。

　計画系業務は、意思決定が介在するためシステム化がむずかしく、現在でもシステム化は大きな課題です。

●実行系業務を下支えするERP

　計画を立案する計画系業務に比べて、実行系業務は以前から認識され、システム化も行われてきました。

　実行系システムは、受注、引当て、出荷指示、出荷、売上・請求といった一連の販売・物流を実行する際の業務と、生産指示、製造、実績計上といった生産実行、購買依頼、発注、入庫、仕入れ・買掛計上といった調達実行業務に会計処理業務を合わせた領域です。

　こうした業務を下支えする仕組みとして、ERPという統合業務システムが登場しました。ERPの基本は、統合データベースです。販売・物流の業務や調達業務と会計が直結されていること、生産業務と原価計算・会計業務が直結されていることが売りです。こ

SCMのシステム機能配置

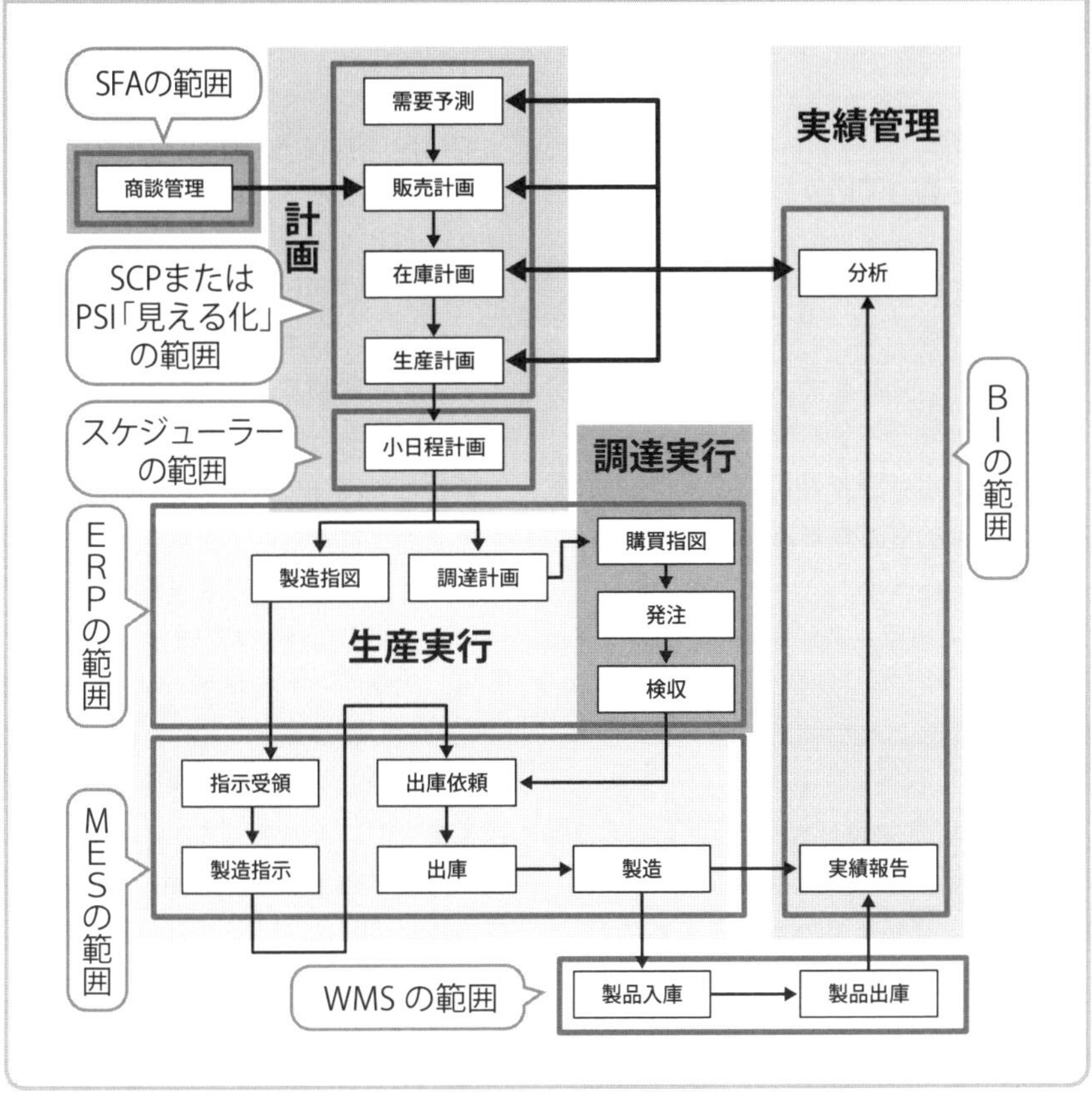

の領域は、従来まで手づくりのホストシステムが担っていました。ユーザーの要件に合わせてつくったホストシステムは使いやすいため、すべての企業がERP導入に踏み切っているわけではありません。

また、当初言われていた、「ERPはリアルタイム経営ができる」、「ERPにはベストプラクティスが入っている」などのトークが信憑性を失ったからかもしれません。

製造現場には、製造現場のERPとも言える製造実行システム（MES）があり、倉庫システム（WMS）があります。ERP、MES、WMSは連携して実行系業務を下支えします（いずれも第9章で詳述）。

●実績の分析を担うBIシステム

また、集計した実績をさまざまな角度で見せるのが、BIという分析システムです。

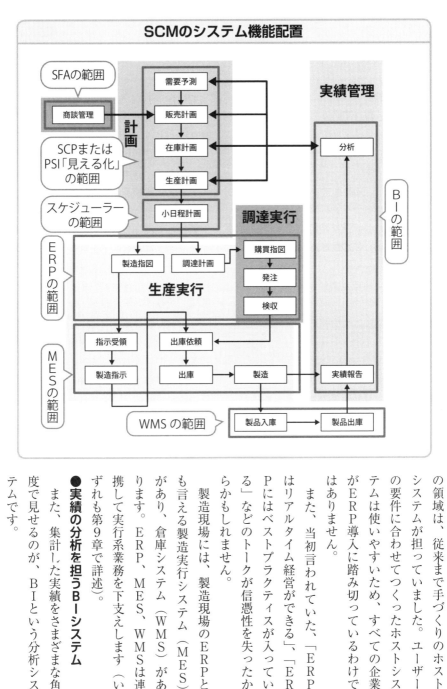

Column

SCMの黎明期の変遷②

◉ 各組織は、同じ船に乗っているという意識が希薄

私が、ある企業の改革に参画したときのことです。最初のミーティングで、営業と工場で言い争っています。詳細は省きますが、いま起きている納期問題に対して、要は「そちらが悪い、こちらは被害者だ」という内容でした。過去にもいろいろ組織的な遺恨があったようで、議論が感情的になって、一向に収まる気配がありませんでした。「そんなに言うなら、もう改革に参加しなくてかまわない」との言葉まで交わされていました。

目の前の問題は別にしても、企業として組織間で問題が起きているのであれば、組織で連携して問題にあたらなければ解決策も生まれません。しかし、SCMという組織横断的な改革を進めようとして組織が集まって問題を議論すると、相手に原因があるという言い争いになり、かえって組織間の対立を生んでしまうことも少なくありません。

こういう場合は、いつも第三者である私が間に入って両者をなだめて、組織改革のテーブルに着いてもらうように会議を誘導していきました。SCMは、組織や企業の壁を超えて改革を進めなければならないため、専門知識だけでなく、こうしたコミュニケーション能力やリードする能力も要求されるため、なかなか骨が折れます。

組織間の言い争いは日常茶飯事です。しかし、第三者である私から見ると不思議なことですが、会社という「同じ船」に乗っていながら、そのような意識が希薄なのです。改革が必要ということは、その「船」が沈みかけている可能性だってあり、どちらも運命共同体なのです。

もし、その「船」が沈みかけているタイタニック号だったとすると、操舵室と機関室で言い争っている意味はありません。どうすれば沈まないようにできるのかを、組織の利害を超えて対応すべきではないでしょうか。

しかし残念ながら、所属組織の立場で発言するのは人の性（さが）です。そうした前提を踏まえて、慎重にSCM改革は進めなければなりません。

第3章

儲けを生む
ビジネスモデルの築き方

SCMの収益性を左右するビジネスモデル

ビジネスモデルとは何か？

ビジネスモデルでの差は取り返せない。

●ビジネスモデルの定義

SCMを構築するにあたって、SCMのグランドデザインというべきビジネスモデルを明確にしておくことが大切です。ビジネスモデルが、企業のビジネスの流れや資産の配置を決めるからです。

それでは、ビジネスモデルとは何でしょうか。実は、ビジネスモデルには一般に了解された定義はありません。そこで本書では、「収益を上げ続けるために、モノ・サービスの売り方、つくり方、届け方に関わるビジネスのあり方」をビジネスモデルと定義することにします。

●ビジネスモデルを構成する四つの項目

ビジネスモデルは、ビジネスの有り様を決め、事業として儲けを生み出す仕組みを描く考え方です。

本書の15項で、ビジネスモデルの主な構造として、「顧客」「売り方」「つくり方」「届け方」の定義が必要であると書きましたが、これらの項目がSCM構築にどう影響するのかを詳細に見てみましょう。

①顧客……ビジネスモデルで誰を「顧客」（販売先）に選ぶかで、自社のSCMのあり方がかなり決まってしまいます。たとえば、自動車メーカーを顧客とした部品メーカーの場合、自動車メーカーからの即納やジャストインタイム（JIT）納入の要求を受けるため、倉庫は自動車メーカーの傍ら、納入は即時できる体制、生産は事前の在庫生産で積み増しておくなど、自動車メーカーのJIT生産と完全同期生産を行う、という選択肢になります。

このように、顧客の要求にかなったSCMのあり方が求められるのです。「顧客」によってかなり選択肢は狭まります。その一方で、「売り方」と「つくり方」にはバリエーションが設けられます。

②売り方……直接販売と間接販売があります。

直接販売では、顧客と面談して売っていく対面販売、ネットやカタログを

4つの要素で構成されるビジネスモデル

ビジネスモデルとは
「顧客」
顧客は
個人か、法人（販社、商社、代理店……）か
「売り方」
Shop
Shop
売り方は
直接販売か、間接販売か
「つくり方」
つくり方は
自社生産か、他社生産・調達か
「届け方」
届け方は
持ち帰りか、配送（空輸、海運、トラック……）か
儲け続けるためのビジネスのあり方
SCMのグランドデザイン

通じて説明して販売するネット販売、カタログ販売が存在します。間接販売は、間に代理店や小売店などを挟んで顧客に売っていく方法です。

直接販売は、顧客の要望や動向がわかりやすくて有利ですが、顧客の開拓・拡大を自社で行うためにお金と手間がかかります。1社で多くの顧客開拓は不可能なので、いまでも間接販売が大きな位置を占めています。

③**つくり方**……見込生産にするか、受注生産にするか、はたまた自社でつくらず他社から調達するかなどの選択があります。この選択によって、工場を持つのかどうかということと生産方式が決まってきます。生産に関わるコスト構造も決まります。

④**届け方**……持ち帰りか、配送か、空輸か、海運か、などの物流形態です。物流はコスト構造に影響します。

販売経路の選択の影響

販売先は販社か、商社か、代理店か

販売経路によって、マネジメントの範囲が限定される。

●ＳＣＭは販売管理が重要

ＳＣＭのグランドデザインとしてビジネスモデルを描くにあたって、販売をきちんとマネージできる体制を描くことが必要です。「すべてのビジネスは販売から始まる」と言っても過言ではないからです。

ＳＣＭも販売から始まります。販売の仕組みの良否がＳＣＭに影響します。販売の仕組みが重要な理由は、販売の仕組みが、「必要なモノ、必要な場所、必要なタイミング、必要な量」を決めるからです。

ＳＣＭでは、「必要なモノ」を特定しなければなりません。必要でないモノをつくっていては、会社がおかしくなってしまいます。必要なモノはいったい何かを正確に知るためには、しっかりした販売管理の体制が必要です。

店頭で売上が止まったにもかかわらず情報把握が遅れて、過剰在庫に陥るのはいまに始まったことではありません。必要でないモノをつくることをやめて、必要なモノを早く、的確に把握して対応する仕組みが必要です。

同様に、「必要な場所」が特定できることも重要です。売れもしないところで在庫が滞留し、売れるところで欠品していることがよくあります。

「必要なタイミング」への対応も必須です。早すぎても遅すぎても需要の旬を逃がします。

さらに、「必要な量」の特定も必要です。少なければ売り逃がし、多すぎれば在庫滞留を引き起こします。

●販社、商社、代理店で違う販売管理

販売管理の要諦は、販売情報の入手です。販売情報を手に入れ、販売業務の質を高く維持します。その質の高さを決めるのが販売管理の仕組みです。販売管理については、販売先である顧客がどんな経路（チャネル）かで大きな違いが出てきます。

販社が販売の管理をしているとしましょう。その販社が１００パーセント子会社であれば、情報はとりやすくなります。一方、合弁で販社を設立した

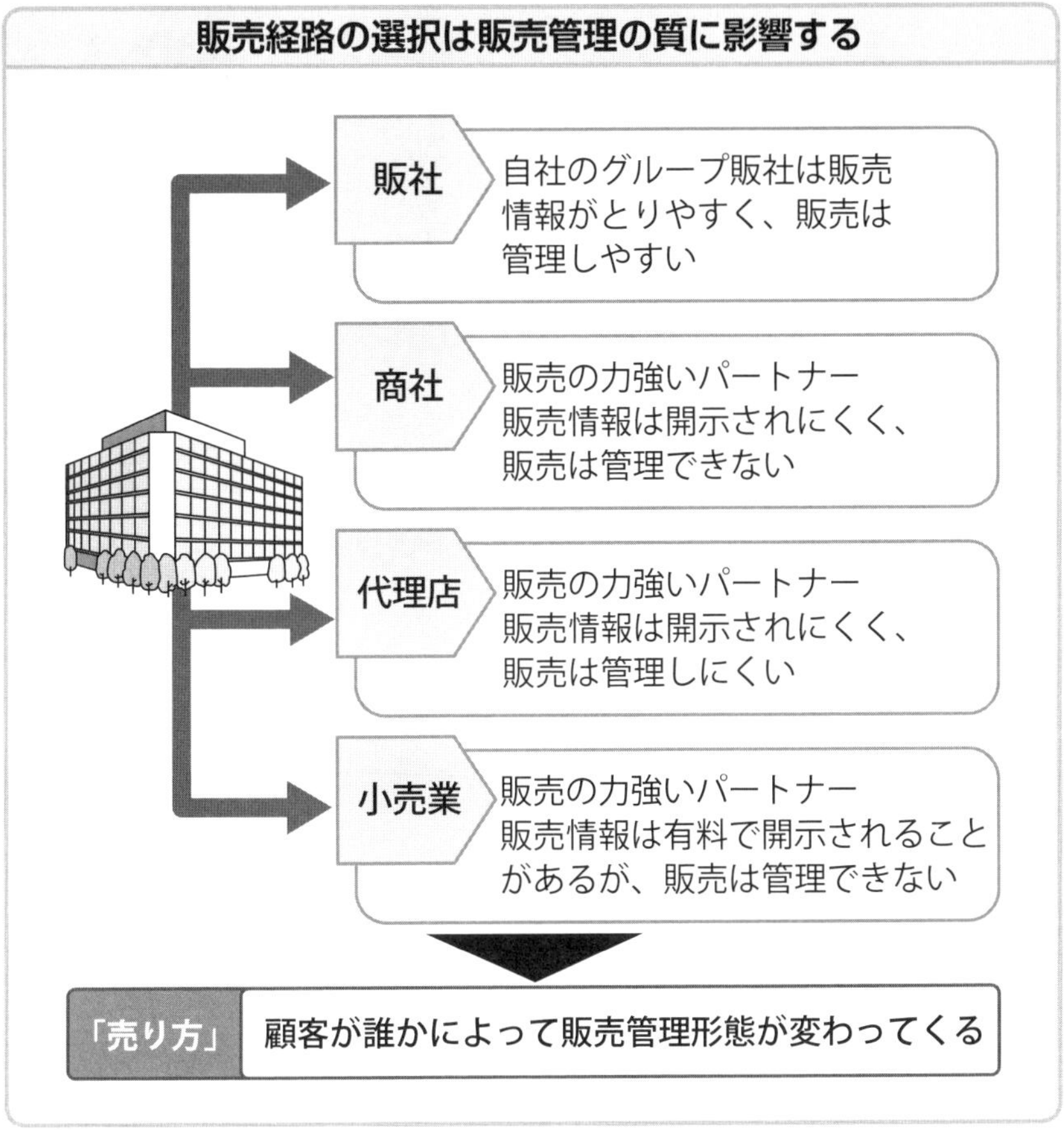
販売経路の選択は販売管理の質に影響する
販社
自社のグループ販社は販売情報がとりやすく、販売は管理しやすい
商社
販売の力強いパートナー
販売情報は開示されにくく、販売は管理できない
代理店
販売の力強いパートナー
販売情報は開示されにくく、販売は管理しにくい
小売業
販売の力強いパートナー
販売情報は有料で開示されることがあるが、販売は管理できない
「売り方」
顧客が誰かによって販売管理形態が変わってくる

際や、他の出資者の支配力が強い場合は、販売情報の取得と業務連携が滞ります。このように、正確な販売情報を早く入手し、適切な業務連携を実現するためには、販社の資本構成と支配力が重要になります。

　同様に、販売を商社や代理店を通して行うと、販社に比べて格段に販売情報がとりにくく、業務連携も困難になります。商社や代理店は自社の利益追求を第一に考えるので、商品の仕入先や製造元の要求に、ときに冷淡になります。販売の最先端の情報を知りたいと思っても、販売実績などを開示してくれないことがほとんどです。

　そのため、商社や代理店経由で販売する場合、市場の情報がつかみにくくなるのです。製造業がＳＣＭを構築する際、販売管理上の障害になる可能性もあり、販売経路の選択はビジネスモデル選択上の重要な検討項目です。

生産・調達方法の重要性

Make or Buy?がビジネスモデルを分ける

自社生産か、他社生産かでコントロール力が影響される。

●生産・調達方法の違いでSCMが変わる

ビジネスモデルの選択において、自社生産か、他社生産かでSCMのあり方が根本的に変わります。

自社生産の場合は、自社に工場が必要になります。投資して生産設備を揃えなければなりません。

工場立地をどうするのか、設備の新旧と生産能力をどれほどに設定するのか、従業員の賃金レベルはどうすべきか、部品サプライヤーは近隣に存在するかなど、検討すべきことがたくさんあります。

一度建設してしまうと、工場拠点は長期間固定され、原価構造と輸送距離、輸送方法が固定されます。コストが決まり、輸送のスピードがある程度決まってしまうのです。

自社工場であるため、簡単につぶすこともできず、制約条件になってしまいます。

一方、自社で生産しない場合は、大規模な投資が必要ではなく、少ない負担で生産を開始することができます。撤退したいときも、自社工場のように余計な制約条件にならず、柔軟な意思決定ができます。

他社に生産を委託する場合、委託先が複数想定できるのであれば、QCD（14項参照）を比較して、最も有利な相手を選ぶことも可能です。

コスト面、品質面で評価し、リーズナブルな相手を選択したり、状況に応じて柔軟に使い分けたりすることも可能になります。

●自社生産がSCM上で有利な点

しかし、他社生産の場合、こうした柔軟性が必ずしも手にできない場合があります。たとえば、自社が、委託先にとってたいしたシェアを持っていない場合、こちらの要求に応えて柔軟に対応してくれるとは限りません。

価格を値上げされるかもしれません。発注数量が少なければ、コスト高なので値上げを要求されるのです。たくさんほしいときに、生産能力を振り向け

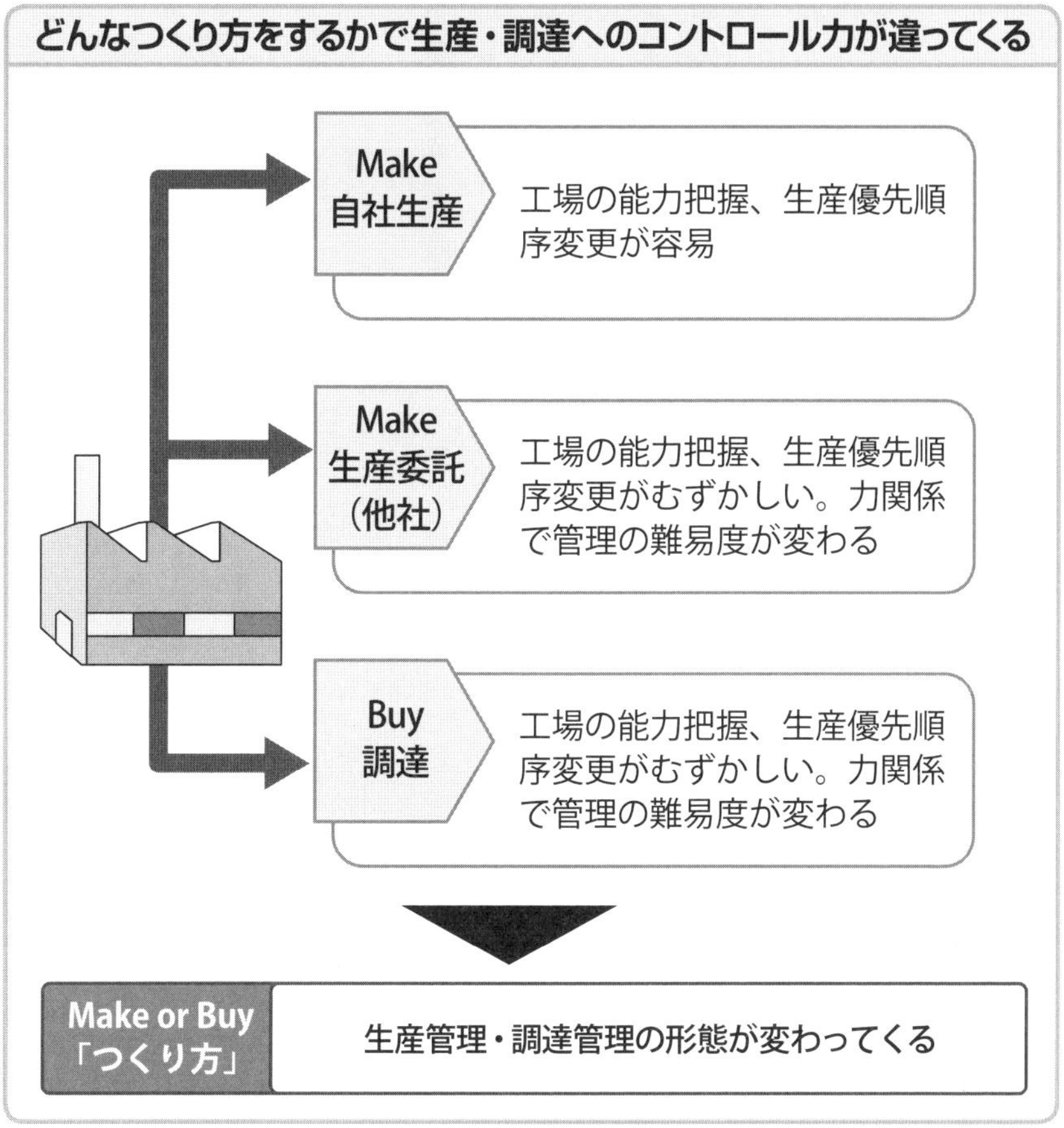
どんなつくり方をするかで生産・調達へのコントロール力が違ってくる
Make
自社生産
工場の能力把握、生産優先順序変更が容易
Make
生産委託
（他社）
工場の能力把握、生産優先順序変更がむずかしい。力関係で管理の難易度が変わる
Buy
調達
工場の能力把握、生産優先順序変更がむずかしい。力関係で管理の難易度が変わる
Make or Buy
「つくり方」
生産管理・調達管理の形態が変わってくる

てもらえないかもしれません。シェアの大きい競合に生産能力を取られ、後回しにされることも起きるからです。

こうなると、コスト高になり、納期のコントロールが困難になって、ＳＣＭで目指した「必要なモノを、必要なときに、必要なところに、必要な量だけ届ける」という目的の達成が根本から揺らぎかねません。

こういう状況が想定されるなら、大きな投資が必要で、かつ一度できてしまうと制約になる自社工場でも、ＳＣＭにおいては利点があります。

自社工場であるため、コントロールがしやすいのです。納期が自社で調整できます。能力不足の場合でも、優先すべき生産を自社で意思決定できます。コストダウンをして原価低減に取り組むこともできます。

ＳＣＭのコントロール力については、自社生産が圧倒的に有利なのです。

生産する拠点配置の選択

どこでつくるかが問題だ！ 現地生産か、日本生産か

生産拠点の配置によって、SCMは影響される。

●生産拠点の場所の選択は重要

前項で、自社生産を選んだ場合、他社への生産委託よりもコントロールがしやすくなると述べました。自社工場であれば、その能力を把握することや、業務的な連携の中で生産の優先順序をコントロールすることが容易だからです。

ところが、自社で生産する場合でも、生産拠点の置き方によってはコントロールがむずかしくなることがあります。生産拠点を遠隔地に設置してしまう場合です。

ひと口に遠隔地と言っても、実際には三つのケースがあります。一つは本社から遠隔地にあるケース、もう一つは市場から遠隔地にあるケース、さらにもう一つは、マザー工場から遠隔地にあるケースです。

●本社から遠隔地にある場合

本社から遠隔地にある場合は、ものづくりに関することではなく、本社からの統制力が弱まるという問題が生じることがあります。コミュニケーションをするコストが高まり、本社の意向が工場にうまく伝わらないことや、工場の状況が本社に理解されないなどのことが起きます。

経営上の問題にはなりますが、SCMへの影響では、後の二つのケースほど大きな悪影響にはなりません。

●市場から遠隔地にある場合

工場が市場から遠隔地にあると、輸送コストがかかります。海運輸送を行っている場合は、時間もかかります。

SCMにおいて、コントロールしにくくなる要因の一つが、この「時間」という要因です。

たとえば、工場が日本にあって、市場が欧州や北米にある場合、輸送に相当な時間がかかります。船で欧州まで8週間、北米まで4週間程度かかるとすると、いま港に着いた製品は、欧州では約2ヶ月前に、北米では1ヶ月前に日本を出たことになります。このとき、市場に変化があって製品が売れなくなっていても、船に載っているもの

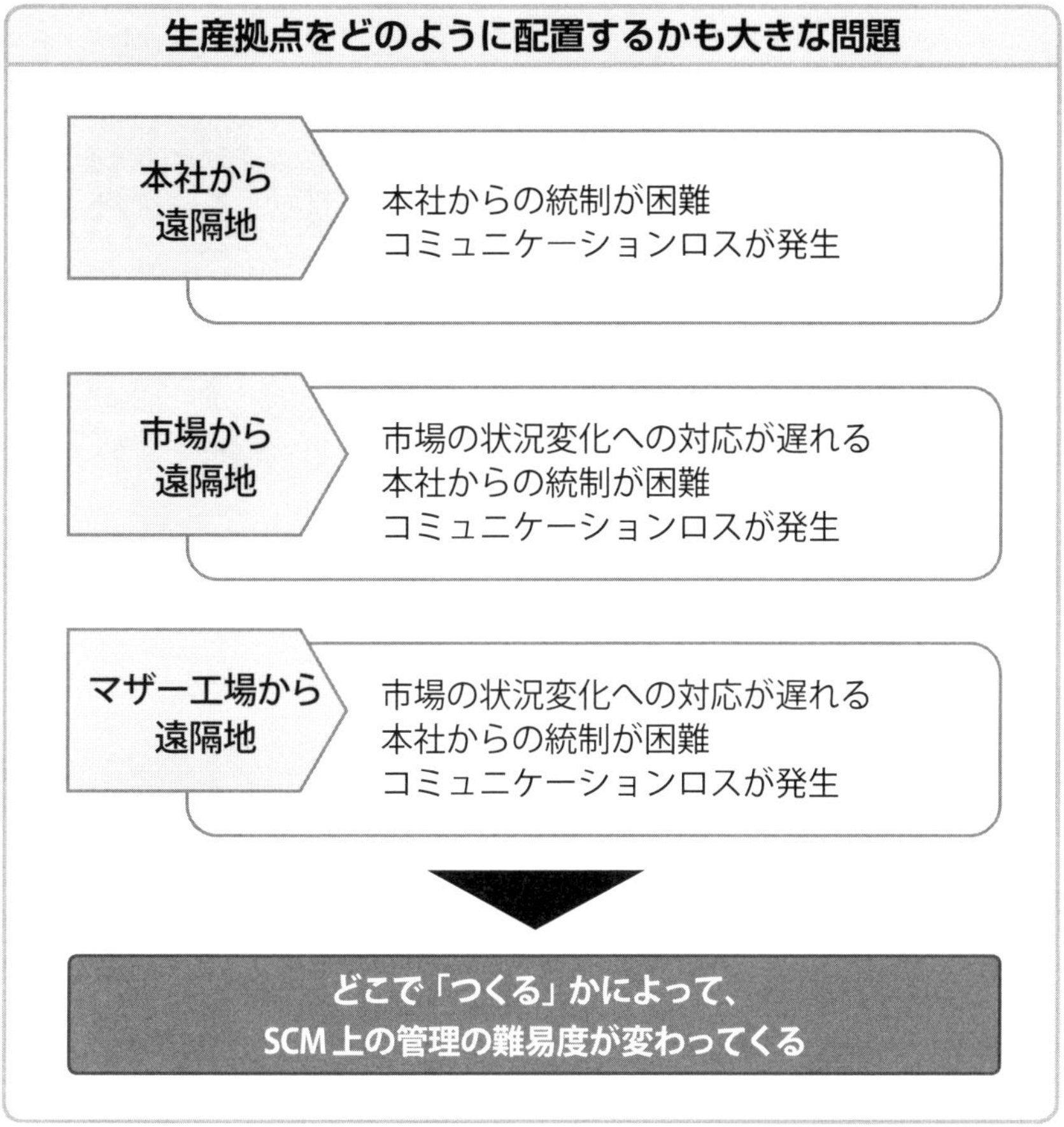
生産拠点をどのように配置するかも大きな問題
本社から
遠隔地
本社からの統制が困難
コミュニケーションロスが発生
市場から
遠隔地
市場の状況変化への対応が遅れる
本社からの統制が困難
コミュニケーションロスが発生
マザー工場から
遠隔地
市場の状況変化への対応が遅れる
本社からの統制が困難
コミュニケーションロスが発生
どこで「つくる」かによって、
SCM上の管理の難易度が変わってくる

は到着してしまいます。こうして過剰在庫が生み出されるのです。

海の上にある輸送中在庫（積送在庫と言う）は、変化に対応できず送られてしまうのです。２００８年秋のリーマンショック時に、港に自動車の在庫が山積みになったのは、数ヶ月前に日本から出荷された積送在庫が生み出したものだったのです。

●マザー工場から遠隔地にある場合

マザー工場から部品を送って、市場近くの現地工場で組み立てている製造業は現在でも多くあります。これをノックダウン（ＫＤ）生産と言います。ＫＤ生産も部品輸送に時間がかかるため、遠隔地に工場がある場合と同じで、柔軟性に問題があります。

このように、ビジネスモデル上の生産拠点の配置が、ＳＣＭ上のコントロールのむずかしさを生む場合があります。

倉庫配置が生む競争力

倉庫の配置が在庫とサービスレベルを決める

顧客満足を考慮し、サービスレベルを維持する。

●倉庫は戦略的な配置が必要

倉庫は、単なる「物置」ではありません。倉庫の配置の仕方は、企業の競争力に大きな影響を及ぼします。倉庫の配置によって、物流のサービスレベルが大きく左右されるからです。

顧客が、製品の即納を要求している場合を想定してみましょう。もし、自社の倉庫が顧客から遠い場所にあり、一方で競合企業の倉庫が顧客のすぐ近くにある場合、明らかに競合企業のサービスレベルのほうが高くなります。顧客の「すぐに持ってきてくれ」という要求に、即応することができるからです。

一方、自社はすぐに届けることができません。これでは競合に負けてしまうでしょう。競争力を高めるためには、顧客の要望をよく分析し、どこに倉庫を配置すべきかを検討し、戦略的に配置していくことが重要になります。

●コストとの両立で配置を考える

だからと言って、すべての顧客の近くに倉庫を置くわけにはいきません。倉庫は、建設するにしても借りるにしても、それ相応のコストがかかります。また、継続的に運用コストもかかります。無尽蔵に倉庫を配置していくわけにはいかないのです。

そこで、倉庫配置によるサービスレベルとコストを天秤にかけて判断することが必要になります。どんな倉庫配置にすれば、自社のサービスレベルが向上し、どれほど収益に影響するかを検討します。

一方で、対象となる顧客は十分に付き合うに値するのか、今後も顧客は倉庫の近くでビジネスを営んでくれるのか、サービスレベルが上がることでどれほど売上拡大が望めるのか、などの多くの要因を分析し、コストとの比較で決めていきます。

●倉庫に戦略的な意味づけを持たせる

また、単純に倉庫を在庫拠点としてはいけません。サービスレベルを高めるためには、倉庫に戦略的な意味づけを持たせることも重要です。

倉庫の配置はサービスレベルとコストとの兼ね合いで決める

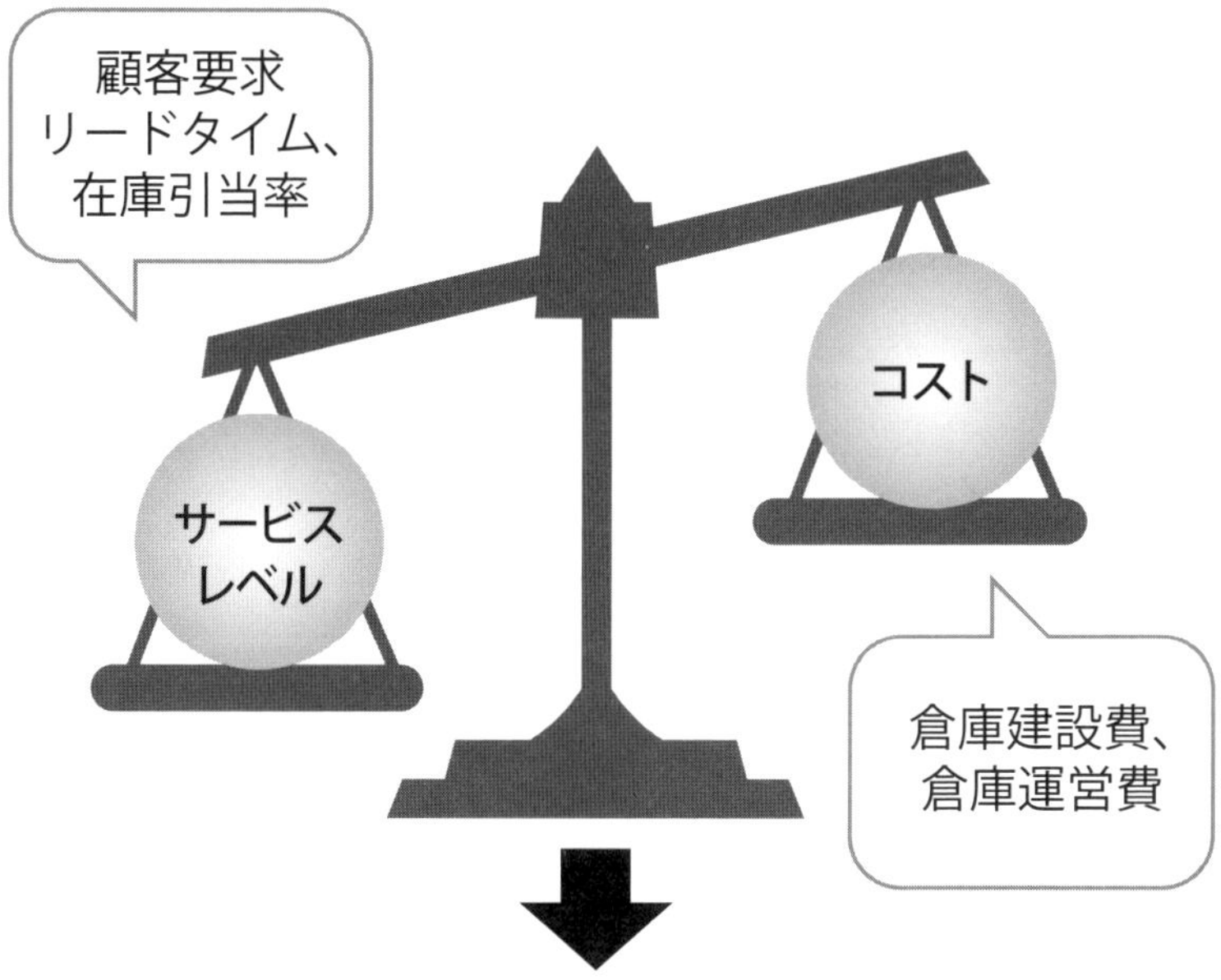

倉庫配置は、サービスレベルとコストの天秤

あちこちに倉庫を設ければ、サービスレベルは上がるが
コストが莫大になり現実的ではない

たとえば、多方面からの荷物を集約して詰め替える「クロスドックセンター」を設置して、保管せずに通過型の倉庫にすることもあります。

必要に応じてシール貼りやマニュアルの詰め合わせ梱包などの簡単な加工作業を行う、「流通加工倉庫」というのもあります。

あるいは、顧客隣接の倉庫は短時間納入をする「デポ倉庫」と位置づけ、短時間納入製品のみを在庫し、その他製品を管理する大規模な「センター倉庫」を別に配置し、ハブ&スポーク型の運用をすることもあります。

倉庫に戦略的な意味合いを持たせて、それぞれ違う機能を実現することで、物流全体として競争力を発揮するデザインができるのです。

倉庫の配置とそれぞれの戦略的な意味づけによって、SCMの運用形態も変わってきます。

競争力を発揮する物流デザイン

儲かる物流の考え方

すべてを自社で行う必要はない。

●スピード至上主義の物流

多くの場合、輸送は速ければ速いほうが良いとされます。とにかく早く製品を手に入れたい顧客にとって、物流による待ち時間は、できればないほうがいい時間だからです。

スピードを上げるためには、輸送モードの選択、輸送サイクルの多頻度化が必要になります。

輸送モードとは、輸送手段とも言い換えることができます。トラック、鉄道、船、飛行機などの輸送手段の中から、自社の採用する輸送手段を選択することです。

たとえば、海外に製品を輸出することを考えてみましょう。自社工場からトラックで出荷した後、船で運ぶか飛行機で運ぶかで、大きく輸送スピードは違ってきます。当然、飛行機で空輸したほうが速いので、スピード命のビジネスの場合は、空輸という輸送モードが選ばれます。

●コストによるスピード選択

ただし、だからと言ってすべて空輸が良いかというと、そうではありません。空輸はコスト高になるため、コストとの関係で海運が選ばれることも多々あります。

競争力に影響する輸送モードの選択ですが、コストとのバランスの中で、スピードの点は妥協することも多くあるのです。

また、大量輸送を必要とする製品やさほど輸送時間を気にしないですむ製品は、積極的に海運が選ばれます。

自社ビジネスに適した輸送モードを選択することが、顧客への「届け方」を決める重要なビジネスモデル上の選択項目です。

したがって、戦略性とコストのバランスの中で物流体制を選択していきますが、その際、重要な視点は「層別」です。層別とは、製品やサービスを特性によって分類し、対応方法を変える考え方です。

製品を層別することで、それぞれの特性に適した輸送モードを選択するこ

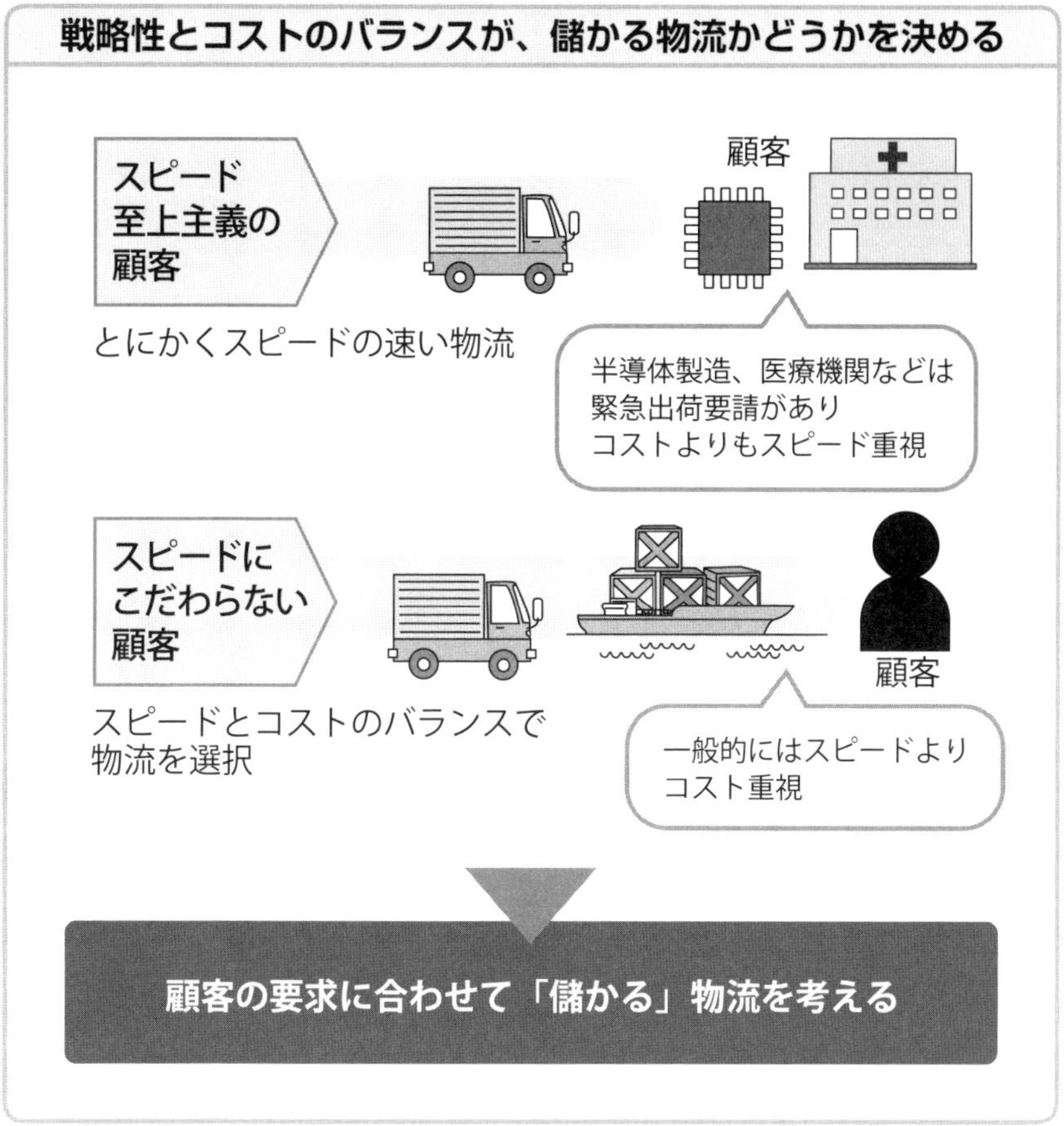

戦略性とコストのバランスが、儲かる物流かどうかを決める
スピード至上主義の顧客
とにかくスピードの速い物流
顧客
半導体製造、医療機関などは
緊急出荷要請があり
コストよりもスピード重視
スピードにこだわらない顧客
スピードとコストのバランスで物流を選択
顧客
一般的にはスピードより
コスト重視
顧客の要求に合わせて「儲かる」物流を考える

とができます。たとえば、製品は即納を要求されないので船で運び、故障時の修理用部品は即納を要求されるので空輸する、といった層別対応が考えられます。競争力に影響する特性を考え、輸送モードを選択します。

●3PL事業者へのアウトソーシング

こうした物流をすべて自社で行う必要はありません。スピード重視の物流を目的とした場合、かえって自社物流がボトルネックになることもあります。たとえば、24時間365日配送をしたいと考えても、自社の業務上の都合で実現できないことが多くあります。

そうした際は、物流をアウトソーシングします。物流パートナーも多様化しており、物流を一括で請け負い、24時間365日サービスで、途切れない物流を実現できるサードパーティー・ロジスティクス（3PL。99項参照）事業者が登場しています。

ビジネスモデルを下敷きにする

サプライチェーンモデリングとは何か？

ビジネスモデルを現実のサプライチェーンに落とし込む。

●ビジネスモデルを具現化する

ビジネスモデルが構想されたら、次に構想を具現化するために、サプライチェーンの設計に取りかかります。

ビジネスモデルはあくまで方針ですから、SCMのあり方として、具体的に業務イメージに沿うように検討する必要があります。サプライチェーンをモデル化するのです。

サプライチェーンをモデル化する際に検討すべきことは、さまざまな特性の詳細化、デカップリングポイント（17項、次項参照）の検討、SCM業務の管理単位の検討です。これらの項目を検討することで、サプライチェーンモデリングを実施します。

サプライチェーンモデルは、この後、実際の物流などの業務インフラを構築する際のよりどころとなり、かつ業務設計のガイドラインになるものです。

●サプライチェーンを左右する特性

この項では、特性に関して詳述します。特性として見るべきは、「顧客特性」「品目特性」「生産特性」「サプライヤー特性」です。

①顧客特性……顧客特性の概要は、ビジネスモデルの設計時にすでに検討されています。サプライチェーンモデリングでは、サプライチェーン構築のため、さらに詳細に見ていきます。

サプライチェーンモデリングで検討する顧客特性とは、主に「顧客許容リードタイム」についてです。顧客許容リードタイムとは、顧客が製品を要望してから、待つことができる時間です。

たとえば、顧客が製品を即、手に入れたい場合は、持ち帰りや即納が必要です。顧客許容リードタイムは限りなくゼロに近くなります。一方、2週間待てる場合もあります。設備購入などの場合で考えると、計画的に設置日を決めて工事をし、調整するからです。

顧客許容リードタイムは、次項で説明するデカップリングポイントの置き方に影響します。

②品目特性……品目のライフサイクルです。長持ちするのか、短時間で腐る

サプライチェーンモデリング で検討する「特性」
顧客特性
顧客許容リードタイム を考慮
⇒倉庫・在庫の持ち方、デカップリングポイントに影響
品目特性
ライフサイクルの長短、法的制約
⇒在庫の持ち方、管理方法に影響
生産特性
生産方法の制約
⇒工場のあり方、必要設備に影響
サプライヤー特性
パートナーシップの緊密性
⇒調達方法に影響
サプライチェーンモデリング検討項目
特性
デカップリングポイント
管理単位

のか、あるいは法的に使用期限があるのか、などによって、在庫の保持方法、管理方法が変わってきます。

③生産特性……生産方法の制約にあたります。

組立生産かプロセス生産かで、工場が違います。人が組み立てる場合、さほど投資を必要としないことが多く、化学製品のようなプロセス生産では大規模設備を必要とします。また小規模工場を分散配置できる場合と、設備投資型の巨大工場をつくる場合では、サプライチェーンが変わってきます。

④サプライヤー特性……サプライヤーとのパートナーシップの緊密性が重要になります。緊密であれば業務連携がしやすくなりますが、そうでない場合、サプライヤーの交渉力が強くなります。購入品をそのサプライヤーしかつくっていない場合と、代替企業が存在する場合も、業務連携が変わります。

マーケティングから借用した理論

デカップリングポイントとは何か？

デカップリングポイントが、無在庫経営と在庫経営とを分ける。

●デカップリングポイントが業務を変える

17項で紹介した「デカップリングポイント」という概念は、サプライチェーンモデリングで重要な役割をはたします。デカップリングポイントの設定によって、ＳＣＭのあり方が大きく変わるからです。

世界的なパソコンメーカーであるデル（Dell）は、部品在庫がデカップリングポイントです。ＣＰＵ、ハードディスク、液晶などを部品で在庫し、受注でこれらの部品を特定して、引き当てて生産します（部品はサプライヤーが在庫しています）。

競合他社は、受注を受けて出荷する製品在庫がデカップリングポイントです。需要予測に基づき見込生産し、流通・小売業からの受注で出荷します。

パソコンのように、売れている期間が短い製品は、長く最終製品の形で在庫すると、技術革新による陳腐化リスクが高くなり、売れ残りの影響が大きくなります。

デルは、受注に対して部品在庫で構えるデカップリングポイントを採用し、製品で在庫している競合メーカーに対し、優位性を築いたのです。

●生産の進め方の違いでどう業務が変わるのか

代表的な生産の進め方ごとに、それぞれの業務の違いを見てみましょう。

見込生産は製品を在庫して、受注後出荷します。需要予測やつくり手・売り手側の意思で見込みを立てて、事前に生産します。

一方、受注生産は、つくり手・売り手側の予測や意思で、事前に部品、生産能力を用意しておきます。受注後、組立計画を立てて、用意された部品と生産能力を使って生産します。

個別受注生産は、受注時に設計し、工程展開し、部品を購入します。個別受注生産では、生産進捗管理もプロジェクトマネジメントのように行い、展開した工程の進捗を管理します。

このように、デカップリングポイン

サプライチェーンモデリング で検討する「デカップリングポイント」

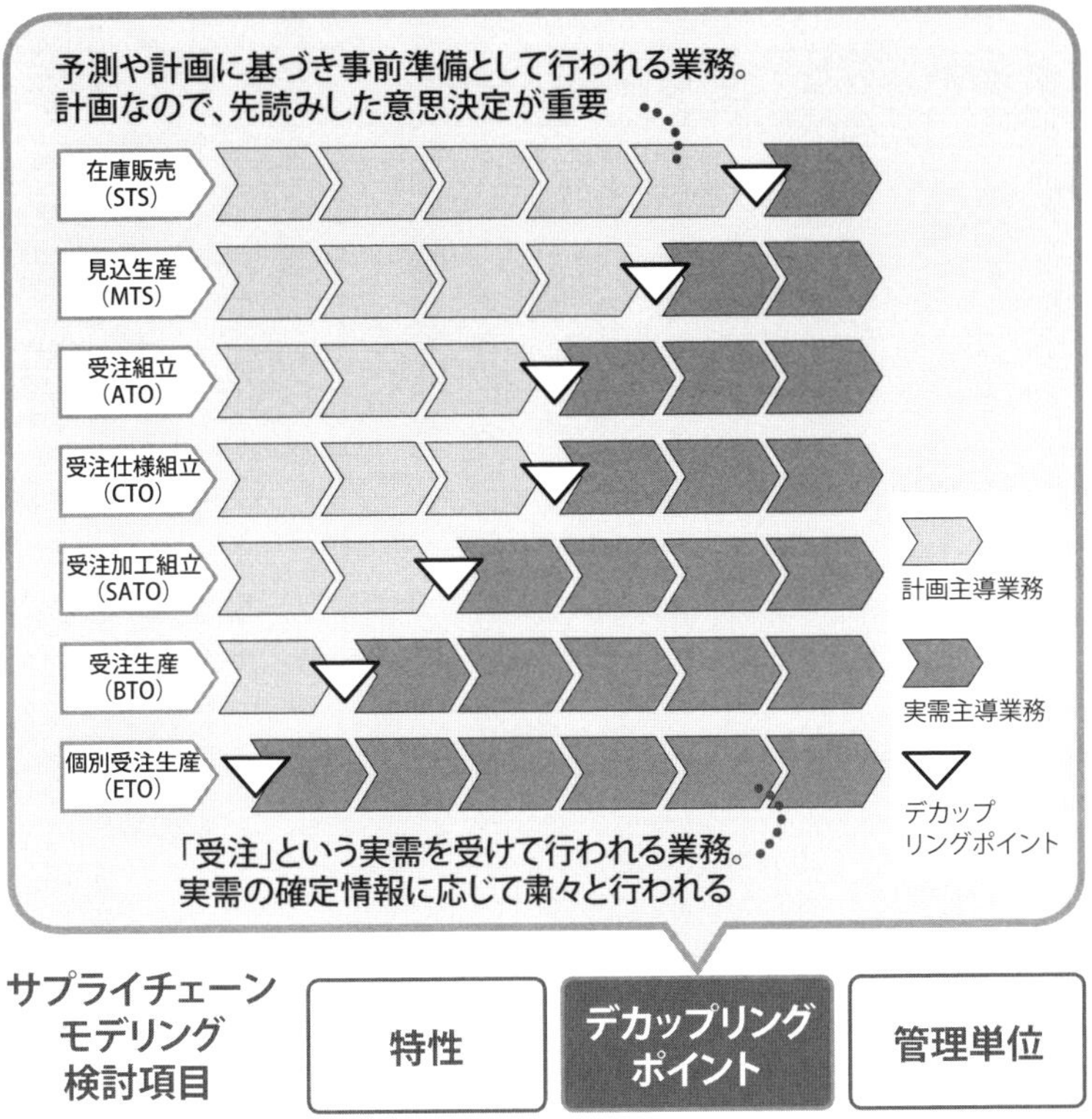

トが違うと、業務の流れが違ってくるのです。

●計画主導業務と実需主導業務

デカップリングポイントを挟んで、それ以前は計画主導で業務が営まれ、以降では受注やオーダーなどの実需主導で業務が行われます。

実需主導では、生産や出荷されるときの最終的な仕様形態が確定しているため、何をつくり、運ぶかは明確です。

一方、計画主導業務は、まだ顧客の要求がわからない中で、見込みを立てて実施する業務のため、分析と意思決定が必要になります。なぜなら未来の需要を予想し、不確実な中で計画しなければならないからです。

したがって計画主導業務では、意思決定者を明確化するとともに、予測し、計画し、意思決定するレベル（単位）が重要になるのです。

倉庫と在庫の層別配置、ライフサイクル配置

層別配置でサービスレベル向上と在庫低減を同時実現

層別配置は競争力の源泉。

●サービスレベルと在庫低減を実現

サプライチェーンモデルの手法として、倉庫と在庫の層別配置とライフサイクル配置があります。

倉庫は顧客へのサービスレベル向上を意識して設置します。戦略的な意図を持って倉庫を置くのです。

意図を持った各倉庫と同様に、在庫も意図を持って配置します。漫然と在庫を配置すると、増える一方です。そこで在庫を層別分類し、倉庫ごとに配置すべき在庫、配置しない在庫を色分けします。層別により在庫の増加を抑え、在庫を最適化していくのです。

●倉庫の層別でサービスレベル定義

倉庫の層別とは、顧客サービスを意識して倉庫を分類することです。たとえば顧客近くに置くデポ倉庫は、即納を目指します。高いサービスレベルです。サプライチェーン上では、より顧客寄り、つまり下流に配置されます。

一方、工場に近い倉庫は、顧客に対する納入に長いリードタイムがかかるため、サービスレベルが下がります。高いサービスレベルの必要のない品目を配置するとともに、下流倉庫への補充をするための倉庫となります。

倉庫の階層は、下流から〝デポ倉庫〟〝地域センター倉庫〟〝各国センター倉庫〟または〝国際センター倉庫〟、工場や供給拠点に隣接して全世界に供給する〝グローバルセンター倉庫〟などと定義します。

●在庫の層別配置で在庫低減・適正化

層別された倉庫に対し、どの品目をどこに配置すべきかを検討するのが、在庫の層別配置です。漫然と配置すると、どの倉庫にも同じモノがあって滞留の可能性が高まります。長く動かない品目は上流に、すぐ出荷される品目は下流に配置するといったように、効率的に在庫を配置するのです。

品目を層別する基準は、〝顧客の納入許容リードタイム〟〝出荷量〟〝出荷頻度〟〝即納必須度合（クリティカリティ）〟〝重量〟〝単価〟〝使用期限の有無〟などです。特に重要なのは〝顧客

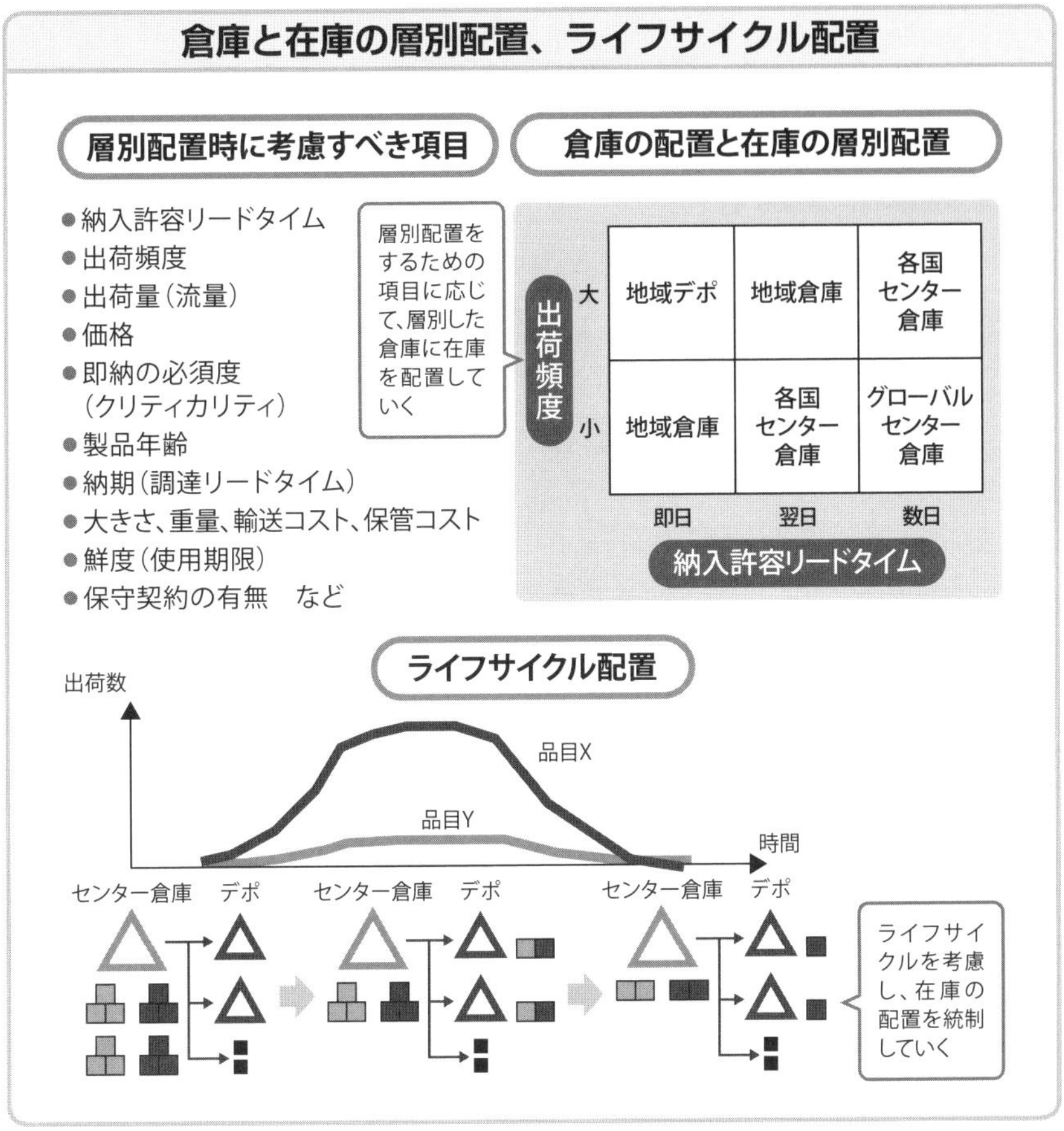

の納入許容リードタイム〟〝出荷量〟〝出荷頻度〟の3項目です。

顧客の納入許容リードタイムが短い、または出荷量や出荷頻度が多い場合は下流倉庫に、そうでなければ上流に配置することで、すべての在庫が上流から下流に散在することなく、適正化することができます。

●在庫のライフサイクル配置

層別配置は出荷が安定したときの配置方針です。それとは別に、品目のライフサイクルに合わせて配置する層別配置もあります。

ライフ初期にはセンター倉庫に配置し、ライフ中盤では全体に配置、ライフエンドでは再び上流に配置します。こうすることで、ライフエンドにはムダな在庫を、いつまでも下流倉庫に置かなくてすみます。ライフサイクルに応じて、サービスレベルと在庫の最適化、保管コストの低減ができるのです。

Column

意味不明な「全体最適」と手前勝手なSCM組織提案

◉「全体最適」は意味不明？

SCMという考え方が日本に持ち込まれたとき、最初に飛びついたのはコンサルティング会社やシンクタンク、システム会社などでした。彼らは各企業に行って、「欧米企業は優れたSCMを構築して全体最適を実現し、はるかに先を行っている。個別最適では競争に勝てない」とまくしたてました。いまでも、「全体最適」と簡単に使う人が多く存在しますが、はたしてその「全体最適」というのは、どのような意味なのでしょうか。

提案書や報告書を見るとよく見かける「全体最適」ですが、意味不明なまま使われていることが多くあります。組織単位の利益追求を「個別最適」と言い、その反対語として「全体最適」と言っているだけで、定義もされずに使われているのです。

◉ 意味不明な「全体最適」が生む勝手なSCM組織

「全体最適」という言葉がいい加減に使われると、次に出てくるのは「SCM組織」です。意味不明な「全体最適」ですが、とにかく「全体」を最適化するには全体を統括する組織が必要だという短絡的な思考から、全体を統括する「SCM組織」が提案されます。そこから勝手な論理展開が行なわれ、実際の企業の実態を無視して、あるべき「SCM組織」が机上検討され、空理空論の「SCM業務・システム」のあるべき姿が描かれます。

こうして、どの企業に行っても、金太郎飴のような「全体最適」と「SCM組織」の提案書や報告書が量産されたのです。

◉ SCMはある意味、地道で現実的な改革

現実を無視した、意味不明の「全体最適」と「SCM組織」が実現するはずがありません。「全体最適」という言葉で思考停止せず、地道に組織の利害を解きほぐし、状況に合わせて組織を経営的に統制し、個別利害を是認する意思決定も、ときに必要です。

宙に浮いたような「SCM組織」ではなく、経営の意思決定があれば十分です。SCMはその名のとおり、マネジメントであり、ステレオタイプなコンセプトや組織が先ではなく、マネジメントのあり方を描くことが先なのです。

第4章

競争力に直結する
ロジスティクスの築き方

物流体制における複数の視点

SCMのインフラとなるロジスティクスの構築

目的に応じて変わる物流のあり方。

●物流の複数の視点

　これまで解説してきたビジネスモデルとサプライチェーンモデルづくりの進め方を受けて、第4章では、実際のロジスティクスの体制を構築していく方法を詳述します。

　ビジネスモデルとサプライチェーンモデルをつくるのが概要設計と考えると、実際のロジスティクス体制は具体的に詳細設計され、物的な設備や仕組みを構築することです。物流体制の構築と考えてもよいでしょう。

　物流体制には、「販売物流」と「調達物流」があります。最近では、出荷した製品を回収してリサイクルするための「回収物流」も重要になってきています。それぞれの物流体制は、それぞれの目的に沿って詳細に設計し、構築されます。

●販売物流は顧客のために

　販売物流の構築では、販売に関係した販売拠点と倉庫拠点の配置、輸送ルート、輸送モードの詳細設計を行います。目的は、売上と利益を最大化することです。

　即納を要求するスピード重視の顧客の場合は、顧客の傍らに倉庫を設けます。顧客の要求に応じて短時間で出荷し、届けるためです。顧客が小売業の場合は、即座に補充要求に応えられる場所に倉庫を築きます。ジャストインタイム納入を求める製造業が顧客の場合も同様です。可能な限り、顧客に納入するスピードが速くなる場所に納入のための倉庫を配置します。

　また、顧客側に指定納入時間や指定納入サイクルがある場合は、それにしたがいます。あくまでも顧客の業務が滞りなく行われるように協力します。販売物流は、顧客の感じるサービスレベルが最大化するように構築される必要があります。

　もし、顧客の要求に反し、顧客に不便を感じさせると、顧客満足の低下を招きます。販売物流は、顧客と直接の接点になるため、顧客の不満を買わないように構築されなければなりません。

物流体制によって異なる目的に応じてロジスティクスを構築する

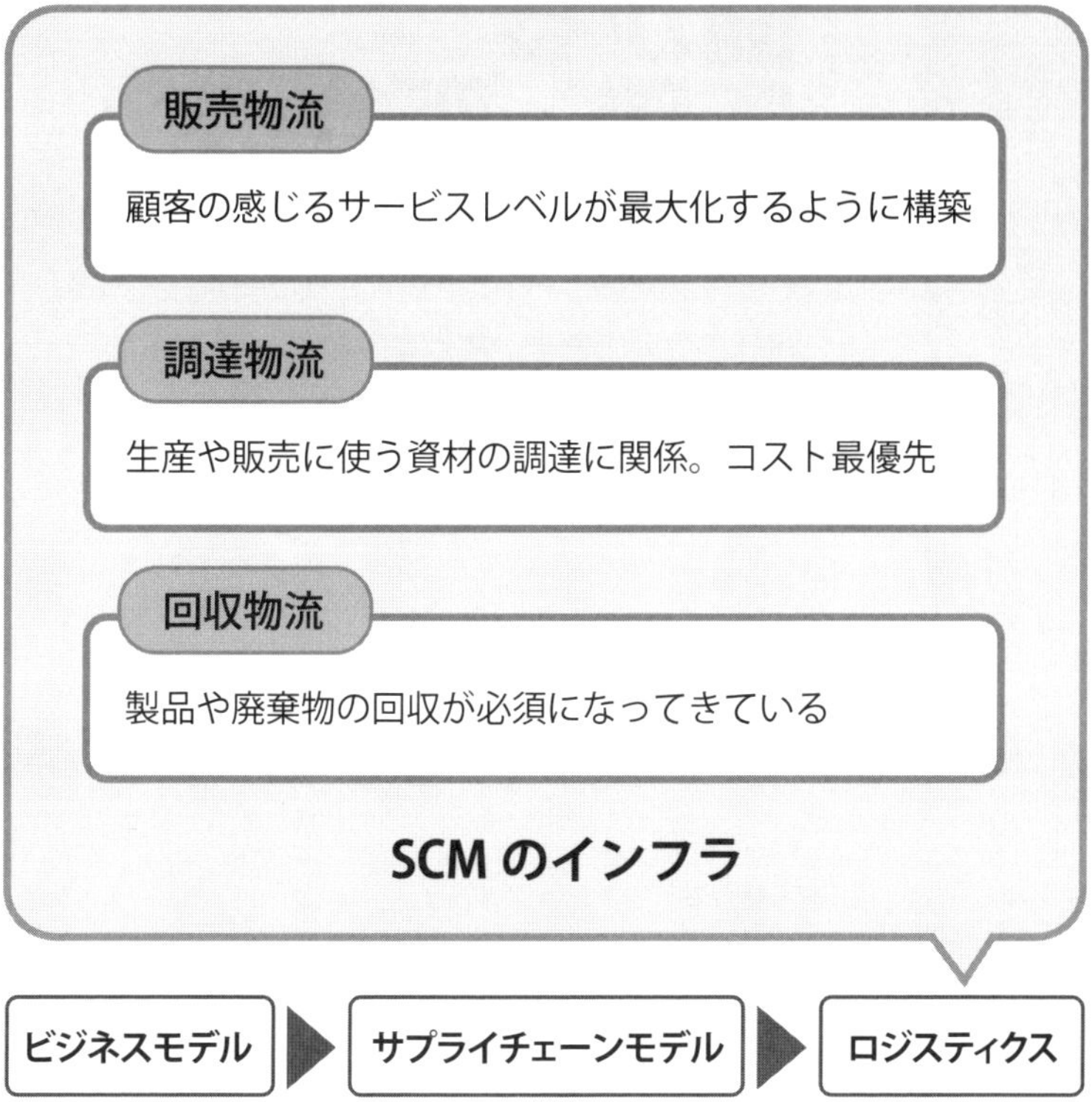
販売物流
顧客の感じるサービスレベルが最大化するように構築
調達物流
生産や販売に使う資材の調達に関係。コスト最優先
回収物流
製品や廃棄物の回収が必須になってきている
SCMのインフラ
ビジネスモデル
サプライチェーンモデル
ロジスティクス

また、顧客側の要求が低い場合、納入側から改善提案を行って、顧客の業務レベルを向上させることも可能です。納入サイクルの多頻度化や製造ラインサイド納入、梱包形態の簡素化、通い箱の使用など、提案によって自社だけでなく、顧客も利益を得る体制を築くことができます。

●調達物流は自社のために

調達物流は、生産や販売に使う部材の調達に関係する物流です。自社の工場への納入輸送、部品在庫の倉庫配置と輸送などがあります。

調達物流は通常、サプライヤーが受け持つことが普通です。そこでサプライヤー側に高い利便性を要求します。

●新しく登場した回収物流

最近では、一度売った製品の回収も、重要な物流になっています。コピーのトナーやインクの回収、医療資機材の回収物流などが必須になっています。

長期的な儲けが重要

儲かる店舗・販社の配置を行う

利益を生み出さない拠点は閉じる。

●儲からない店舗や販社をつくらない

企業は儲けを最大化することを目的として活動しています。しかし、実際はそうした目的を忘れて、自然発生的に店舗や販社をつくっている場合があります。

「つくれば売れる」時代は、売上さえ上げれば利益もついてきたため、それでもよかったでしょう。しかし、市場が成熟化して、右肩上がりの時代が終わると、売上拡大に引きずられた自然発生的な拡大路線は行き詰まりを見せ始めました。

それでもなお、一部の小売業やメーカーは店舗、販社を増やしていきましたが、そうした設備や組織が利益を圧迫します。

儲からない店舗は閉鎖の憂き目にあいます。儲からない販社は別な販社に統合されます。こうすることによってコストダウンを行い、利益を圧迫する要因をなくしているのです。こうした動きは後ろ向き改革のように見えますが、変化した現実に対する、実際的な対応なのです。

ただし、儲からない店舗や販社を閉じることによって、ロジスティクスのインフラが変わり、物流体制が影響を受けます。

●儲けを生む店舗と販社を配置する

一方、ビジネスモデルを受けたサプライチェーンモデリングの中で、拠点の配置を検討しましたが、小売業の店舗配置の検討では、やや違った視点で検討が行われ、実際に配置されていきます。

店舗の場合は商圏人口、もしくは商圏上の潜在顧客を想定した値を根拠に、出店地域を確定していきます。今後の成長性も勘案し、その商圏の中で可能な限り成長性の高い拠点で、交通の便の良い場所が選ばれます。こうした土地は地価が高く、取り合いになりがちです。早く動いた企業が優位になります。

販社の場合は同様に商圏を検討しますが、すでに大口の既存顧客がいるな

店舗・販社は長期的な儲けにつながる配置を行うことが重要

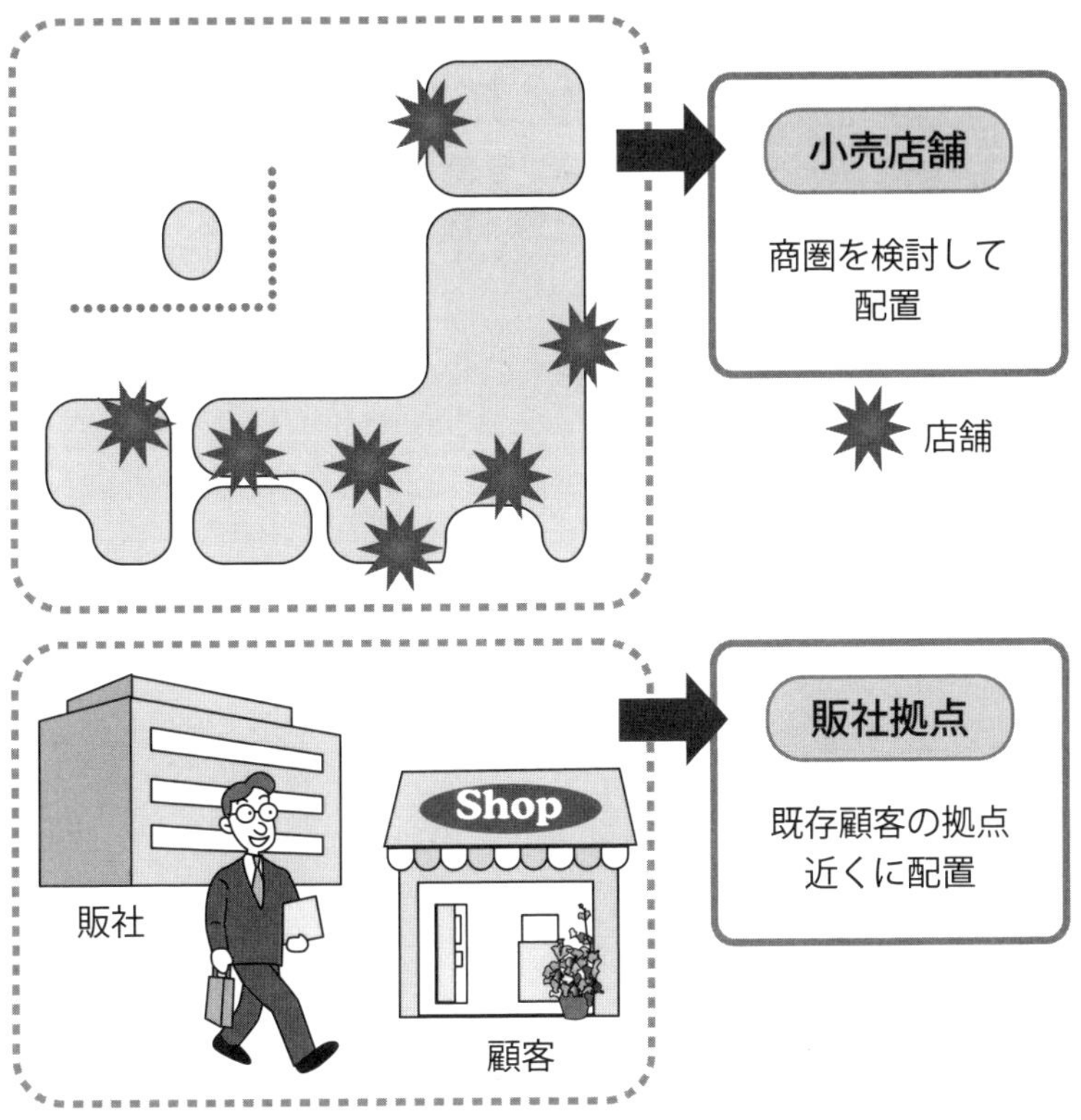

どの実績を重視し、サプライチェーンモデリングに忠実に検討されます。

ただし、販社の場合は、物流上の考慮をあまりせずに配置検討されることもあります。商流と物流を分離して、販売機能を持つ販社と物流機能を持つ倉庫を別々に配置することが可能だからです。

したがって、販社そのものは純粋に商流上の重要拠点に配置し、倉庫配置はサプライチェーンモデリングに則って配置するという使い分けになります。

このことは非常に重要です。従来から、販社と販社が統括する倉庫が同一敷地内にあって、営業マンが配送を兼務している企業が多くあります。これでは、営業マンがある1社の顧客に配送中の場合、別な顧客に必要なサービスができなくなります。商流と物流を分離して、自然発生的な業務を改め、より儲かる機能配置を心がけましょう。

競争力に影響する重要な意思決定

倉庫の最適配置とは

在庫を層別することで、倉庫の最適配置につながる。

●ジレンマを解消する層別配置

倉庫配置は、競争力に影響する重要な意思決定です。効率的にすぐに顧客に届けるためには、すべての顧客の傍らに倉庫が設けられればベストでしょう。即納体制が築けるからです。

しかし、倉庫を配置するにはコストがかかります。すべての顧客の傍らに倉庫を設けることは、現実的ではありません。限られた資金で、すべての顧客の傍らに倉庫を建設することはできないからです。

倉庫がなければサービスレベルが上げられないが、資金が足りなくて倉庫が増やせない、というジレンマに陥るのです。限られた資金と倉庫配置を天秤にかけて、可能な範囲で倉庫を最適配置しなければなりません。資金の制約の中で、最大の効果を上げる倉庫配置が必要なのです。

考えもなくすべての倉庫に同じような機能を持たせて、同じような製品を保管するのでは、各所に同じような機能の倉庫が重複して存在することになります。そこで、保管する製品を選別してメリハリをつけて保管することで、必要なモノだけを、必要な量だけ保管する方法で倉庫スペースを少なくし、ムダに倉庫スペースを増やさずにすむ手法があります。

その手法が倉庫を機能別に「層別」し、最適配置することです。ただし、倉庫の層別の前に、保管すべき在庫の層別をしなければなりません。

●在庫の層別による最適配置

倉庫配置を検討するために必要なのは、在庫を分類し、分類したパターンごとに管理（層別管理）をすることです。層別した階層ごとに、必要なサービスレベルを充足する在庫を配置し、合わせて倉庫スペースを最適化するのです。

在庫を層別配置する際に、サービスレベルを評価する項目は、「顧客要求リードタイム」と「出荷頻度」（もしくは「出荷量」）です。この二つの項目からマトリクスをつくって層別し、

サービスと在庫を最適化する倉庫の配置方法

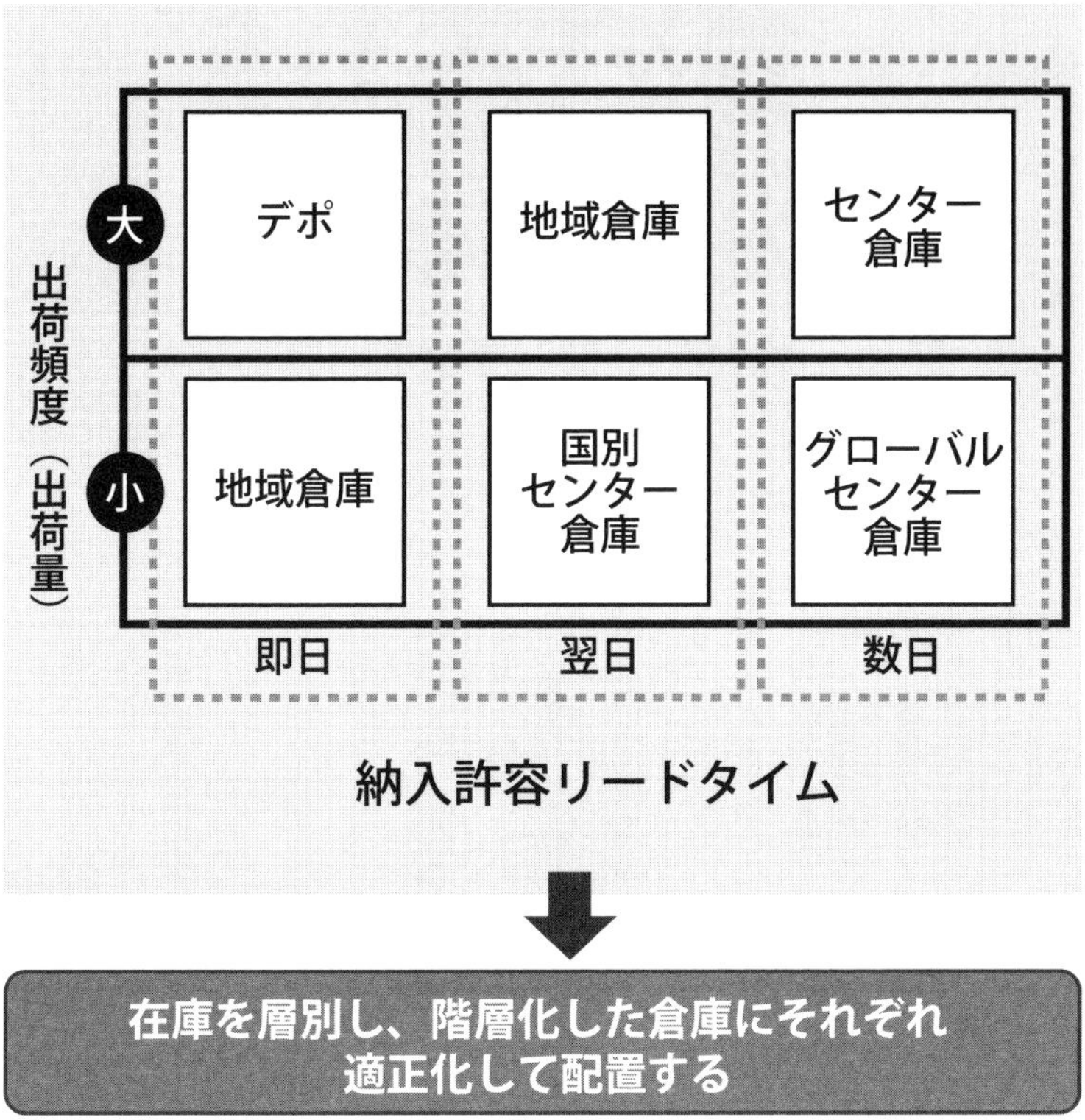

倉庫の配置を考えます。

上図にあるように、顧客要求リードタイムが短く、出荷頻度もしくは出荷量が多い場合は、顧客の傍らに倉庫を配置します（これを「デポ」と呼ぶ）。量が多く、かつ即納要求がある場合も、顧客の傍らに在庫すべきで、保管コストも吸収できます。

逆に、顧客要求リードタイムが長く、出荷頻度（もしくは出荷量）が多い場合は、顧客から遠い工場の傍らや安い土地で保管してもかまいません。この倉庫を「センター倉庫」と呼んでもいいでしょう。センター倉庫保管分は、顧客の傍らの倉庫に置く必要がないため、スペース減に貢献します。在庫も少なめに持てばよいため、在庫削減にも貢献するわけです。

この中間の場合は、デポとセンター倉庫の間に倉庫を設けて、「地域倉庫」とします。

倉庫をもっと細分化する

細分化される倉庫の役割を定義する

倉庫機能細分化により物流を最適化する。

●センター、地域、デポで階層化

前項で、倉庫に配備する在庫の層別を行い、倉庫そのものの機能を三つの階層に分けました。

それにより、緊急用でないものを保管する「センター倉庫」、中間的な保管拠点の「地域倉庫」、顧客への即納を約束する「デポ」が定義されました。

またそれだけでなく、デポへの補充用在庫を地域倉庫が、地域倉庫への補充用在庫をセンター倉庫が持つことで、多階層配備も可能になります。

この利点は、上流倉庫に必ず在庫があるので、下流の倉庫の在庫数を減らすことができることです。また、仮にデポで欠品しても、その上位の倉庫の在庫を使って緊急対応が可能になることです。

通常の状態では、センター倉庫⇩地域倉庫⇩デポと粛々と補充輸送が行われます。

こうした階層化では、海外への輸送を視野に入れたときには、「グローバルセンター倉庫」も登場するため、3階層、4階層くらいの機能別階層化があります。

●倉庫に特殊機能を持たせる

さらに、倉庫に特殊な機能を持たせて物流を効率化しようという取組みがあります。

たとえば、流通加工があります。物流の過程で、顧客仕様や付加価値のある追加作業を倉庫で行って出荷する方法です。特殊なシールを貼ったり、詰合せを変えることで、付加価値を上げるのです。

こうなると、倉庫には製品と合わせて流通加工材料が必要になり、かつ加工作業者が必要になります。倉庫でありながら、調達、人員計画、加工といった管理が必要になり、生産管理に近い管理レベルが求められるため、ＳＣＭとして単なる物流管理を超えた管理が必要になります。

同様に、倉庫を修理拠点やリサイクル拠点にすることもあります。この場合は、修理部品の在庫だけでなく、修

倉庫の役割をさらに細分化することで、SCMにも影響が及ぶ

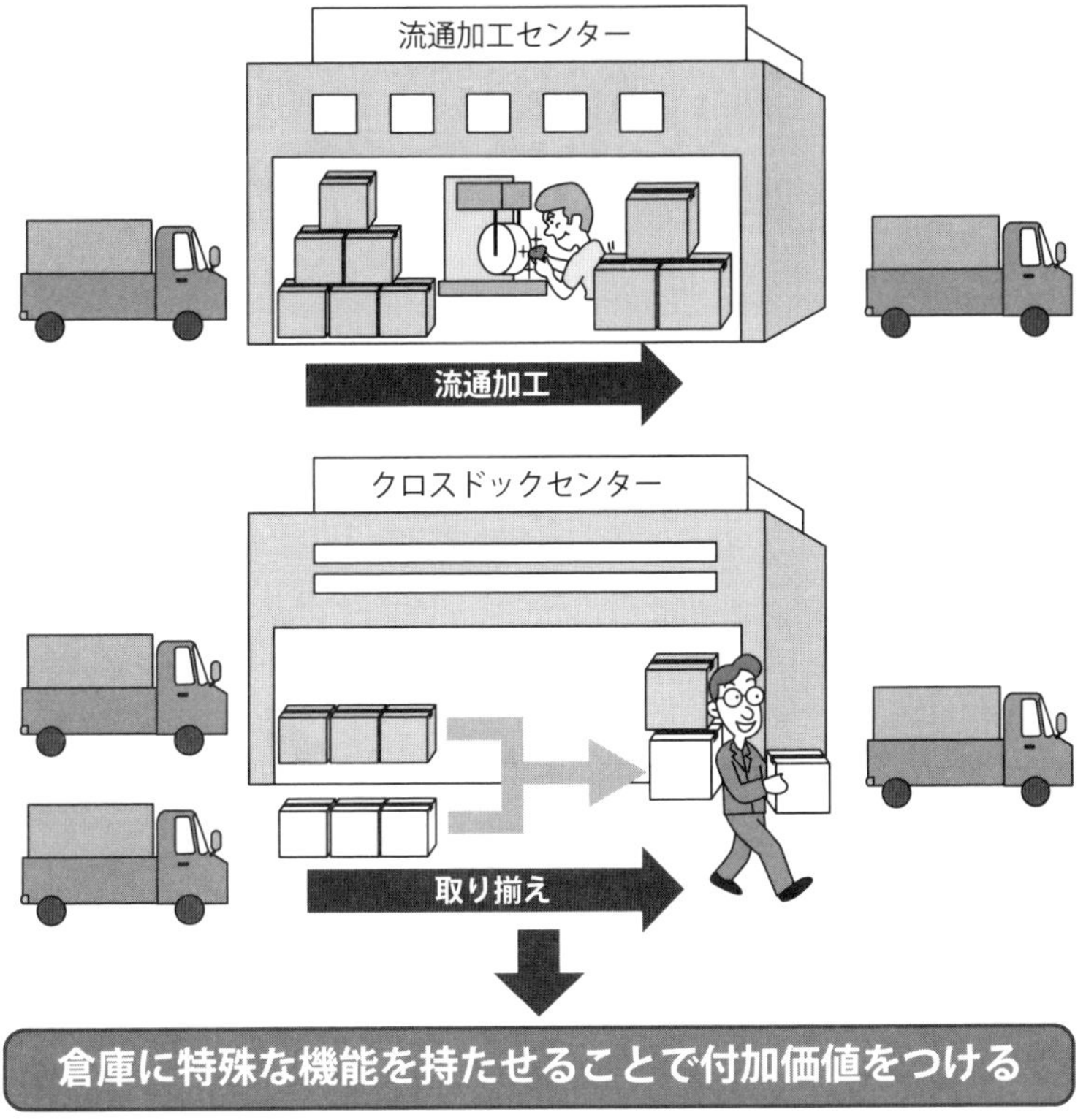

理工程、回収品のリサイクル工程も必要になります。

●クロスドックで荷物をドッキング

加工までは行わないまでも、違う荷物を同じ仕向け先ごとに取り揃えて運ぶことも行われます。こうした倉庫はクロスドック倉庫と呼ばれ、モノを長期保管せず、出荷タイミングが揃うまでの一時保管拠点として扱うことを目的に建設されます。

クロスドックセンターは、保管拠点というよりはスルー拠点と位置づけられます。在庫管理は行われませんが、着荷、合体、出荷のタイミングの同期化がむずかしく、高度な輸送進捗管理能力を要求されます。

倉庫の機能別設計、配置によって、行うべき業務と管理方法が変わるため、倉庫機能と配置の詳細設計しだいで企業の競争力が変わり、ＳＣＭも大きく影響されるのです。

物流ネットワークをデザインする

販売物流の動脈、輸配送を決める

倉庫と物流ネットワークデザインは不可分。

●物流ネットワークデザインによって輸配送の管理が変わる

顧客拠点、倉庫拠点、製造拠点などの配置と物流ネットワークは、不可分の関係です。拠点配置は自由に行えるわけではなく、輸配送の利便性も考慮して配置されます。

たとえば、センター倉庫は工場の傍らが、地域倉庫は複数のデポの中心、かつ交通の要地が選ばれます。デポは顧客への納入に便利な立地に配置されます。

とはいえ、物流上、便利なだけではコスト高の場所を選んでしまうかもしれません。そこで便利なだけでなく、倉庫建設コスト、もしくは倉庫賃借料が安い場所が選ばれます。

拠点が決まると、拠点間を結ぶ物流ネットワークが、輸配送費が最小になるように検討されます。

倉庫が物流上、便利な場所にある場合は、比較的に輸配送費が低くなると想定できます。

そうは言っても、輸配送の方法は多様です。トラック、船、飛行機、鉄道などの輸送手段の最適な選択と組合せが必要になります。拠点間を結ぶ輸送手段の組合せによっては、コストに大きな影響が出ます。物流ネットワークのデザインによって、輸配送の管理が変わってくるのです。

●確実な輸配送と積載効率・運行効率

すでに十分な競争力のある物流ネットワークができているのであれば、そのネットワークを使った日々の運用の結果が求められます。

輸配送で目指すのは、確実な輸送です。確実な輸送については、納期遵守率（あるいは遅延率）の向上や誤出荷率の低減などが追求されます。

またコスト側では、積載効率と運行効率が追求されます。積載効率は、荷台の満載度合を測ります。運行効率とは、1回の運行（運送）での輸送量や輸送時間で測ります。

どちらも効率が高くなることを目標に、積荷を満載にできるよう努力し、

倉庫配置によって物流ネットワークのデザインも変わってくる

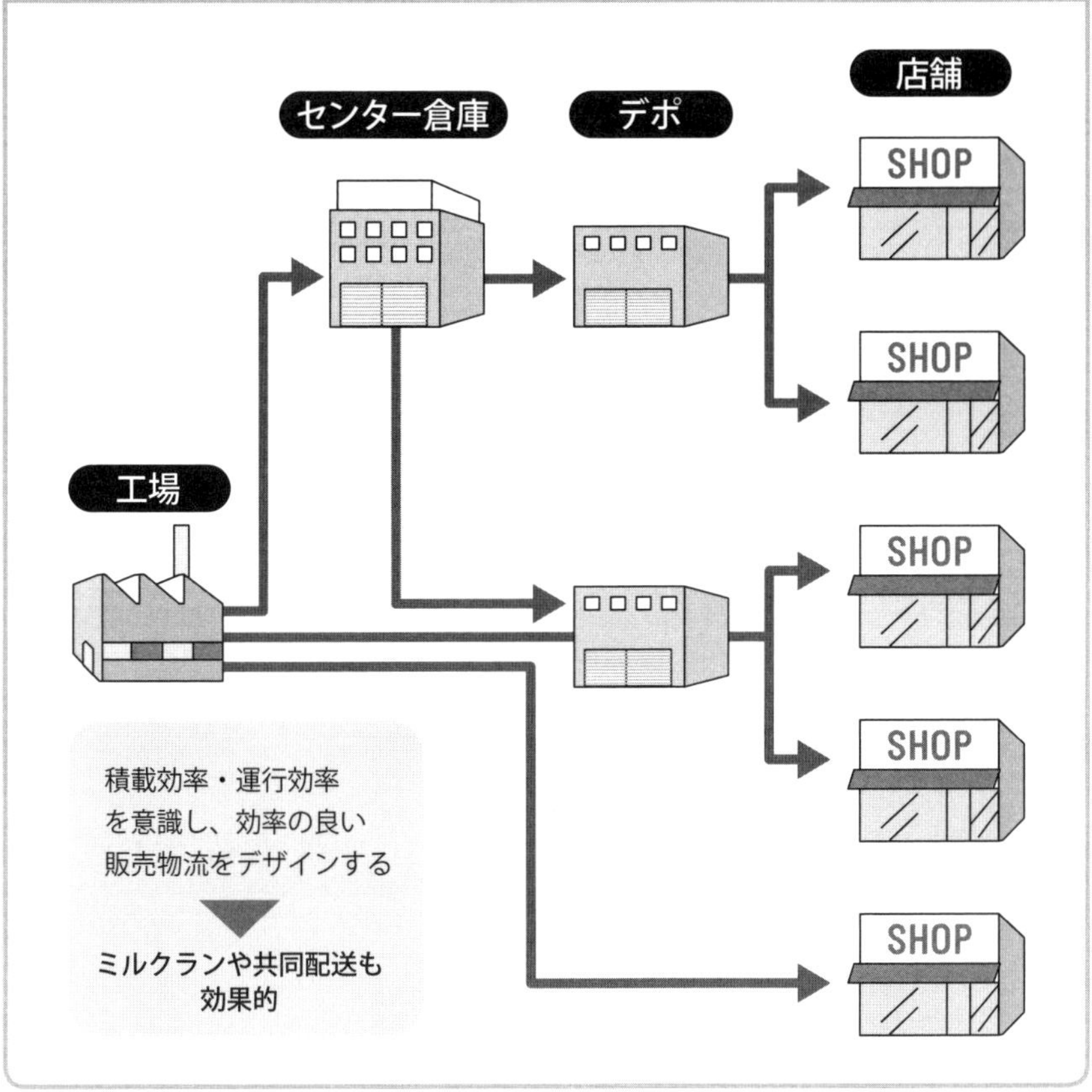
センター倉庫
デポ
店舗
SHOP
SHOP
SHOP
SHOP
SHOP
工場
積載効率・運行効率
を意識し、効率の良い
販売物流をデザインする
ミルクランや共同配送も
効果的

運行の経済性を高めようとします。

●ぐるりと回るミルクラン

同じような場所に荷物がある場合、1台のトラックで回って集荷や配送を一括で行うことを、「ミルクラン」と言います。ミルクランは、トラックが牛乳を集荷する際に、各牧舎を回ってくることからつけられた名称です。

倉庫と拠点を何度も運行するよりも、1周で回って1運行ですませることで、運行効率を上げる方法です。

●呉越同舟の共同配送

1社では荷が少なくトラックがいっぱいにならない場合、積載効率を上げる方法として、共同配送という方法があります。A社、B社といくつかの企業が共同で荷物を運ぶことで積荷を多くし、トラックの積載効率を上げて運行回数を減らして効率化します。

競合同士による共同配送も増えてきています。

多様な輸送モードが存在する

海外輸送は空輸か？ 海運か？

輸送モードの選択でコスト削減。

●スピードとコストのバランス

　輸送のモードには、さまざまなものがあります。飛行機、船、トラック、鉄道などです。これらをどう組み合わせるかということも重要ですが、輸送の幹線となる部分の輸送モードの選択が、スピードとコストに大きな影響を与えます。

　国内でさえ、すべてトラックで運ぶのか、間に飛行機、船、鉄道を挟んで運ぶのかによって、コストが変わります。積替えの時間もかかります。

　スピードが重視されるのであれば飛行機、コストが重視されるのであれば船、または鉄道で幹線を運び、集荷と配荷はトラックになるでしょう。

　しかし、一般的に飛行機による空輸は高額になるため、スピードとコストのバランスにより、輸送モードを選択します。

　海外の場合も同様です。島国である日本では、輸出入では空輸か海運を使わざるを得ません。多くの場合、船による海運で荷物は運ばれていますが、荷物によっては空輸が中心というものもあります。その違いを生んでいるのが、製品特性と顧客特性です。

●製品特性と顧客特性を考慮

　コストも重要ですが、輸出入の場合は、製品特性と顧客特性の考えが必要になります。

　製品特性とは、製品の形状、量、物性、鮮度などです。たとえば、ハイテク品と言えば、何でも空輸がいいように思われますが、半導体製造装置のような、まるで部屋一つを運ぶような荷物は飛行機に載せることはできません。仮に載せたとしても莫大な費用になるため、船で運ばれます。

　また、もし漏れ出したら周囲を溶かしかねない溶液や爆発性の気体なども、空輸はできません。逆に、船で時間をかけて運ぶと使用期限が切れたり、物性が変わってしまうものは、飛行機でしか運べません。製品特性によって、輸送モードが決まってしまうものもあるのです。

空輸と海運の特性をまとめてみると

	空輸	海運
スピード	速い	遅い
コスト	高い	安い
適する顧客特性	スピード重視の顧客	コスト重視の顧客
適する品目特性	小さい・少量 付加価値が高い 安全なモノ	大きい・大量 付加価値が低い 危険物

特性も踏まえて空輸・海運を使い分ける

　また、顧客の要求リードタイムに代表される顧客特性も重要です。たとえば、半導体製造装置の補修用部品は、即納に近い要求リードタイムが設定されます。緊急時に船で運んでいては、顧客にそっぽを向かれます。変化のスピードの速い業界の顧客である場合は、空輸が要求されるわけです。

　このように製品特性と顧客特性によって、海外輸送は空輸か海運かが決まってしまう場合があります。

　しかし、そうでない場合は、要求されるスピードとコストの関係で、輸送モードを選択します。

●「シーアンドエアー」という考え方

　空港と港湾が隣接している場合には、新しい考え方として「シーアンドエアー」という、輸送モードの柔軟な選択手法が登場しています。通常期は海運、緊急時は空輸を柔軟に切り替える方法です。

工場立地は長く影響を及ぼす

工場立地を後から変えるのは大変

単純な考えで工場立地を決めてはならない。

●なりゆきで工場立地を決めない

過去、多くの製造業が自治体の誘致活動に便乗して、各地の工業団地などに工場を建設しました。その結果、ひどいケースになると、東京で部品をつくり、その部品をある地方に運んでコンポーネントをつくり、さらに別の地方に運んで完成品をつくるといった、無意味な物流が繰り返されました。

単に土地があるからとか、補助があるなどの単純な理由で各地に節操なく工場を建ててしまい、その間の物流と管理が大変になっている企業がたくさんあるのです。

円高を受けて、国内だけなく、海外に工場を建設した企業も少なくありません。

しかし、結果から見れば、組立加工費が安いだけで海外工場を建設してしまった企業が多く、為替の変動と工場がある国の制度変更（外国企業優遇税制の廃止など）、管理コストの増大、支援コストと品質対応コストの肥大化によって、かえって高コストに直面している企業も多くあります。

戦略性もなく、視野の狭い判断で工場建設をしてしまうと、長くその影響が残ります。工場がある限り、そこでモノをつくるための支援が必要になり、人を雇用し続ける必要が生じ、安易に撤退ができなくなります。単純な考えで工場を建設してしまうと、大変なことになるのです。

●工場立地は市場との関係を重視

工場立地はまず、市場の場所を重視して検討します。できれば市場の傍らで、輸送距離を短くして輸送コストを低減でき、市場変化に迅速に対応できる場所がベストです。

たとえば、欧州市場に対して、欧州で生産する場合とアジアで生産する場合では、輸送リードタイムが極端に違うため、アジアでの生産では対応スピードが遅くなってしまいます。

ただし、欧州のほうが人件費が高いなどの問題もあり、すべてのコストを積算して比較する必要があります。ま

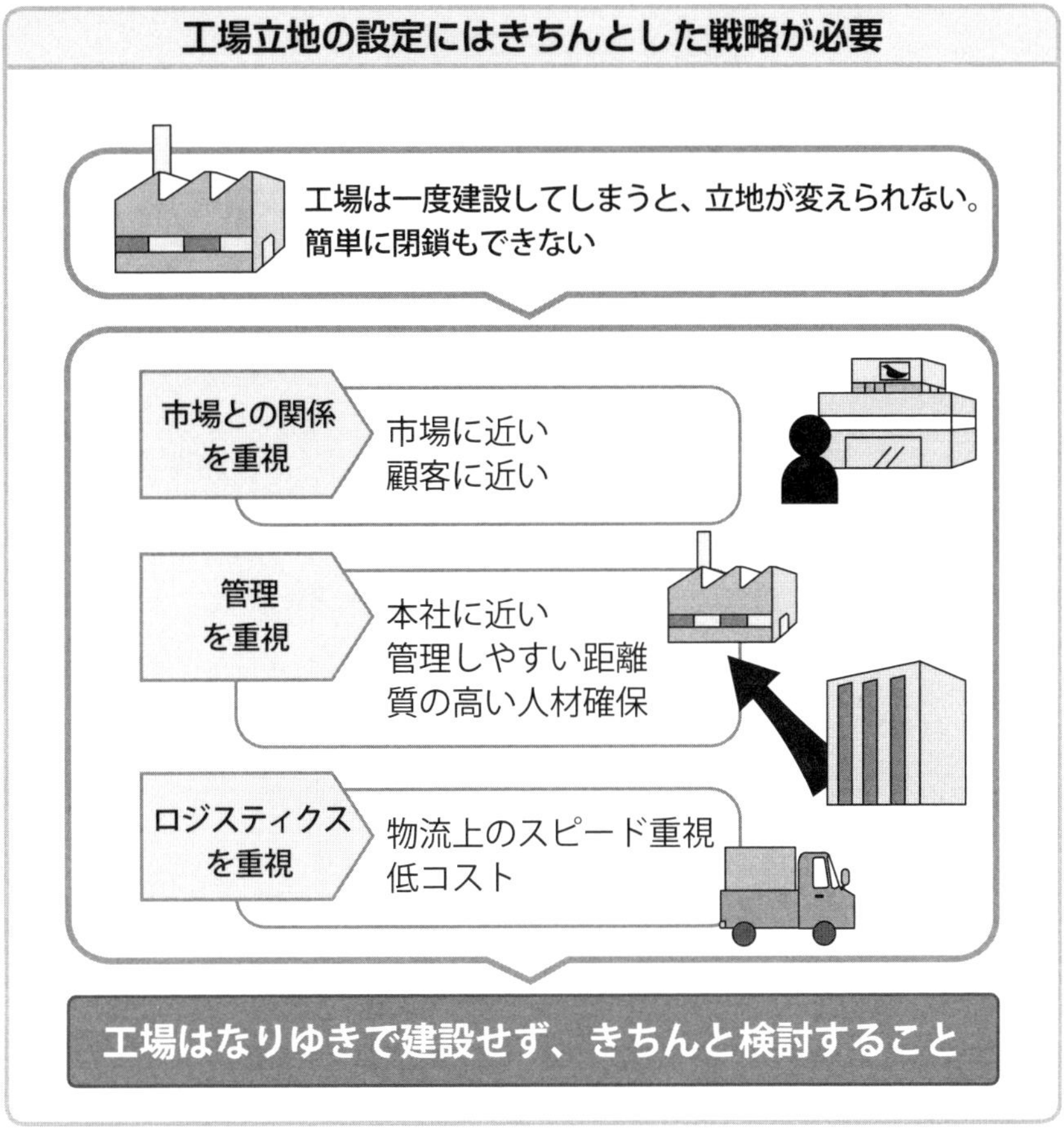
工場立地の設定にはきちんとした戦略が必要
工場は一度建設してしまうと、立地が変えられない。
簡単に閉鎖もできない
市場との関係を重視
市場に近い
顧客に近い
管理を重視
本社に近い
管理しやすい距離
質の高い人材確保
ロジスティクスを重視
物流上のスピード重視
低コスト
工場はなりゆきで建設せず、きちんと検討すること

た、開発力・品質の問題で日本生産を許容することもあるでしょう。

●工場立地は管理を重視

工場運営には工場管理が必要です。場所によっては、納期や計画状況が把握できなかったり、品質トラブルの解決ができずに、なかなか生産が安定化せずにコストがかかる場合もあります。また、通信インフラの整備が遅れていて、コミュニケーションに支障をきたす場合もあります。

できれば、工場群は近隣にまとまっていたほうが管理コストは低くなるので、あまりに世界中に分散するのはよいことではありません。管理の難易には注意が必要です。

●工場立地はロジスティクスも重視

冒頭で述べたように、何度も輸送するだけの物流に価値はありません。工場立地を検討するには、物流も重視することが必要です。

部品や原材料の物流にも注意

重要なパートナーであるサプライヤーの配置

サプライヤーとの緊密度を上げる。

●サプライヤーは近いほうがいい

　生産には部品や原材料が必要です。だからと言って、大量の部品や原材料を長期間保管するのは、非常に非効率です。そこで適時調達することが必要になります。その際、サプライヤーの拠点は近ければ近いほどいいのです。

　なぜなら、部品や原材料が急に必要になったときに即納できるからです。遠い場所にサプライヤー拠点があると、輸送に時間がかかります。近ければ、それだけ輸送費も安くなるし、輸送距離が短くなるため、輸送上の品質トラブルも減ります。サプライヤーが近くにいると、部品や原材料のＱＣＤがよくなるのです。

　こうしたことを、より推し進めて具現化した例が、自動車産業のＪＩＴ（ジャストインタイム）納入とデルのリボルバー倉庫です。

　ＪＩＴ納入とは、組立メーカーの生産に同期して部品を納入することです。通常のサプライヤーは、ＪＩＴ納入を行うために、組立メーカーの工場の隣接地に倉庫を設けています。組立メーカーの生産に完全に同期した生産・輸送が可能であれば、倉庫は必要ありませんが、たいていの場合、そうした同期生産・輸送は困難なので、倉庫を近くに配置するのです。

　サプライヤーにとっては負担になりますが、顧客である組立メーカーにとっては、生産に同期した形で即納が受けられるため、メリットが大きいわけです。

　デルのリボルバー倉庫とは、デルの工場を取り囲んだ周辺に、サプライヤーが弾倉のように倉庫を並べることからイメージしてつけられた名前です。デルの要求に合わせて即納できるように、部品サプライヤー倉庫が配置されているのです。

●ＶＭＩという拠点の内部化

　自社で使う部品や原材料をサプライヤーが管理する形態を、ＶＭＩ（ブイエムアイ＝61項参照）と言います。ＶＭＩは、自社外にある倉庫であっても

部品や原材料の物流に影響の大きいサプライヤーの配置

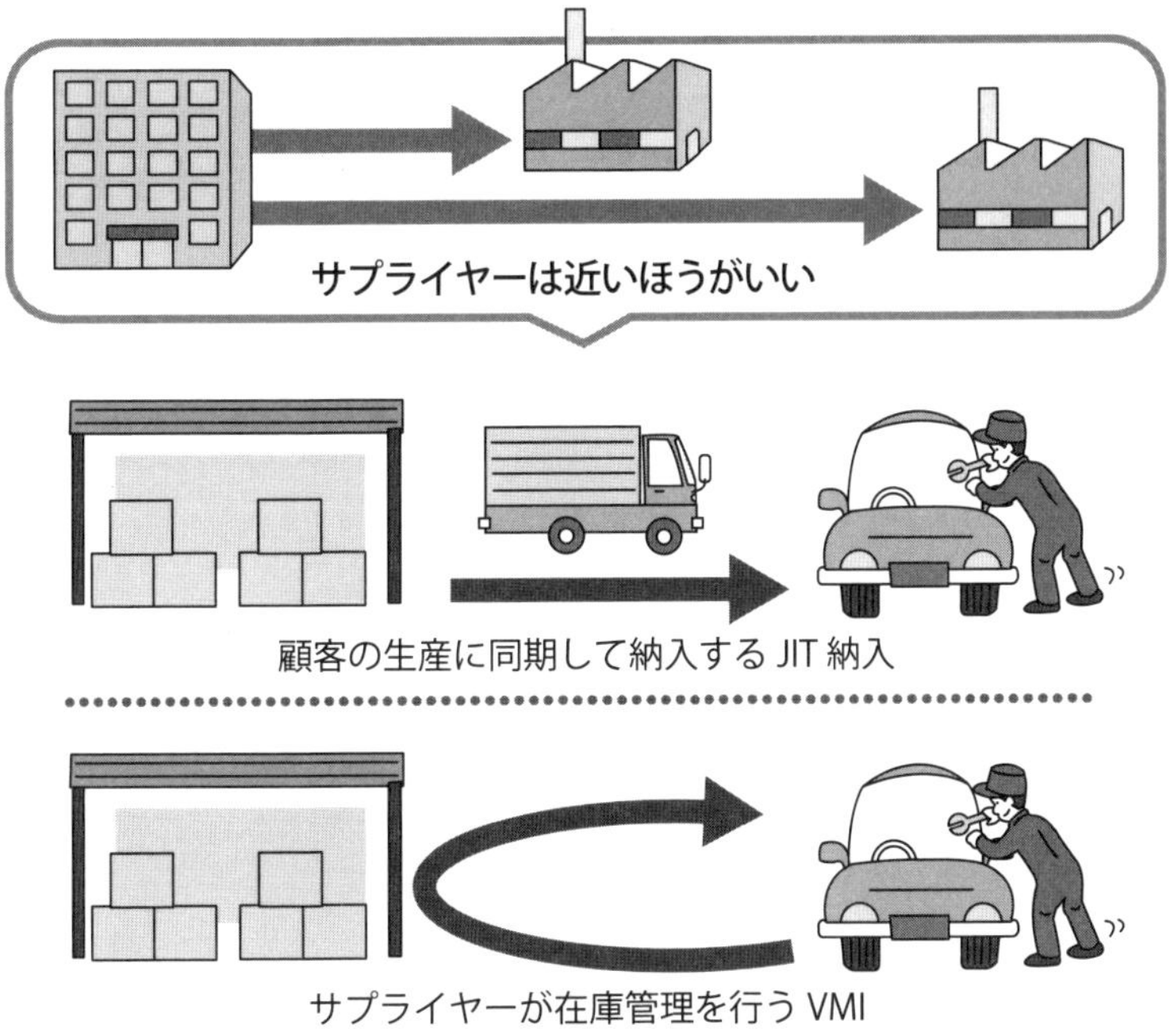
サプライヤーは近いほうがいい
顧客の生産に同期して納入するJIT納入
サプライヤーが在庫管理を行うVMI

サプライヤーとのパートナーシップはSCMの肝

自社内の倉庫であっても、その倉庫の中にあるものはサプライヤーの資産で、サプライヤーが在庫管理を行います。欠品しないように補充したり、出荷するのはサプライヤーの仕事です。

VMIを使う側は、部品を使って初めて請求を受けるため、生産のタイミングのぎりぎりまで自社で在庫を保持しなくてすむのです。

その分、本来であれば在庫を持つために必要だった資金が要らず、かつ在庫管理コストがかからないという意味で、購入側には非常にメリットがある管理方法なのです。

VMIはサプライヤーをパートナーとする究極の方法ですが、一方でサプライヤーの側に資金コストと管理コストを押しつけることになるため、一方的な強制は避け、お互いにメリットの出る業務形態を探る必要があります。

あまり注目されない調達物流

コストダウンに直結する調達物流をデザインする

納入方法や納品荷姿によるコストダウン。

●納入方法指定によるコストダウン

もし、自社が大きな商業施設だったとすると、調達の形態を変えることで大きなコストダウンが実現できます。

各店舗が好き勝手に商品を仕入れて、売場に搬入することを考えてみましょう。納入の時間が重なってトラックが渋滞したり、開店時間に間に合わず買い物客がいる中で商品の搬入が行われたりすると、大きなムダが生じます。

そこで納入方法を指定し、納入に関わる物流を整流化します。納入時間指定、納入ルートの指定などです。しかし、もっと劇的な改革はセンター納品です。搬入先をセンター倉庫にして、センター倉庫からの売場への搬入をコントロールするのです。

こうすることで、納入のトラック待ちを店舗の傍らにつくらず、かつ納入の時間を店舗の都合のいいようにコントロールできるのです。

荷姿も店舗に納入しやすいようにできます。大きな箱に入っている荷物をセンターで開梱し、小分けして店舗に納入できます。店先で開梱するのは手間ですし、イメージが悪化します。

多様なサプライヤーが個別に納入していては混乱する納品形態を、センター倉庫を間に介在させることでモノの流れを整え、効率化することができるのです。センター倉庫化は、調達する側にとって大きなメリットがある調達物流上の方法です。

製造業でも、センター倉庫化することは役に立ちます。たとえば、部品を取り揃えて、セット化して納入することが可能になります。組立用の部品が種々雑多あるときに、現場で部品を探す必要がなくなり、生産効率に寄与できるわけです。

また、自動車産業のように、製造ラインに直接納品するラインサイド納入という形態もあります。工場内物流と調達物流を直結することで、余分な手間を省いてしまう方法です。

この場合、ラインに直接納入できるように工場施設をつくり上げる必要が

納入方法や納品荷姿を工夫することで調達物流のコストダウンができる

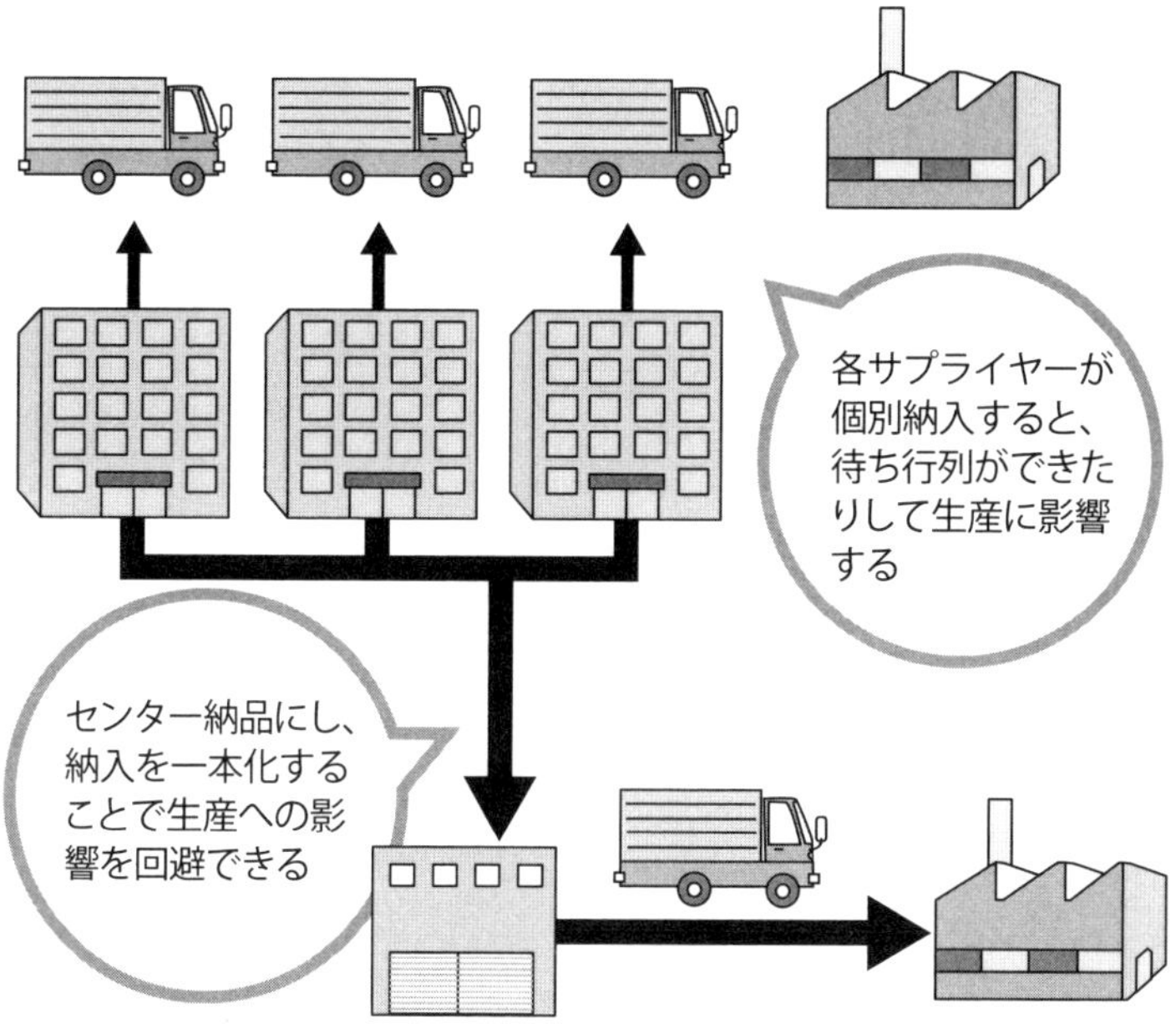
調達物流は改善「シロ」がまだまだある

あります。

●荷姿の指定によるコストダウン

納入荷姿を決めておくことも、効率化に寄与します。調達側では、すぐ取り出せて、梱包材の処理や廃棄の手間がかからないものがベストです。

したがって、簡易梱包で納入させたり、納入時に何度も使える通い箱を使って納入させることで、ムダな処理を行わないですむようにします。

●サプライヤーのコストダウン

調達側が調達物流上の効率化の恩恵を直接、受けられない場合があります。調達物流上の輸送費は、サプライヤー側の負担になっていることが普通だからです。

しかし、サプライヤー側が長期的に儲かることで実現したコストダウン分を値引き要求することで、利益をシェアすることができるでしょう。

環境とSCM

環境問題とコストダウンを見据えたリサイクル物流

物流は環境問題に影響する。

●物流はCO_2を発生させる

生産と並んで物流は、主要なCO_2発生源です。輪配送では必ずCO_2が発生します。モノを運べば運ぶほどCO_2が発生するため、できるだけ効率よく運ぶことが目指されます。

●環境負荷低減するロジスティクス

CO_2を削減して環境負荷を低減する方法としては、すでに述べた積載効率や運行効率を向上する各種の方法があります。

それだけでなく、荷物そのものの重さを軽減する方法もあります。容器を軽くする、梱包材を軽くするなどの荷物の軽量化、トラックや航空機などの輸送機器そのものの軽量化などの方法も挙げられます。1回当たりの輸送重量が軽くなれば、それだけ燃料を節約できるからです。

また、環境負荷を低減するという意味では、梱包材の廃棄を減らすことも重要です。リサイクルできない梱包材の使用を避けて、リサイクルやリユースができる梱包材や通い箱、パレットを使うことで廃棄を少なくすることができます。

物流はどうしてもCO_2を発生させ、梱包材などの廃棄物を出します。環境負荷を減らすべく、サプライチェーン全体を視野に入れた努力が必要になってきています。

●リサイクルを実現する

限りある資源を考えると、梱包材のリサイクルだけでなく、出荷された製品そのもののリサイクルも重要になってきています。

製品のリサイクルについては、コピー機のトナーカートリッジやプリンタのインクカートリッジなどが有名です。これらを回収して再生し、リサイクルします。

リサイクルするためには、回収するための物流が必要です。これを回収物流と言います。

回収物流は、製品出荷を動脈にたとえた「動脈物流」に対比して、「静脈物流」とも呼ばれます。回収物流は、単に回

環境負荷を軽減し、コストダウンにもつながるリサイクル物流

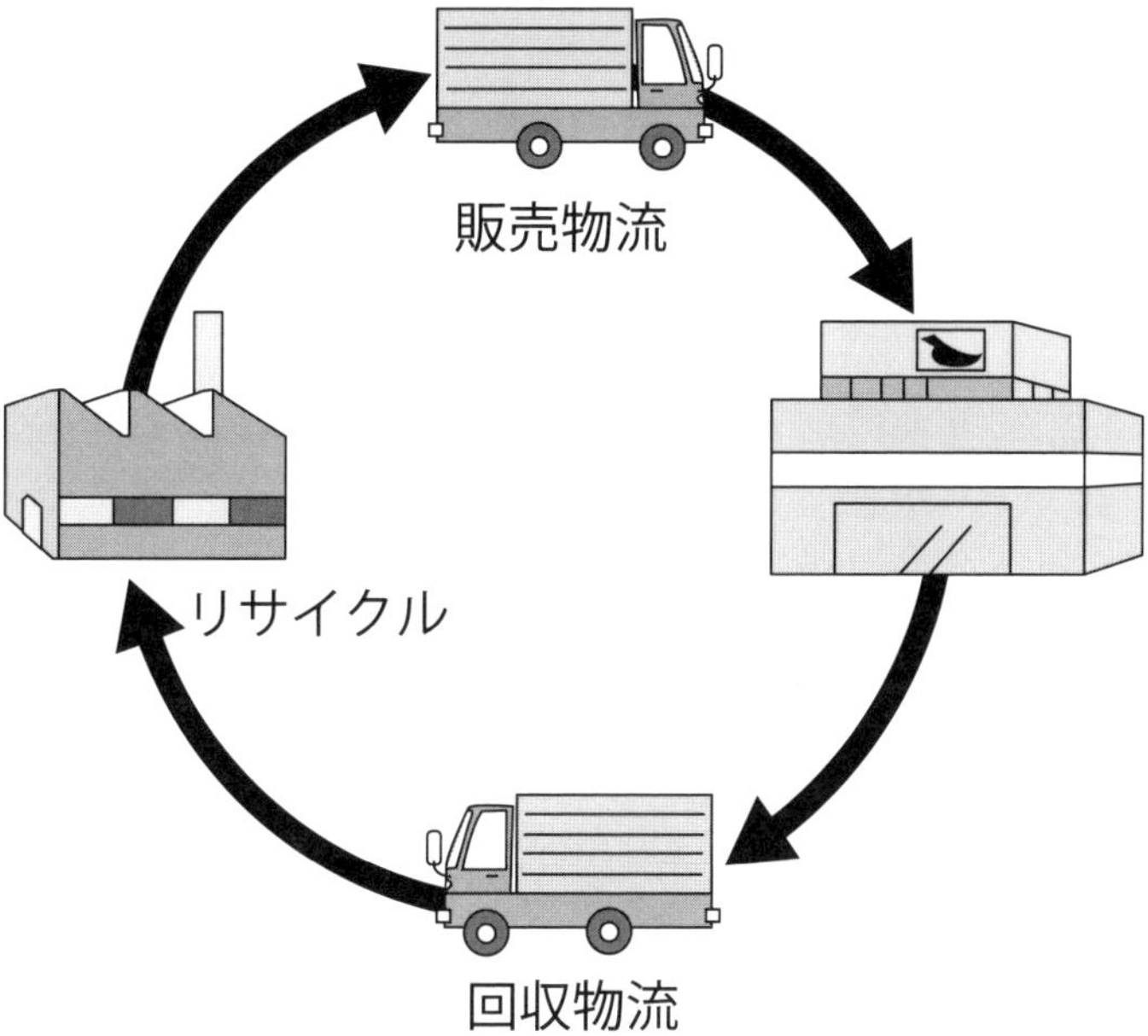

環境にやさしい回収物流を構築する

収して安全な廃棄を目指すだけではなく、回収品の再生、再利用を実現することで、資源の再利用を目指します。そのためには、回収に関わる輸送とリサイクル拠点をつくる必要があります。

回収に関わる輸送は、品目によっては注意が必要になります。医療関係の回収では滅菌が必要です。廃液などは漏洩防止の機能が必要です。

同様にリサイクル拠点も、品目によって特殊な設備が必要になります。医療関係の回収では、滅菌・洗浄の機器と機密性の高い施設が必要です。有毒ガスや爆発性のある溶液などの場合は、危険物対応の施設が必要です。

同様に、取り扱う人に専門技能が必要になる場合もあります。細菌に対する知識や、危険物取扱責任者の資格が必要となることもあります。コストはかかりますが、回収物流は今後ますます重要になります。

Column

無為無策が生み出す「素通りされる日本」

◉遅れに遅れる日本国の物流対応

世界を相手に事業が行われていることを考えると、24 時間 365 日、世界の顧客に対応できるだけの業務を構築しなければなりません。世界中に、短時間かつ低コストでモノを運ぶことが重要になります。そのために SCM 改革を支援していると、いつも行き当たる大きな壁があります。それは、一企業の問題ではなく、日本国という国レベルでの物流体制の問題です。

かつて私が、半導体製造装置の補修用部品の物流改善を支援したときのことです。半導体業界では、製造装置が故障すると生産が止まって大打撃を蒙るため、迅速な修理が要求されます。もし、補修用部品がなければ緊急輸送が必要で、できれば 24 時間以内に届けて復旧させることが要求されるのです。

この要求に応えるため、事前に在庫を積み増し、空港傍に倉庫を借りることにしましたが、どうしても 24 時間 365 日対応ができません。税関が、夜間や休日には閉じられるからです。通関待ちで荷物が送れないのです。

◉世界的な競争を意識しない空港の状況

また空港も、世界的な競争を繰り広げる企業の足を引っ張ります。空港も 24 時間化されているところはほとんどなく、24 時間化されている空港でも実態はさまざまな制約があります。その上、世界的に見ても高額な着陸料と駐機料、燃料税が空輸のコストを圧迫します。日本では、数十年前からハブ空港化が言われましたが、結果的に日本は素通りされ、韓国の仁川、シンガポールのチャンギなどの空港がアジアのハブ空港になっています。

◉日本の港も素通りされる港湾の状況

船舶輸送でも、日本は素通りの憂き目にあっています。港湾も空港と一緒で、高コストの上に 24 時間 365 日稼動せず、世界から取り残されています。世界の港湾のコンテナ取扱量ランキングの上位は、シンガポール、韓国、複数の中国の港湾が名を連ね、日本の港湾はやっと 20 位以下に名前が出てくるありさまです。

企業の努力を帳消しにしかねない日本国の物流体制は、早急な改革が必要でしょう。

第5章

売上最大化と在庫最適化を狙う、販売計画と在庫計画

販売計画がSCMの出発点

SCMは販売計画から始まる

仕入れや生産は「売る」ために行われている。

●販売計画なくしてSCMなし

企業活動において生産や仕入れという行為は、なぜ行われるのでしょうか。答えは「売る」ためです。そんなことは当たり前だと思われるでしょうが、実際は、売れる・売れないにかかわらず、生産したり仕入れていることが、思いのほか多いのです。

みなさんは、実際に販売する組織の意見を聞かずに工場が生産している例が多いことを、知っているでしょうか。工場自らの予測と予算達成のために生産することが、意外に多く行われているのです。

同様に、たくさん仕入れたほうが安いからと、売れる見込みがあまりないにもかかわらず、大量仕入れすることも、いまだに多く行われています。

このように、売る計画がないのに生産したり仕入れるという愚挙が、いまも行われています。SCMは、「必要なモノを、必要なときに、必要なところに、必要な量だけ」供給することを目指すという定義でしたが、この定義に反する行為が普通に行われているのです。

すなわち、「必要でないモノを、必要でないときに、必要でないところに、必要でない量」つくって、仕入れて、届けているのです。

●つくれば売れる時代は終わった

しかし、本書の冒頭で書いたように、「つくれば売れる」時代は終わっています。いまは「売れるものをつくる（仕入れる）」時代です。さらに一歩進んで、「売れるように努力する」時代でもあるのです。

●販売計画とは何か

「売れるものをつくる（仕入れる）」ことのスタートは、販売計画です。つくるスタートは「受注」だと思う人もいるかもしれませんが、たとえ受注生産であっても、人員計画や設備計画などの能力計画、部品の先行手配分の調達計画は、受注に先立っての予測・計画に基づいて行わざるを得ず、その根拠となるのは販売計画なのです。

販売計画がSCM計画業務のスタートとなる

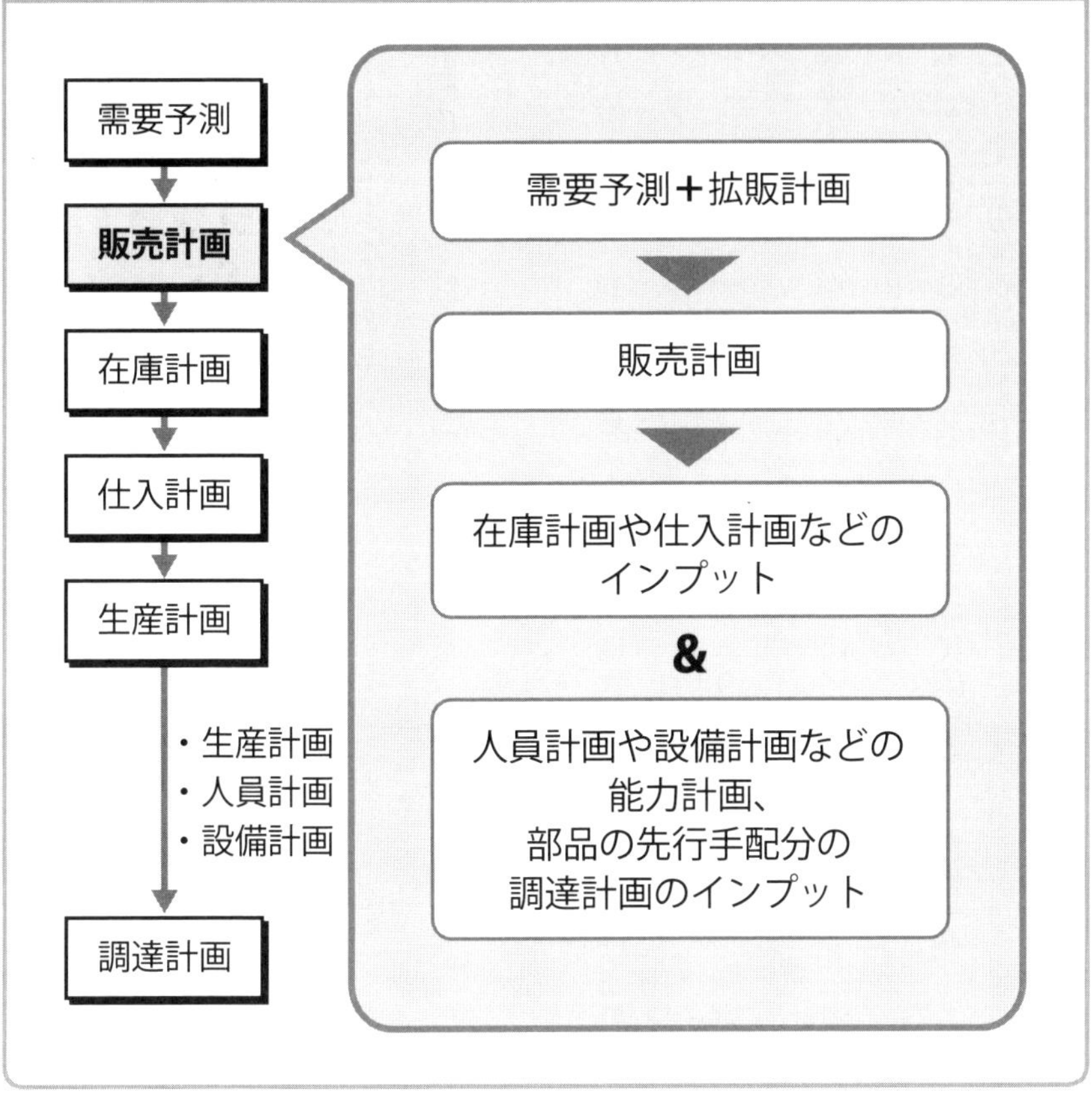

見込まれる販売計画数量があるからこそ、必要な能力、部品の先行手配数が計算できるのです。したがって、「売れるものをつくる（仕入れる）」ことのスタートは販売計画です。販売計画は、SCMにおける計画業務の最初に行うべき機能なのです。

●受身ではなく「売る計画」が必要

ただし、販売計画は「売れる予想」であってはいけません。「売れる予想」では、単なるなりゆきの予測になってしまい、ビジネスとして売る意思がないからです。

こうなってしまうと、いま売れるもの、過去に売れたものだけをつくることになり、市場は同じようなものばかりで活性化せず、またイノベーションも起きません。

顧客に製品を知らしめ、「売れるように努力する」という意思が必要なのです。

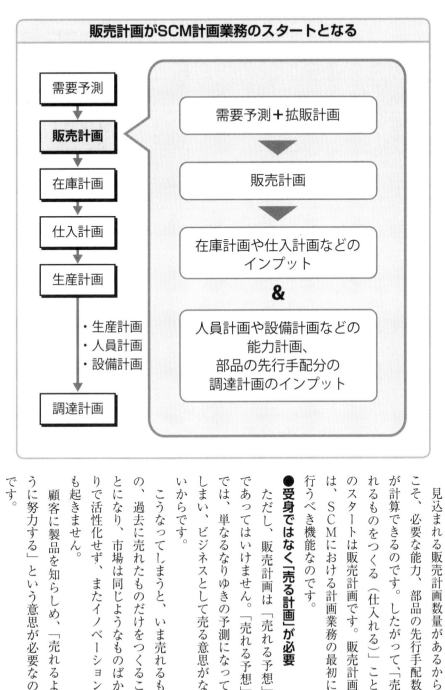

さまざまな統計予測のやり方

販売計画のいろいろ 統計的需要予測①

統計予測は必ずしも的中しない。

●販売計画のスタートは予測から

販売計画は予測から始まります。販売計画は、長期的には予算であり、月次では月次販売計画、週次では週次販売計画ですが、すべてスタートは予測です。

その予測に、売りたいという意思を入れて販売計画をつくります。たとえば、仮になりゆきでは10個しか売れないと予測されても、そこにキャンペーンなどを打って2個多く売るという意思を拡販計画として込めて、販売計画とします。

予測は、単に過去の経過からのなりゆきで、意思が入ると計画と呼べるものになるのです。

●予測は大きく2種類に分けられる

予測には、「統計予測」と「人的予測」があります。統計予測は統計計算によって予測を算出する方法です。人的予測は、人間が勘と経験で予測する方法です。

●過去実績に基づく統計予測

統計予測には、過去実績に基づいて未来を予測するモデルが多くあります。

①移動平均モデル

代表的なものとして、過去のある期間の実績を平均して未来を予測する「移動平均モデル」があります。

たとえば、過去3ヶ月の販売実績の平均から今月の販売計画数を予測するようなモデルです。過去のある期間の平均的な数量が将来にも売れる、というものに合う統計予測です。

②指数平滑モデル

近い過去の実績をより重視する統計予測方法を「指数平滑モデル」と言います。

たとえば、先月と先々月以前では現在に対する影響度が違うと考え、先月の影響度を強く受けるような計算をします。仮に先月の実績の影響が0・9、先々月の影響が0・1の重みの差があると考えると、今月の販売予測は、先月の実績数に0・9をかけ、先々月の実績に0・1をかけて合算します。

③季節変動モデル

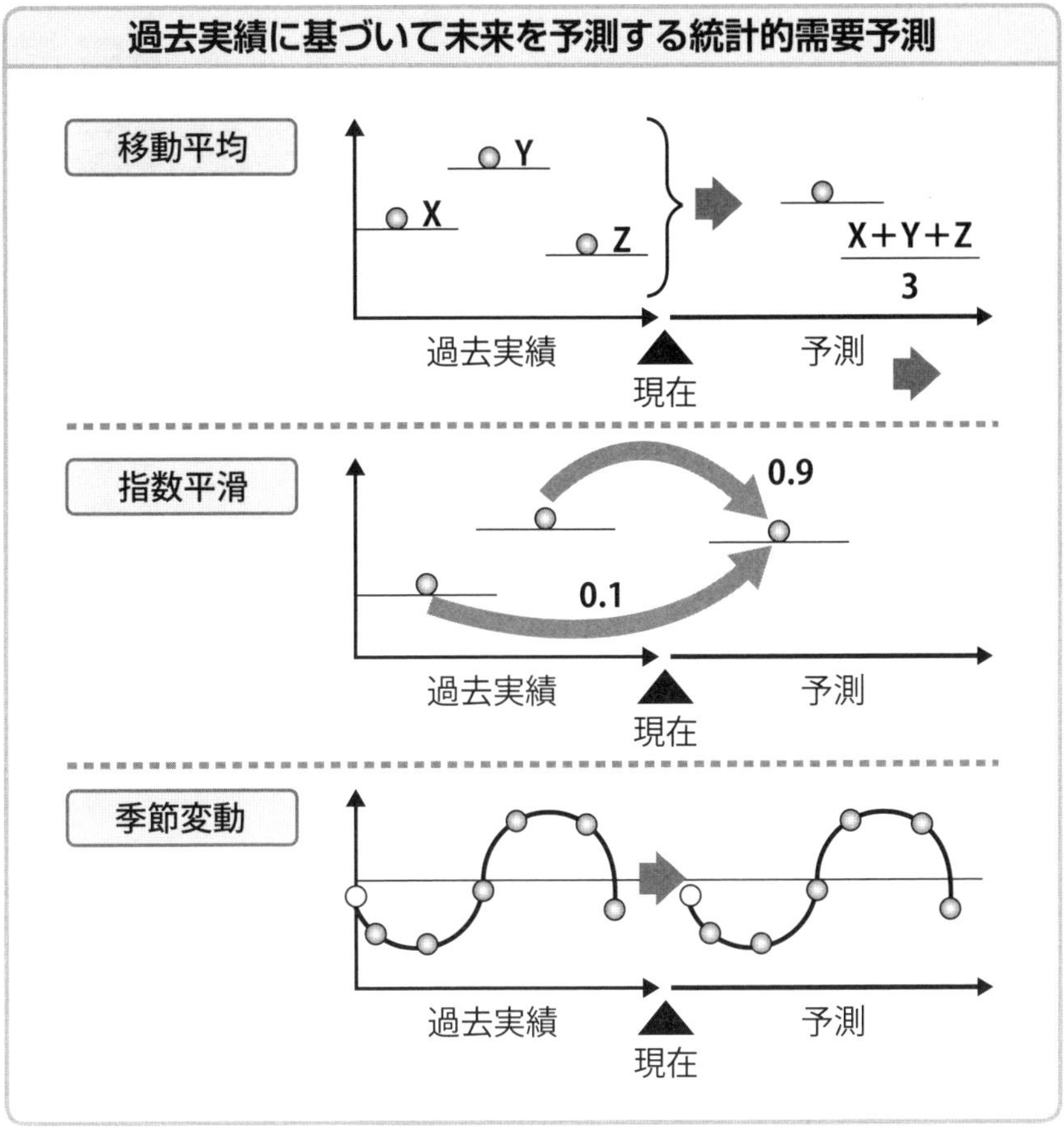

季節ごとに昨年と同じ販売の波が起きる場合は「季節変動モデル」を使います。たとえば、クリスマス商戦でよく売れる、年度末によく売れるなどの変動性がある場合に使います。

●相関に基づく統計予測

また、相関関係に基づいて予測する方法もあります。たとえばコピー機などのトナーの販売予測を行う際、コピー機自体の販売台数予測に対して、トナーの交換比率をかけて求めることが行われます。これは、インストール（稼働機）ベースモデル、MIFモデル（マシンインフィールドモデル）などと呼ばれます。

●その他の統計予測

より高度な統計予測モデルもいくつもあります。しかし、統計モデルはあくまで統計上の予測なので、統計予測を成り立たせる前提が揃わない限り的中しません。完璧ではないのです。

統計予測以外の予測方法は

販売計画のいろいろ 人的予測・内示と注文②

人間の勘と経験による予測にも、それなりの精度がある。

●統計予測が使えないことがある

統計予測は、数学理論をもとにした統計モデルによって予測する方法です。統計予測を行う場合には、より正確な予測を得るための前提として、予測モデルが正しいこと、予測のもととなる実績などのインプットが統計として必要十分な状況であることが要求されます。

しかし実際には、予測モデルが未来永劫正しいとは限らないし、実績情報や統計へのインプットが不正確であったり、もしくはサンプル数が少なすぎるなどの理由で、計算がたしかにならない場合が出てきます。こうなると、高額なお金をかけてつくられた統計予測システムも使えないものになっていきます。

統計予測は、新製品の予測には使えないことがあります。類似品種であれば参考にはできますが、同じ製品ではないし、市場も変わっているため参考値にしかならないのです。

その上、統計で算出された計算結果が、なぜそうなったのかを聞かれて担当者が説明できない場合、その予測は使われなくなっていきます。算出のロジックや理由が納得されないと使われなくなるのです。

実際、莫大なお金をかけたにもかかわらず、使われなくなっていく統計予測システムはたくさんあります。

●勘と経験による人的予測

こうした問題を避けるために、もっとリーズナブルに予測が行われています。それは、人間が勘と経験から予測する方法です。これを「人的予測」と言います。

「勘と経験」と言ってもバカにしてはいけません。およそ大多数の製造業は、人的予測で販売計画を立案しているのです。昨年度と大きく販売傾向が変わらなければ、人間が簡易に予測すれば十分なのです。

また、人的予測には人間の「売る意思」を反映しやすいという利点があります。昨年よりも10%増しなど、予測

販売計画に使われる人的予測、内示と注文

に、売りたいという意思を入れて計画ができます。

どうせ統計予測が当たらないのであれば、過去の実績を見ながら人間が予測して決めても問題がないわけです。

できるだけ精度を上げるための努力をし、毎回の計画見直しで補正することで、外れがちな予測を修正することもできるのです。

お金をかけて統計予測システムをつくらず、人間に任せるのもひとつの方法です。製品種別が多すぎて人間で予測できない場合もあるので、こういう場合は統計システムに頼ります。

いずれにせよ、予測は100％は当たらないので、過度に依存しないようにするのがポイントです。

●顧客の内示や注文で代替

顧客がある場合は、自社で予測せず、顧客内示や注文を販売計画に使うこともよく行われています。

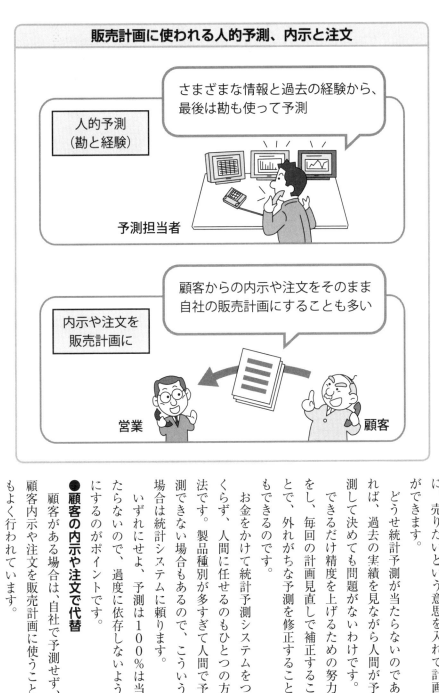

予測に「売る意思」を入れる

「売る」ための販売計画

キャンペーンなどで販売予測に意思入れを行う。

●予測はあくまで「なりゆき」の予想

予測と計画は、きちんと峻別して使わなければなりません。予測は「何もしなければこうなる」という「なりゆき」です。予測には人間がこうしたいという意欲は反映されておらず、過去から現在までの傾向（トレンド）がこの後も続いたらどうなるかという想定なのです。

本書では、人間の意思が込められているものを計画と呼び、予測とは峻別したいと思います。

●拡販計画による意思入れ

したがって予測に対しては、人間が「こうしたい」という意思を入れる必要があります。たとえば、このままでは販売が低迷することが予測されたとしましょう。予算達成もおぼつかないとします。このようなときに、販売数を底上げするために行われるのが、さまざまな拡販計画です。

拡販にはさまざまな手法があります。価格政策によって安売りし、販売数を増やす、セット品にして合わせて売る、おまけをつけることで余計に買ってもらう、などの販売数量を増やす方法があります。

また、店頭の良い場所を確保する、タワーのように積み上げて目立たせる、各種店頭装飾物を使う、店頭呼び込みを行う、なども拡販の一種です。

法人が顧客の場合は、リベートも拡販の一種です。ある数量以上の購入にはバックマージンをつけるのです。

こうした拡販施策を計画し、販売数を増やします。なりゆきの販売予測数に対して、拡販で販売数を上乗せして、ここまで売るという意思を込めるのです。販売予測に対し、拡販計画を上乗せして「売りたい」販売計画とするわけです。

●マイナスする場合もある

ときと場合によっては、予測に対してマイナスにする場合も生じます。たとえば、過去実績からは売れる予測ができても、販売中止があったり、新製品に切り替えたりする場合や、

なりゆきの予測に「売る意思」を入れて販売計画に仕上げる

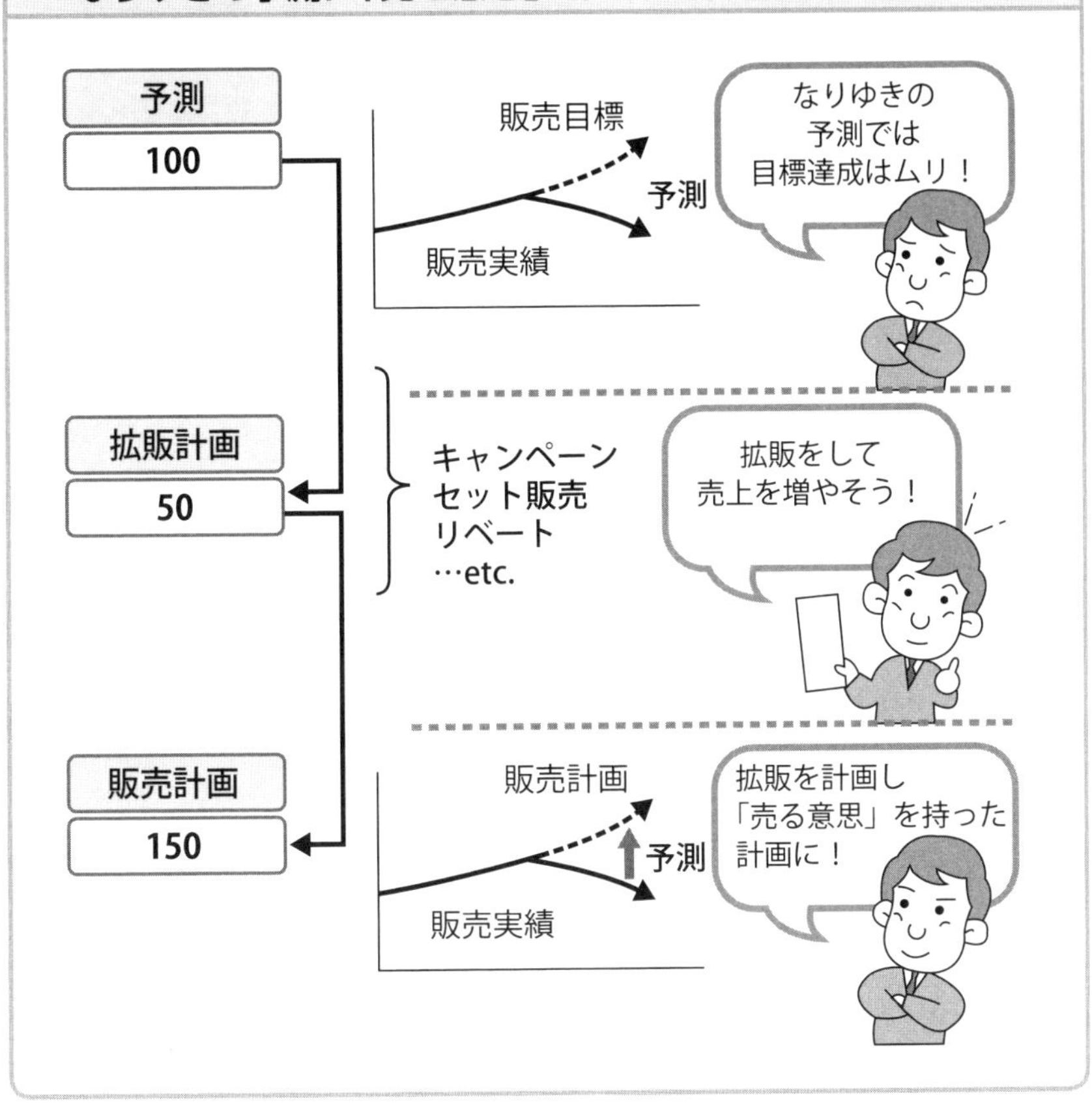

先々の事情で急速に売上が止まることが察知されている場合には、販売予測からはマイナスに販売計画が立てられます。

そうしないと、間違って多く生産したり、調達する怖れがあるからです。

2008年9月のリーマンショック後は、多くの業界で当初よりマイナスの販売計画が立てられたはずですが、そうしなかった業界は在庫過多、生産能力過剰の大打撃を受けたのです。

●拡販の影響を見極めるのはむずかしい

しかし、実際は拡販の影響を見極めるのはむずかしいものです。「拡販で10%売上が伸びる」という想定など、当たるかどうかわからないからです。そうは言っても、なりゆき予測は計画ではありません。

人間の意思を込めた販売計画の立案が必要なのです。

商談管理を販売計画に連携

商談ステージ管理と販売〝着地〟

ビジネス需要は商談管理を行うことで販売計画を立案する。

●ビジネス需要には商談がある

消費者が購入するものを消費財と言います。消費財はいつ購入されるかわかりにくいため、需要予測を行って生産したり仕入れたりします。

一方、産業財と言われるビジネス需要は企業が顧客になるため、商談を通じて購入が行われることが多くあります。

消費財の販売は、B2C（Business To Customer）と言います。産業財のビジネス取引は、B2B（Business To Business）と言います。

●商談ステージ管理を行う

B2Bでは、通常、見込み客と商談を行います。商談は企画提案から始まって、引き合い、仕様の調整、見積もり、内定（内示）、発注（契約）、納入・売上と進んでいきます。これを商談ステージと言います。

商談管理では商談ステージの進捗を把握し、ステージごとの売上見込み金額、購入数量、納期、確度を管理します。たとえば、引き合い商談が10件あったとして、その商談は次の仕様検討や見積もり段階まで進んでいるのか、といった進捗をチェックします。

●商談から受注・売上見込みを推定

商談の進捗から売上見込みを推定します。直近のものは、すでに内示や受注になっているはずですが、見積もりで止まっている場合もあります。商談が受注になり、売上になるかどうかで生産すべきか、あるいは部品調達すべきかといった判断が必要になります。

商談の進捗状況から受注・売上の確度を検証し、見込みとして受注・売上を推定するのです。

●どの数値を販売計画にするのか

受注・売上見込みは単なる推定ではいけません。確実に受注できるかどうか、きちんとした検証が必要です。

ただし、受注したときに生産や調達が間に合わず顧客に迷惑をかけそうな場合は、売れるものとして販売計画に入れるべきかどうか、意思決定をします。受注時のリスクを判断するのです。

商談ステージ管理を生産・調達に活かす

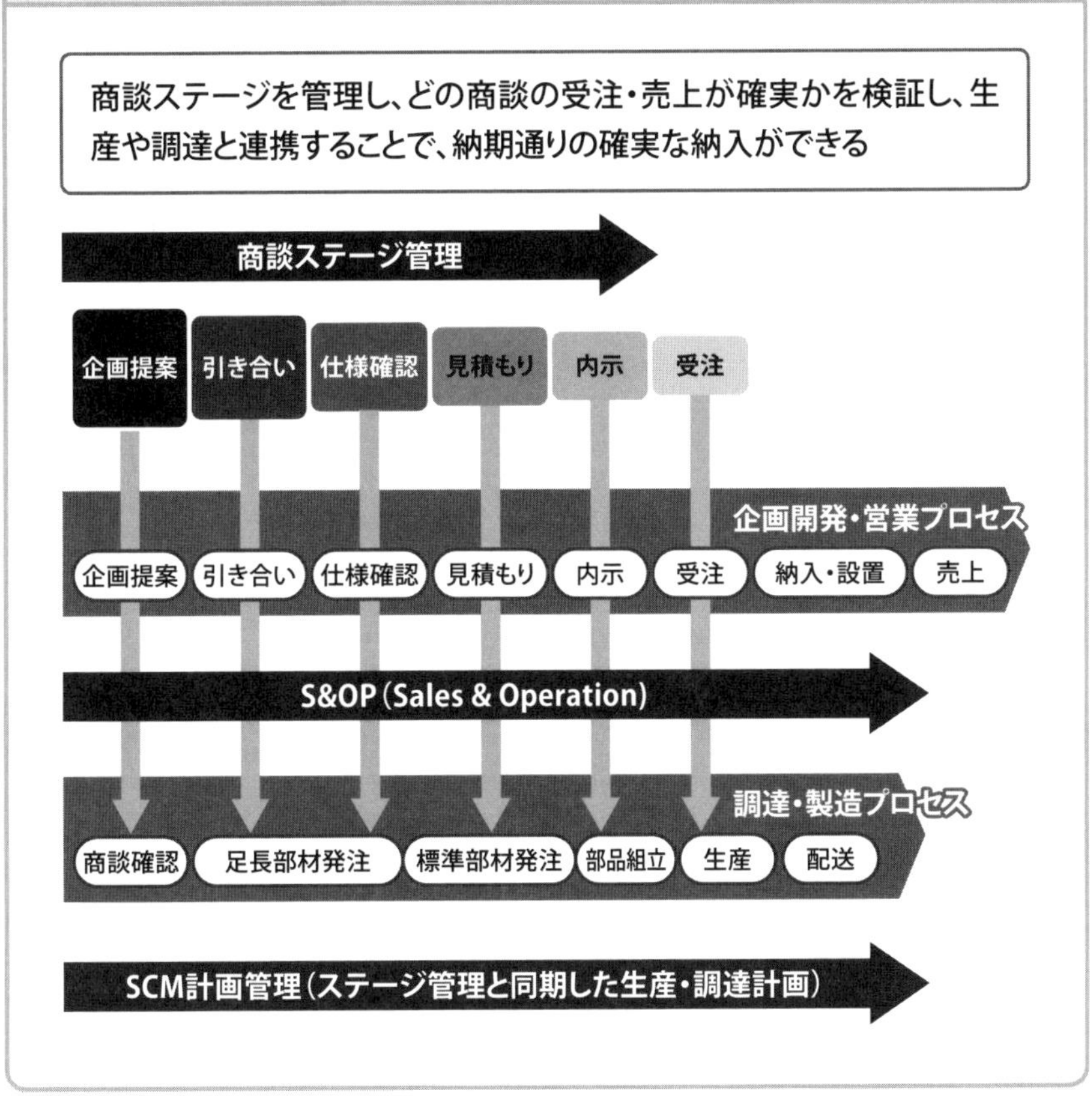

引き合い段階でしかない商談でも、絶対落とさない覚悟で臨むこともあるでしょう。一方で、おぼつかない商談を見込みとすると、あとで痛い目にあいます。

商談管理では、どの商談のどのステージのものを販売計画とするのか、といったことが重要な意思決定となります。販売計画として見込んだ数値は販売〝着地〟見込みと呼んだりします。

●生産・調達計画との連携

販売〝着地〟見込みは販売計画として決定され、生産計画や調達計画に連携し、生産や調達が実行されます。

いい加減な商談管理では、ムダな生産・調達が発生して在庫が滞留したり、見込みにない受注が急にきて生産・調達が混乱したり、納期遅れを起こしたりします。B2Bでは商談管理をしっかり行い、生産・調達と連携し、SCMに活かさなければなりません。

販売計画は定期的に見直すもの

販売計画の問題点①
予算の縛りが販売計画をゆがめる

予算が必達目標になると、販売計画が見直せなくなる。

●販売計画は定期的に見直す

販売計画は予算時に年間、半期、もしくは月次の単位で計画されます。たとえば乗用車であれば、年間で何台、半期で何台、月ごとに何台といった具合です。

予算や販売計画が金額だけで立案されている会社もありますが、基本的に各製品を何台売るのかという数量ベースに落としたほうが細かい計画になります。数量ベースになっていない場合は、どこかで金額から数量に変換しなければなりません。

なぜなら、在庫計画や生産計画は金額ではなく、製品単位の数量でないと立案できないからです。

販売計画は、一定期間ごとに見直すようにします。予算は1年ごとに、半期計画は半期ごとに、月次計画は毎月見直します。

計画が見直されるのは、当初の計画どおりにいかない場合です。たとえば、当初の販売計画に対して実績が届かず、販売計画を下方修正すべきかどうかが検討されます。あるいは、まれに計画よりも売上が高くなり、上方修正されることもあります。また、販売計画が未達成のため、価格を下げることにより販売計画数量をかさ上げし、結果的に売上金額の増加を狙うケースもあります。

こうして販売計画は随時見直されていくのです。

販売計画の見直しは、計画と実績の差異から、予算達成に向けて必要なアクションを起こすために行われます。販売計画の見直しによって、販売管理のＰＤＣＡのマネジメントサイクルが回るわけです。

●製品ミックスによる見直し

販売予算は、必ずしも特定製品で達成しなければならないわけではなく、いくつかの製品を組み合わせた合計で達成してもかまわないのです。たとえば、製品Ａと製品Ｂで達成すればよい場合、ＡがダメならＢを多く売って達成しても、その逆でもいいのです。金

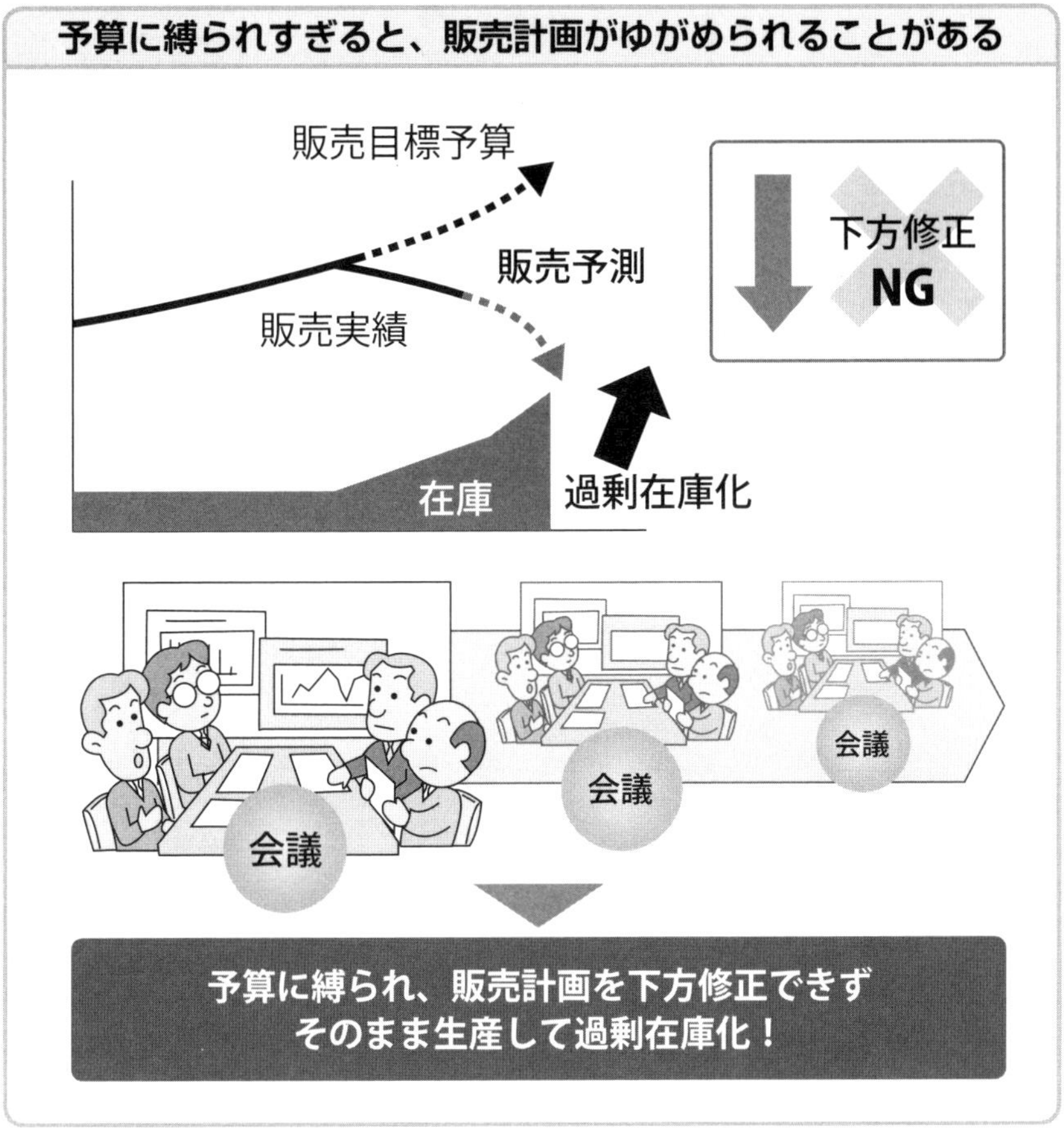
予算に縛られすぎると、販売計画がゆがめられることがある
販売目標予算
販売予測
販売実績
在庫
過剰在庫化
下方修正
NG
会議
会議
会議
予算に縛られ、販売計画を下方修正できず
そのまま生産して過剰在庫化！

額ベースの販売計画は、製品の組合せで達成すればよく、この組合せを製品ミックスと言います。製品ミックスを見直す場合は、製品ベースの数量計画を見直します。

●販売計画が見直せないことも

多くの企業では、販売計画が見直せないことが頻繁にあります。目標に縛られて販売計画を下方修正できないことがよく起きるのです。

営業マンが下方修正をすると、「やる気がない」「気合が足りない」と言われます。しかし、マネジメントの責任で必要と判断したら、下方修正すべきです。

売ろうという意思は大切ですが、明らかに将来、販売が下落するときに、ぎりぎりまで頑張って「売る」と言い張られ、ある日突然、計画未達成を告げられると、売れない在庫が大量に生まれてしまうからです。

販売管理の先端が海外である場合

販売計画の問題点②海外販社がまったく統制できない

海外販社の販売状況が見えないと、本社や工場が混乱する。

●海外販社の販売計画

海外に製品を売っている場合、SCMの需要の下流には海外販社が存在します。本社もしくは工場から海外の販社へ製品を売り渡し、海外で売るという形です。

本社や工場が、海外販社用の製品を生産・調達するには、海外販社から計画を取得しなければなりません。本社や工場は、海外販社でどのような販売計画を練っていて、そのために在庫をどれだけ保持し、その在庫を満たすためにどれほどの仕入れをしようとしているかを把握しなければなりません。

予算立案時は、こうした計画も共有されます。しかし、月次での計画見直し段階になると、とたんに海外販社が計画開示をやめて、本社や工場への発注ということでしか提示しなくなる企業が多くあります。

こうなると、いったい販社で何が売れていて、何が売れていないのか、在庫が余っているのかいないのか、といったことが見えなくなります。突然の追加発注や注文キャンセルがきたりして、本社・工場が大混乱させられることも日常茶飯事になります。

これでは、工場の生産が安定せず高コストになったり、本社が戦略的に販売していきたい製品に注力できなくなったり、企業グループとしての力が弱まっていきます。

また、販社の計画レベルが低いと、在庫過剰に陥ったり、欠品して売り逃がしたりしますが、そうした業務にチェックを入れることもできません。はたして、販社の要望どおりにつくっていいのかどうか、判断材料がありません。

海外販社は需要の下流にあり、「必要なモノを、必要なときに、必要なところに、必要な量だけ」届けるための計画を、きちんと開示すべきなのです。

したがって、海外販社の販売計画は販売実績とともに、月次、もしくは週次の単位できちんと本社や工場と共有し、SCMのPDCAを回せるように

本社や工場は海外販社の統制が必要

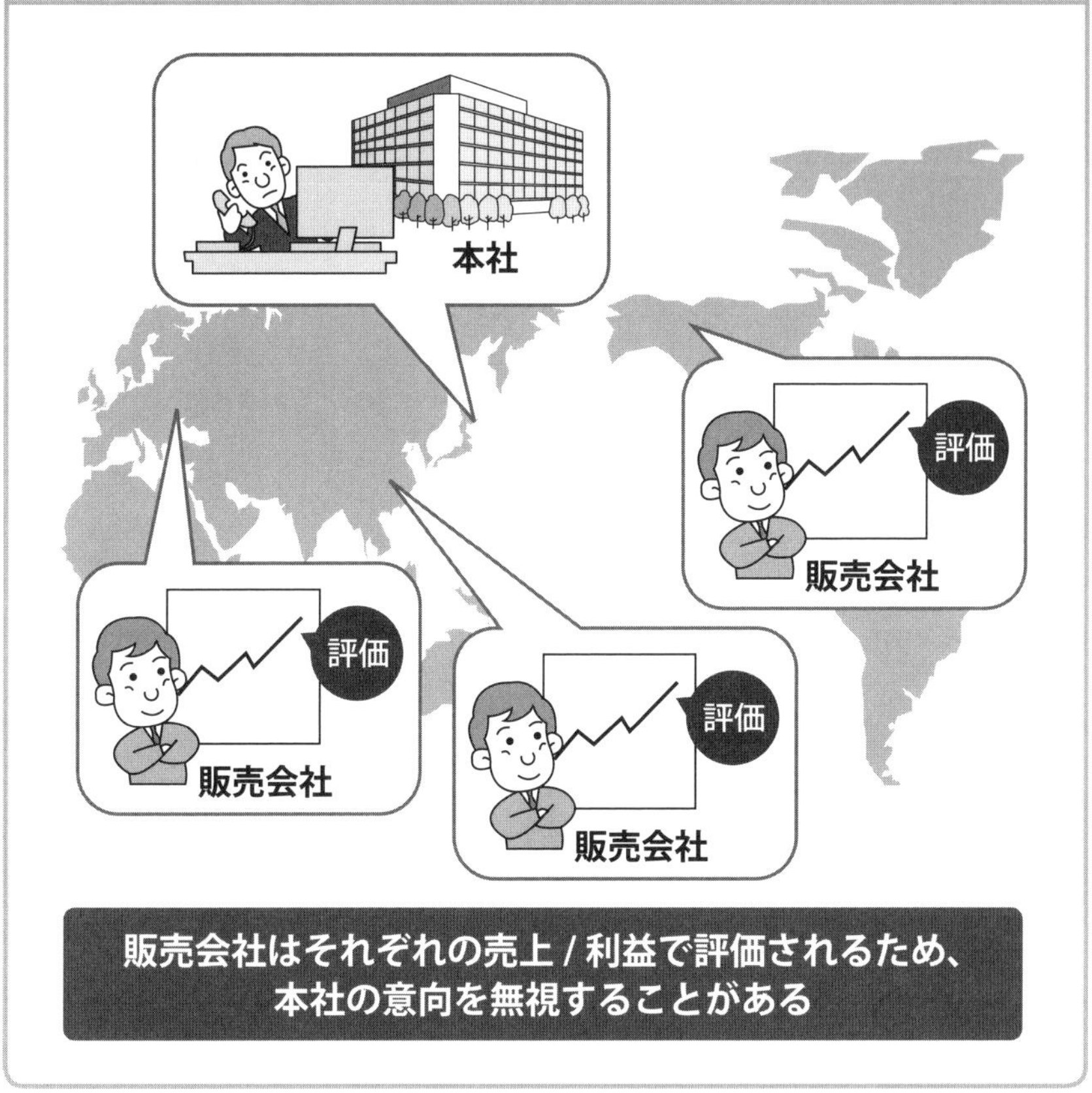
本社
評価
販売会社
評価
販売会社
評価
販売会社
販売会社はそれぞれの売上 / 利益で評価されるため、
本社の意向を無視することがある

業務を確立する必要があります。

●商社・代理店、小売業の販売計画

サプライチェーンの需要の下流には、商社や代理店も存在します。こうした企業群は販売のパートナーですが、資本関係がありません。そのため、販売計画を開示してくれることは基本的にはないのです。販売計画・実績情報は基本的に機密情報だからです。

しかし、供給する側としては、欠品による売り逃がし防止、在庫過剰回避のために、情報を開示してほしいところです。現実にはむずかしいのですが、情報共有で欠品防止、在庫過剰防止ができ、相互にメリットがあるので、販売情報の共有を実現するようにしましょう。

また、SCMの最下流には小売業があります。現状では小売業は販売実績情報を開示してくれることもあるので、その情報を取得する利はあります。

日本の製造業で発祥したPSI計画

販売・計画・在庫(PSI)をつなぐ需給連鎖計画

制約を見て需要と供給のバランスをとる。

●計画で供給の制約を考慮する

求める側が求める分だけ供給されるのであれば、自由に仕入計画を立案することができます。急に莫大な数の仕入計画を立てても問題はありません。

しかし、現実にはそのようなことは不可能で、必要だからと言って供給側の供給可能数を無視して仕入れることはできません。

業務レベルが低いと、供給の都合を無視しがちです。しかし、単にほしい数だけ仕入計画を立てて、あとは供給されない場合に入庫の遅れをチェックしているだけでは、ＳＣＭ上の戦略的な対応などできません。納期督促という後手の対応になり、売り逃がしを続けることになってしまいます。

供給に制約があるのであれば、代替製品を売る、あるいは供給制約を加味して次の入庫での販売攻勢をかけるなど、先読みして対応するべきです。こうした供給上の制約を加味した計画業務を「需給連鎖計画」、もしくは「ＰＳＩ計画」と呼びます。

ＰＳＩとは、左図のようにＰが調達・生産を、Ｓが販売を、Ｉが在庫を示す英語の頭文字です。ＰＳＩ計画を日本語に訳すと「仕販在計画」、もしくは「生販在計画」となります。

ＰＳＩ計画では、各組織で立てた販売計画、在庫計画、仕入計画を統合し、供給側の制約を加味して、仕入計画（もしくは仕入計画に対する供給計画）を変更します。

ＰＳＩ計画では、複数の販社から同じ製品の仕入要望が殺到した場合、供給制約から配分を行います。たとえば、Ａ、Ｂの各販社が１００個ずつほしがっても、供給が60個しかない場合、30個ずつに供給を分けて配分したりします。

供給の制約を見て配分するこうした計画機能は、需給の要になる組織を本社やスタッフ部門に置くことで可能になります。ＳＣＭの計画を、全体として最適化することを狙うのです。

●受け払いの援用

需要と供給のバランスをとるためのPSI計画

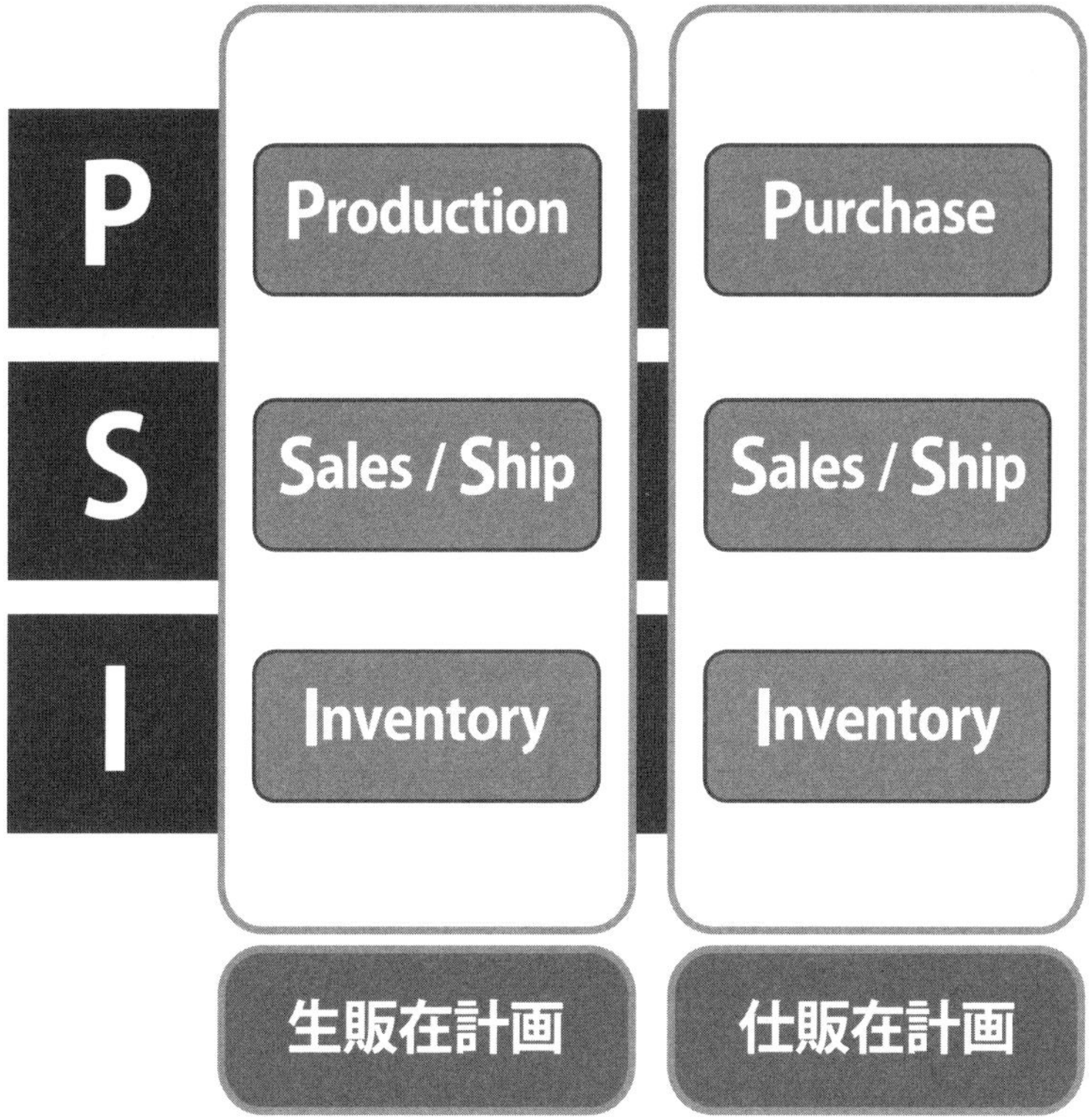

ＰＳＩの可視化は、受け払い表で行われます。この表では単に販売計画、在庫計画などの需要側の計画を立てるだけでなく、生産計画や入庫予定との比較ができるため、供給に制約がある場合の状況が「可視化」されるのです。供給側の制約も加味して一覧管理しながら、配分計画を立案する業務を行います。

●自動最適化はＮＧ

２０００年頃、こうした制約を加味したＰＳＩ計画を自動最適化するというシステムが大流行しました。多くの企業が数億円単位のお金をかけて導入しましたが、現在は下火になっています。そもそも、ビジネスとして優先すべき供給配分は、数学的なロジックでは自動計画できないのです。マネジメントの意思として優先順位があるので、単純な数学的自動計算では対応できなかったのでしょう。

販売計画を受けた在庫計画

在庫計画の種類のいろいろ① 統計的安全在庫計算・タイムバッファー在庫計算

在庫計算の理論にはいろいろある。

●在庫計画とは

販売計画が立案されると、今度はその販売計画を満たすために必要な在庫数が計画されます。この計画を「在庫計画」と言います。

在庫計画は、基本的に製品ごとに計算します。在庫計算はその月なり、週の販売数を満たすように事前に準備されるので、前月末もしくは前週末の在庫数を計算します。

●毎日在庫計算をするのは補充業務として

ここで注意があります。毎日在庫計算を行うのは、基本的に補充を行うためです。この計算は計画ではなく、補充指示を行うための計算です。すでに計画的に準備された在庫を補充で引き当てて出荷指示をするだけなので、計画業務ではないのです。

補充業務については、実行系業務として本書の66項で説明します。

●統計的安全在庫計算

それでは、在庫計算手法を説明します。まず、代表的なのは、「統計的安全在庫計算」です。

ややむずかしい話になりますが、統計的安全在庫計算は、計画から生産指示・発注してから入庫するまで（リードタイム）の間、欠品しないだけの安全余裕を在庫に持たせようという考え方に基づいています。

たとえば、１００個在庫しようとして、入庫するまでのリードタイムが１週間だとすると、この１週間で１００個という在庫数で間に合うかどうかを過去の販売実績から計算し、どれくらい外れる可能性があるかを計算します。外れる確率のうち、１００個を上回って販売する確率があれば欠品します。この外れにどこまで準備するのかを決めて、外れても欠品しないように余裕を持たせる部分が安全在庫です。計算式は図のようになります。統計の知識が必要なので、詳細を知りたい方は在庫計算理論の本を読んでください。

また、たいていの在庫計算の本は実績のバラツキからしか安全在庫を計算

統計的安全在庫計算とタイムバッファー在庫計算

統計的安全在庫計算

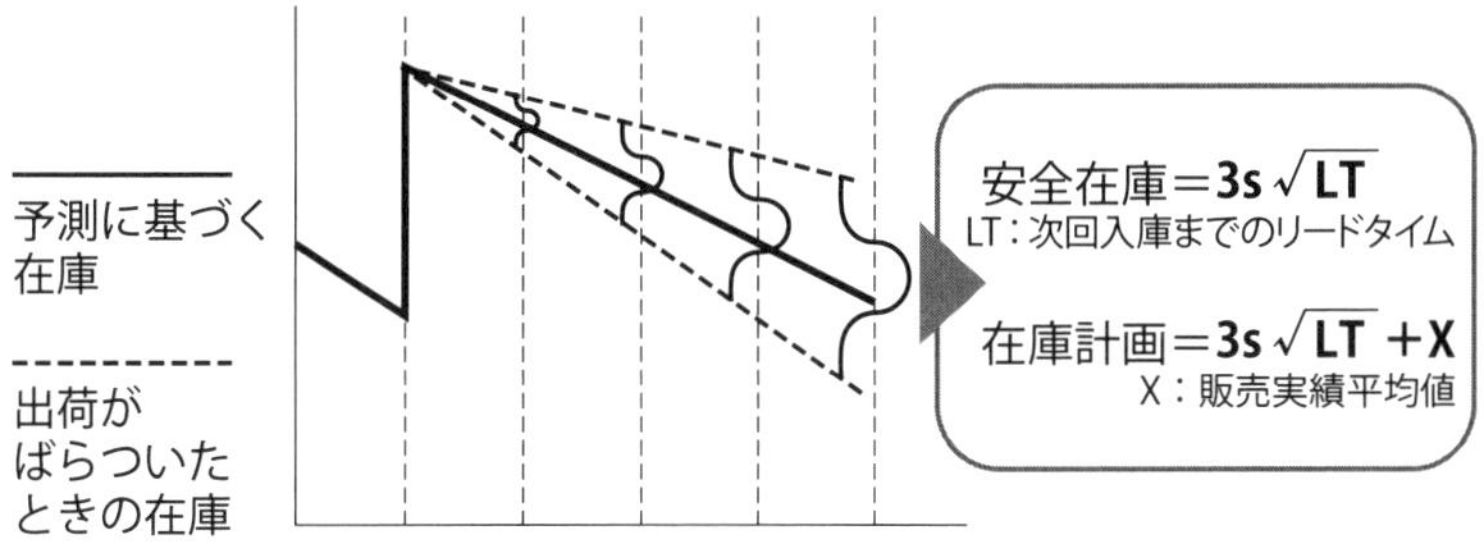

タイムバッファー在庫計算

実績＝過去 → 計画＝未来 →

現在 ▼

	X-1 月	X 月	X+1 月	X+2 月
P　生産　実績 / 計画	100	100	100	
S　販売　実績 / 計画	100	100	100	100
I　在庫　実績 / 計画	100	200		

しませんが、販売計画があるのであれば、販売計画と販売実績の差異が「外れ」のバラツキと考え、より精度を上げる方法もあります。

●タイムバッファー在庫計算

統計的安全在庫まで考えて行わなくても、もっと簡便な方法もあります。「タイムバッファー在庫」という考え方を使ったものです。

この考え方は、急に売れるのは、翌月や翌週の販売が前倒しになっただけと解釈し、必要な在庫数量を「今月（週）＋翌月（週）分」と簡易に計算するものです。

このように考えておけば、「たまたま、翌月のために備えていた在庫が先喰いされただけ」ということで、むずかしい統計計算をせずにすみます。こうした、翌期分まで合算する方法以外に、単純に当月の2倍を準備するなど簡易に行うこともできます。

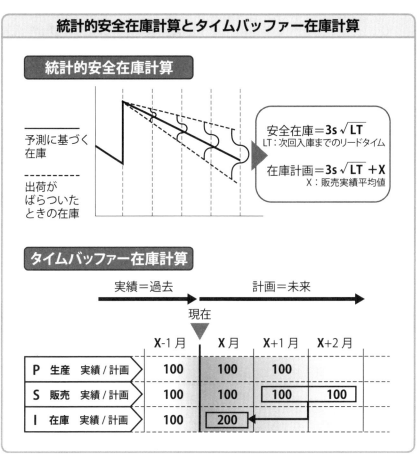

むずかしすぎない在庫計算が必要

在庫計画の種類のいろいろ②
ミニマックス法・受け払い法

より簡易な在庫計算方法がある。

●ミニマックス法

より簡便な在庫計算法として、従来から使われているのが「ミニマックス法」と呼ばれる方法です。

この方法は、在庫がミニ値（最小点）を割り込んだ場合、マックス値になるまでの在庫量を生産指示・調達するものです。補充業務でも使われる方式ですが、販売計画がある場合は、販売計画との対応でミニ値を割り込むことが見えた段階で、マックス値までの在庫を計算します。

ミニマックス法は、欧米の古い基幹システムでよく使われている方法です。柔軟性に欠け、過剰在庫を生むので最近は敬遠されつつあります。

●受け払い法

実際の実務で多く使われている方法に、「受け払い法」というものがあります。受け払い法は、明確な在庫数が設定できないときにとられる方法です。

原理は簡単で、現状の在庫実績から販売計画を引き、仕入計画（入庫予定）を足して在庫を受け払いしていくことで、在庫が切れてしまう期間を見つける方法です。

たとえば、現在の在庫実績が１００とします。来週、再来週の販売計画が50ずつだとすると、再来週には在庫が切れます。このタイミングに間に合うように人間が判断して、再来週以降の数週間分の販売計画に間に合う在庫を生産指示、もしくは発注する方法です。統計的計算などはせず、毎回人間が在庫数量を判断するので煩雑ではありますが、その分いろいろな考慮事項を勘案しながら在庫準備ができるので、きめ細かな管理ができる場合もあります。

在庫計画としては、前項で書いたようなタイムバッファー計算をした在庫数量が計画されることが多くあります。日本の製造業ではよく使われる方法です。

●販売計画と連動しない在庫計画

在庫は、基本的に販売されるから準備されるのです。しかし、販売計画が製品単位になっていない場合や、販売

料金受取人払郵便

神田局
承認
7635

差出有効期間
2024年4月30
日まで

郵便はがき

101-8796

511

(受取人)
東京都千代田区
神田神保町1－41

同文舘出版株式会社
愛読者係行

毎度ご愛読をいただき厚く御礼申し上げます。お客様より収集させていただいた個人情報は、出版企画の参考にさせていただきます。厳重に管理し、お客様の承諾を得た範囲を超えて使用いたしません。メールにて新刊案内ご希望の方は、Eメールをご記入のうえ、「メール配信希望」の「有」に○印を付けて下さい。

図書目録希望	有	無	メール配信希望	有	無

フリガナ お名前		性別 男・女	年齢 才
ご住所	〒 TEL　(　　)　　Eメール		
ご職業	1.会社員　2.団体職員　3.公務員　4.自営　5.自由業　6.教師　7.学生　8.主婦　9.その他(　　)		
勤務先分類	1.建設　2.製造　3.小売　4.銀行・各種金融　5.証券　6.保険　7.不動産　8.運輸・倉庫　9.情報・通信　10.サービス　11.官公庁　12.農林水産　13.その他(　　)		
職種	1.労務　2.人事　3.庶務　4.秘書　5.経理　6.調査　7.企画　8.技術　9.生産管理　10.製造　11.宣伝　12.営業販売　13.その他(　　)		

愛読者カード

書名

◆ お買上げいただいた日　　　　　年　　　月　　　日頃
◆ お買上げいただいた書店名　　（　　　　　　　　　　　）
◆ よく読まれる新聞・雑誌　　（　　　　　　　　　　　）
◆ 本書をなにでお知りになりましたか。
1．新聞・雑誌の広告・書評で　（紙・誌名　　　　　　　）
2．書店で見て　3．会社・学校のテキスト　4．人のすすめで
5．図書目録を見て　6．その他（　　　　　　　　　　　）

◆ 本書に対するご意見

◆ ご感想

●内容	良い	普通	不満	その他（　　　　　）
●価格	安い	普通	高い	その他（　　　　　）
●装丁	良い	普通	悪い	その他（　　　　　）

◆ どんなテーマの出版をご希望ですか

＜書籍のご注文について＞
直接小社にご注文の方はお電話にてお申し込みください。宅急便の代金着払いにて発送いたします。1回のお買い上げ金額が税込2,500円未満の場合は送料は税込500円、税込2,500円以上の場合は送料無料。送料のほかに1回のご注文につき300円の代引手数料がかかります。商品到着時に宅配業者へお支払いください。

同文舘出版　営業部　TEL：03－3294－1801

ミニマックス法と受け払い法

ミニマックス法

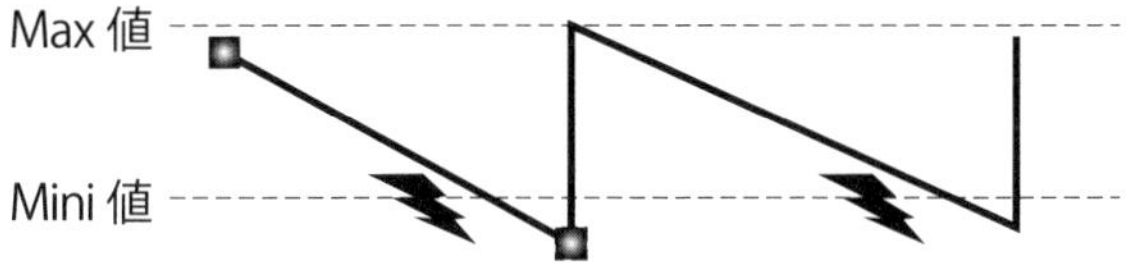

在庫が Max 値になるように計画発注

受け払い法

月	1月																															
週	1週							2週							3週							4週							5週			
日	1	2	3	4	5	6	7	8	9	10	11	12	13	14	15	16	17	18	19	20	21	22	23	24	25	26	27	28	29	30	31	1
充填計画										100					100				100			110										
●●需要	0	0	0	0	0	0	0	0	-100	. 0	0	0	0	-100	100	0	0	-100	0	0	-100	0	0	0	0	0	0	0	0	0	0	0
■●●在庫	0	0	0	0	0	0	300	800	200	200	200	200	200	100	100	100	100	0	0	0	-100	-100	-100	-100	-100	-100	-100	-100	-100	-100	-100	-100
●●製造計画							800																									
●払出	0	0	0	0	0	0	300	0	0	0	0	0	0	0	0	0	0	0	0	0	0	0	0	0	0	0	0	0	0	0	0	0
■●在庫	200	200	200	200	200	200	-100	-100	-100	-100	-100	-100	-100	-100	-100	-100	-100	-100	-100	-100	-100	-100	-100	-100	-100	-100	-100	-100	-100	-100	-100	-100
●●受入	200																															
●●需要	0	0	0	0	0	0	0	0	0	0	0	0	0	0	0	0	0	0	0	0	0	0	0	0	0	0	0	0	0	0	0	0
■●●在庫	0	0	0	0	0	0	0	0	0	0	0	0	0	0	0	0	0	0	0	0	0	0	0	0	0	0	0	0	0	0	0	0
●●製造計画																																
原材料需要	0	0	0	0	0	0	0	0	0	0	0	0	0	0	0	0	0	0	0	0	0	0	0	0	0	0	0	0	0	0	0	0
原材料在庫	0	0	0	0	0	0	0	0	0	0	0	0	0	0	0	0	0	0	0	0	0	0	0	0	0	0	0	0	0	0	0	0
原材料仕入																																

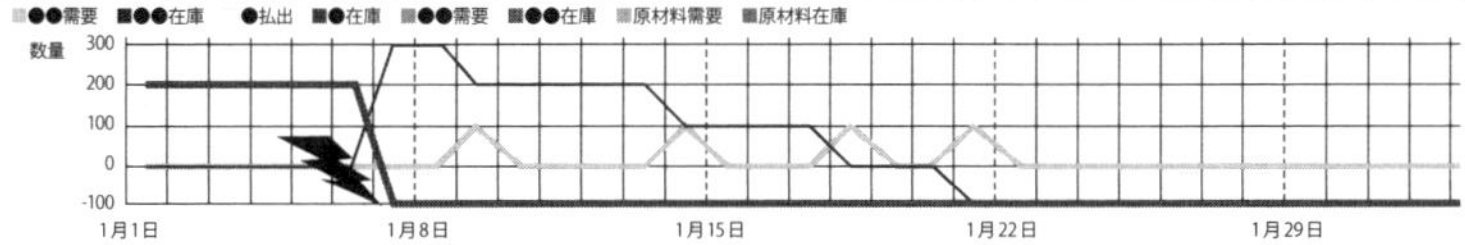

［現状の在庫実績－販売計画＋仕入計画］で在庫計算をする

計画が立案できない製品の場合、もしくは時間はかかっても必ず売れるような製品は、基準となる在庫数を定数化しておくことがあります。

「発注点法」がこれにあたります。こういうケースでは販売計画と連動せずに在庫計画されます。

●在庫計算はむずかしくしないこと

統計予測と同様に、在庫計算をあまりむずかしくすると業務運用に耐えられなくなります。統計の意味がわからなくて説明できない、バラツキが大きすぎてとんでもない在庫数を計算してしまうなどの問題も発生し、そうした状況に対応するには統計の知識が必要になります。

統計計算のパラメーター修正も知識が必要で、手間がかかります。できるだけ簡易で理解しやすく、人の手で補正できる在庫計算方法が、在庫計画でも必要です。

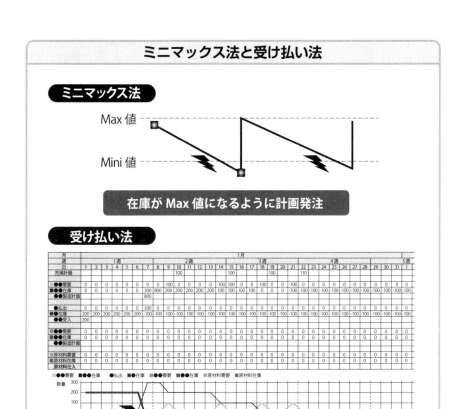

在庫計画を満たす仕入計画

在庫計画から導かれる仕入計画

仕入計画は在庫計画に依存する。

●仕入計画は在庫計画の延長

仕入計画は、在庫計画に基づいて計画されます。必要な在庫数が計算された結果、その在庫数を満たすように仕入数が計算されます。

仕入計画という言葉を使っていますが、それが必要な生産数と等しい場合には、そのまま生産指示に直結する場合もあります。

しかし、たいていの場合、販売計画と在庫計画を連動させるのは営業や販社などの売る側の組織なので、仕入計画を一度立案し、その計画を受けて工場などの生産側の組織が生産計画を別に立てることが普通です。

●リードタイムと計画サイクルの短縮

在庫計算のロジックでは、リードタイムが計算上の重要なパラメーターになっています。リードタイムが短いほど、保持すべき在庫数を減らすことができるのです。

リードタイムを圧縮するための方法としては、仕入発注から入庫までのリードタイムを減らす（引き付ける）ことと、計画のサイクルを短サイクル化することです。

たとえば、仕入発注して1ヶ月後に入庫する場合と1週間後に入庫する場合では、保持する在庫数が違ってきます。1ヶ月分保持するのであれば、1週間分保持する場合より、大量の在庫になります。

仮に1週間で入庫できても、仕入計画、発注のサイクルが1ヶ月では、結局1ヶ月の間入庫がないので、その期間耐えられるだけの在庫が必要になります。そのため、計画業務のサイクルも短いほうが在庫が減ります。

仕入計画において、リードタイム短縮と計画業務サイクルの短縮は、在庫削減に効果があります。

●「まるめ」という考え方

仕入計画立案では、もうひとつ影響する項目があります。「まるめ」という考え方です。仕入ロットサイズとも呼ばれます。

仕入ロットサイズは、1回当たりの

計画業務サイクルの短縮は在庫削減に効果がある

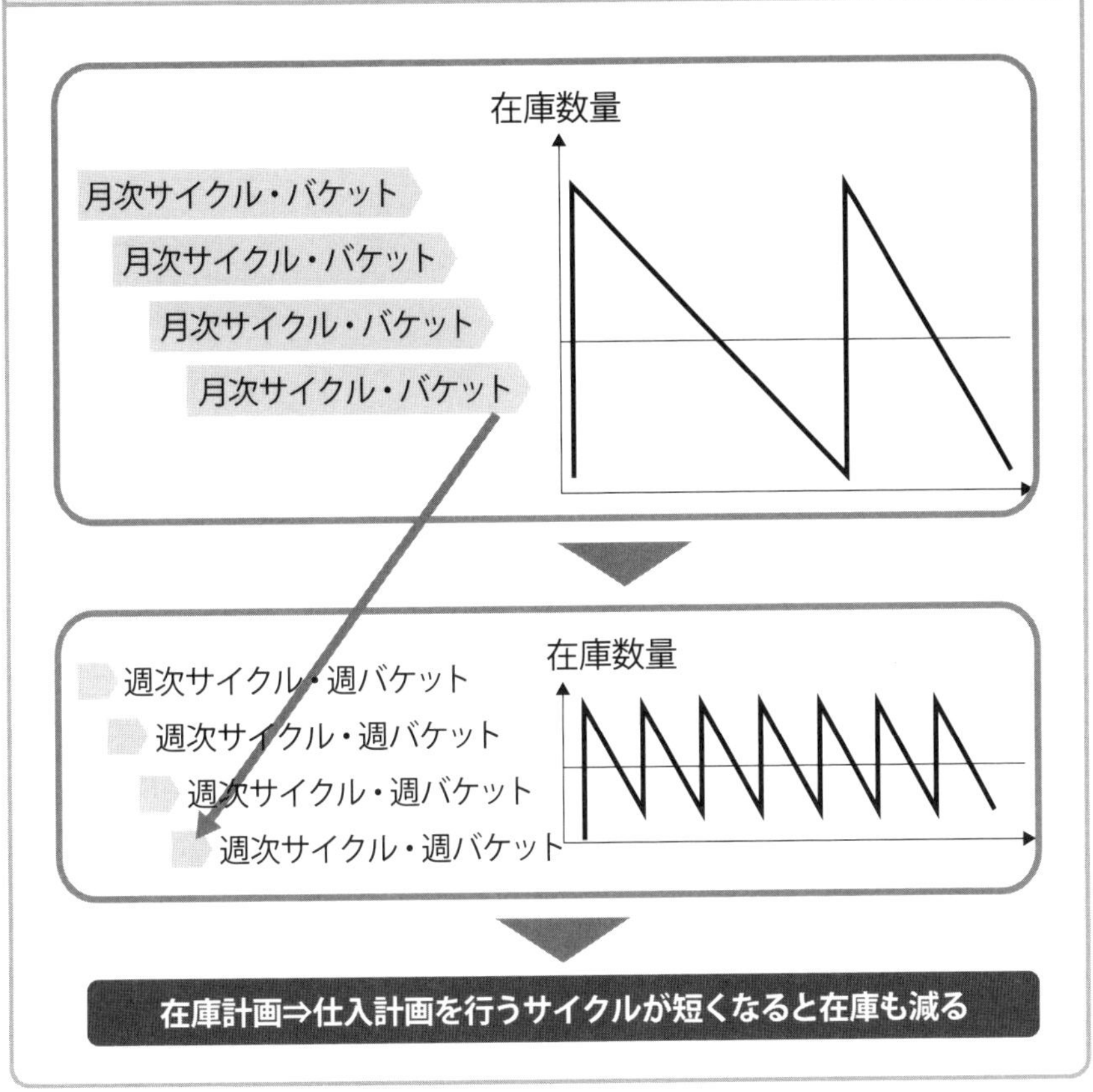

仕入数量の最小単位です。たとえば、最小ロットサイズが10個の場合、ほしいのは1個だったとしても、10個仕入れざるを得ない仕入条件となっていることがあります。

こうなると、本来必要のない数を在庫する羽目になり、ロットサイズが生み出す余計な在庫がいつまでたっても売れないため、滞留してしまうケースも多くあります。

仕入計画を立案するに際して、できるだけ在庫を減らしたいのであれば、仕入ロットサイズを小さくする必要があります。

●仕入上の各種条件を考慮する

販売計画を満たすべく在庫計画がされて、必要な仕入計画数が決まったとして、単純にほしい数量を計画してSCM計画は終わりではありません。考慮すべき制約が存在します。それは48項で述べたPSI計画です。

Column

「鶴の一声」で在庫が減る会社VSなぜ、在庫が増えたのかと叱る会社

◉経営者の「鶴の一声」で年度末在庫が減る会社

最近、こんな相談を受けました。「年度末になると経営者が『在庫を減らせ』と言うので、わが社では市況に関係なく年度末に工場を停めて在庫を減らすのです。そのため、年度当初はいつも欠品で、お客様へのクレーム対応でたいへんなのです。どうしたらいいでしょうか」といった内容です。

この会社は、マネジメント層の意思決定で在庫がコントロールされていますから、ある点を除いて、ある意味SCMができているのです。

では、除かれたある点とは何でしょうか。それは、お客様や市場に応えるという視点です。この会社では、お客様や市場に応えるのではなく、財務数値をよくするために在庫をコントロールしているのです。

相談者の懸念点は顧客離れです。毎年年度当初に欠品するこの会社に対するお客様企業の評価は年々厳しくなり、売上が漸減してきているのです。在庫を毎年年度末に下げ、利益だけは出していますが、長期的には低落傾向です。財務数値だけで判断するマネジメント層は、はたして会社の永続性を維持できるのでしょうか。

◉なぜ、在庫が増えたのかと叱る会社

一方で、多くの会社では繰り返しマネジメント層が、「なぜ、在庫がこんなにあるのか？」と担当者を叱責しています。不思議なもので、在庫とは資産であり、お金が成り代わったものです。売るための在庫であり、多くのコストが投入されているため、企業業績に大きな影響を及ぼしますから、本来は「これだけの在庫にしなさい」と事前に指示を出しているのかというと、実はそうではないのです。結果としての在庫の多寡を後から何だかんだ言っているだけで、在庫をマネージし、コントロールしているという意識が薄いのでしょう。

生産指示をかけたり、生産能力を用意したり、部材を買わせるのは、莫大な資金が必要であり、その資金を賄う意思決定はマネジメント層の責任のはずです。「なぜ、在庫が増えたのか」と叱責する会社のマネジメント層は、はたして経営能力が高いと言えるのでしょうか。

第6章

コストを最適化する生産計画と調達計画

製品の在庫計画を確保する

供給の要は生産計画と調達計画

供給の計画が収益を決める。

●生産計画とは何か

「生産計画」という言葉は、意外とあいまいな言葉です。この言葉にはいろいろな解釈が成り立つからです。

まず、生産計画には二面性があることを知らなければなりません。要求としての生産計画と、供給としての生産計画です。前者を所要量（需要量）、後者を供給量と言うこともできます。

どういうことかと言うと、単純にほしい数だけを指して生産計画とする場合と、実際に供給可能性を確認した計画のことを指す場合で違ってくるのです。この切り分けをあいまいにして話されることが、多くあります。

たとえば、在庫計画の結果、ほしい仕入れ数が100になって、そのほしい数自体を工場に提示することを生産計画と表現する場合があります。この場合、所要量を生産計画と言っているのです。

また、こうしたほしい数が必ずしも叶えられないので、実際に準備された生産能力や部品と照らし合わせて、生産〝可能〟な計画を生産計画と言う場合があります。供給可能性を検証した計画です。

こうした意味づけが企業や組織によって違うため、生産計画とは何を意味するのかをきちんと定義する必要が生じます。

従来の生産管理では、生産計画を大日程計画、中日程計画、小日程計画と細分化して呼んだりします。

大日程計画は、予算時や月次の計画見直し対象になる計画で、設備投資計画や長期調達計画などに使う計画です。中日程計画は、月次や週次での見直し、人員計画や部品の納入指示に使う計画で、小日程計画は、実際の着工指示につながる計画です。

本書では、大中小ではなく、時間軸で生産計画を読み解くので、計画系業務では長期計画としての予算、月次計画、週次計画と細分化していきます。小日程計画は着工指示に直結するので計画系業務ではないとの位置づけで、

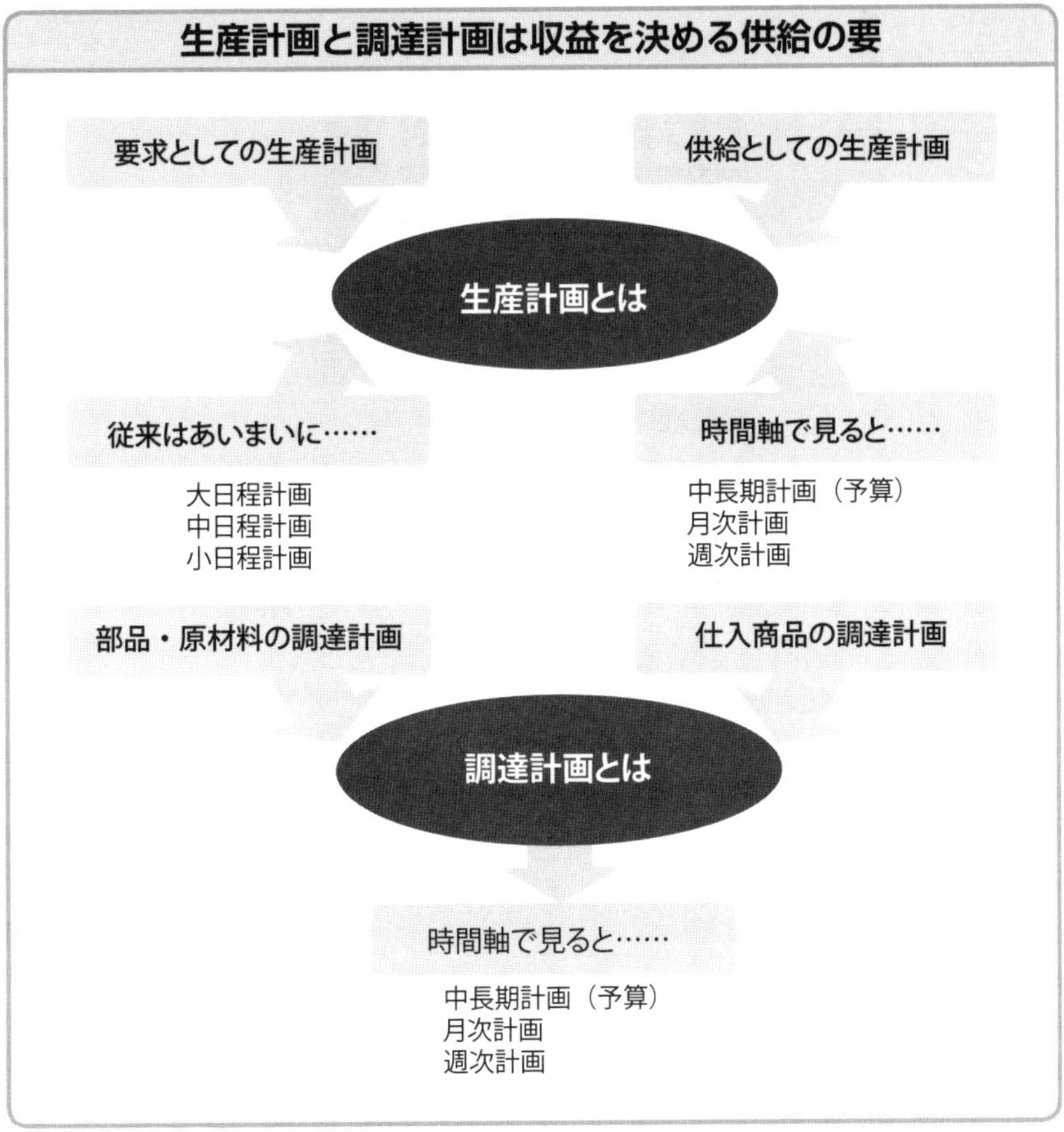

次章の実行系業務で説明します。

また、需要側と供給側の識別ですが、本書では基本的に供給側の計画を生産計画と呼びます。需要側の計画は仕入計画から導かれる、単なる要求数であって、計画ではないからです。供給の制約を勘案して立てた計画を生産計画と定義します。

●調達計画とは何か

調達計画という言葉も、同様にあいまいに使われることが多くあります。商品仕入れの計画を調達計画と言ったり、製品の生産に必要な部品や原材料の購入計画を調達計画と言ったりします。

商品仕入れの計画は、仕入計画がほぼそのまま調達計画になるので、本書では詳述しません。生産に関わる調達計画は、生産計画に同期して時間軸の長短にしたがって立案されるので、本書ではこちらを中心に記述します。

計画には制約条件がある

生産計画と調達計画は時間軸で読み解く

時間軸で変わる制約条件。

●計画には制約条件がつきもの

生産計画と言っても、単純に生産数量を決めるだけではなく、さまざまな計画と連動しています。単に必要な数量だけを計算してすむのであれば、むずかしいことはありませんが、連動するさまざまな計画が制約条件となるのです。

たとえば、1週間に機器を１００台生産する計画があったとします。この機器は組立に時間がかかるため、生産しようとする工場では週に50台しかできないとすると、週50台が生産可能な数量の上限になります。これを生産能力の制約と言います。

生産能力の制約は、さまざまなところで生じます。コンベアラインが1本しかなければ、そのラインがある製品の生産で使われていると、別の製品の生産はできません。あるいは、特殊な工具を使う加工で、その工具が他で使われていると他の生産はできません。

このように、生産能力は生産に使う設備に制限があって使えない場合、生産数の上限を決めてしまう制約になるのです。

設備だけでなく、人も制約になります。生産に投入できる人数が少ない、あるいは特殊な加工ができる人が少ない、などの人員制約で、製品がつくれなくなることもあります。

同様に、部品が足りない、原材料が足りないなどの制約も存在します。これらの制約は、部品制約とか資材制約などと呼ばれます。

生産計画を立案する際は、こうしたさまざまな制約を考慮しないと、実際に生産可能となる計画にはならないのです。

ただし、生産計画の段階であまり厳密に考慮しなくてもよい制約もあります。たとえば、ビスやねじなど、すぐに調達できる部品などは、生産計画のレベルでは考慮しません。生産計画段階では、緊急調達ができないキーパーツや設備などの制約だけを見ます。

●時間軸で識別される制約の違い

さまざまな制約を考慮した計画でないと現実的ではない

生産計画を立案する際には、考慮すべき
さまざまな制約がある

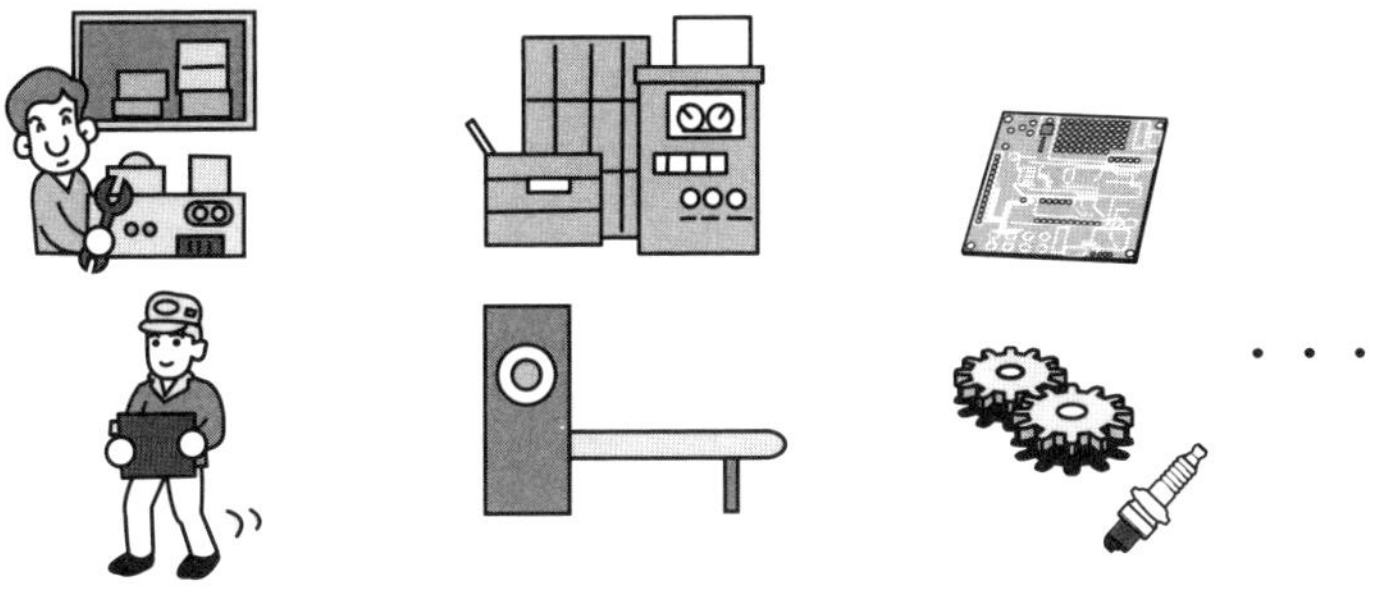

作業者の能力　　設備の能力　　部材の確保数

時間軸でも制約は変わってくる

こうした制約は、時間軸によっても変動します。たとえば、設備などの金額が張り、工事が必要なものは、調達して据え付けるだけでも時間がかかるため、今日、明日の計画には間に合いません。したがって、数ヶ月から半年以上前には設備の能力が決まってしまうのです。

サプライヤーが生産する際にかかるリードタイムも、部品によってまちまちです。生産リードタイムが長くかかるもの（足長部品と言う）は、今日、明日に間に合うということがありません。足長部品は半年前や3ヶ月前に発注せざるを得ず、実際の生産の前の半年前、3ヶ月前に調達数量が決まってしまいます。逆に作業者は、1週間前まで増減可能だったりします。

制約が決まってしまう対象期間が変わるため、それぞれの期間の制約条件に対応した計画が必要なのです。

予算と連動する長期生産計画

長期生産計画は設備と人員の能力計画

長期的な能力の制約条件を決定する。

●長期販売計画（販売予算）との連動

長期生産計画で言う「長期」とは、通常、半年から1年以上にわたる期間の計画です。こうした計画は、年度予算時や半期予算見直し時などに立案されます。

長期の販売計画をもとに、長期のPSI計画（48項参照）を立案し、長期の生産所要から長期の生産計画数を導き出します。

●長期生産計画で決まる工場の能力

長期の生産計画が立案されると、計画された生産数量が現有設備で生産可能かどうかが検討されます。「必要なモノを、必要なときに、必要な場所に、必要な量だけ」届けるためには、実際に生産するかなり前に設備を用意しなければならないのです。

生産能力としては、まず自社工場の生産能力が検討されます。自社では能力不足と判断されると、設備を増強して生産能力を上げるべきか、それとも現行のまま生産能力の増強をせず、外注業者に生産委託するべきか、判断されます。

自社工場での能力増強になった場合は、設備投資計画が立案され、能力増強が必要とされるタイミングまでに設備投資の準備がされます。

能力計画には、より長期の視野で工場そのものを新規で建設する場合と、工場はつくらないまでも、設備増強で対応する場合の両方があります。

工場新設の場合は、3ヶ年計画や中長期計画の中で検討されます。設備増強の場合は、3ヶ年計画や中長期計画の中でも検討されますが、予算実行となれば1年以内に実行される予算立案の中で計画され、具体的な設備投資計画として実行計画化されます。

自社の能力増強ではなく、生産委託によって対応する場合は、生産委託先の能力確保だけでなく、図面や権利の所属、価格や業務のすりあわせ、部材の支給の有無の取り決めなどが必要になります。

いずれの場合でも、大本は長期の販

設備と人員の能力計画を行う長期生産計画

売計画であり、ＰＳＩ計画なのです。長期的に売る計画があってこその長期生産計画と設備投資計画なので、販売計画と連動して、予算時に検討されるわけです。

●長期生産計画で決まる人員の総枠

長期の生産計画では、もうひとつの能力計画が検討されます。工場の人員計画です。工場能力を上げるのであれば、各工程での直接人員増強も必要になるし、生産管理部門、物流管理部門、資材管理部門、工場経理部門などの組織に所属する間接人員も増やさなければなりません。

こうした人員増の場合も、増やしていい総枠は長期計画の中で決まっていきます。

もともとは販売計画を起点とした数量計画から始まっていますが、設備投資、人員採用などはコスト計画となり、利益計画にも影響します。

予算と連動する長期調達計画

長期生産計画が「足長」部品の調達を決める

長期的な部品の制約条件が決定される。

●長期生産計画が部品数を決める

生産計画が決まれば、部品の必要数が決まります。ただし、生産計画が決まれば部品がすぐに買えるかというと、実はそうではありません。

部品にもいろいろな特性のものがあります。わかりやすいところでは、ねじやビスなどのどこででも手に入る部品でしょう。こうした部品は汎用部品と言われ、ほしいときに即購入することができます。したがって、生産計画の数量がころころ変わって、必要な部品の数が連動して変わっても、簡単に調達することができます。

一方、機能部品やキーパーツと呼ばれる高機能の部品は、そう簡単には手に入りません。付加価値が高いので生産に時間がかかるため、サプライヤーに在庫がない場合、即大量に調達することはできません。

サプライヤーも、陳腐化のリスクを冒して高付加価値の部品を大量に在庫したくないので、事前に見込みで在庫生産をしません。

こうした機能部品やキーパーツは事前に購入約束をしなければ、ほしい数量さえ確保できない場合があります。実際に使う数ヶ月前からサプライヤーに対して発注をしなければならない場合もあれば、内示を出して購入を約束しなければならない場合もあります。

●機能部品・キーパーツが制約に

事前に発注したり内示を出して押さえた部品の数量が、実際の生産で使う数量と相違がなければ問題はありません。しかし、通常このようなことはありません。数ヶ月前の計画の時点と現在とでは、市場の状況が変わってしまって、生産数を変えなければならないことが多くあるからです。

状況の変化によって、もっと製品をつくらなければならなくなったとき、重大な問題が起きます。そもそも、発注したり内示した部品数しか確保できていないので、増産はムリです。

このような場合、部品が制約になって、生産数を制限してしまうのです。

必要部品の調達が制約条件となって長期生産計画が左右されることも

長期生産計画で決まる「足長」部品制約

調達量に上限があり、その調達量が生産数を制限してしまう

↓

部品の調達数は、実際に生産するタイミングより早く決定されるため、
生産実行時の数量が増えると足りなくなる

あるいは、
サプライヤーのトラブルで急に部品が逼迫することもある

↓

「足長」部品の調達は最重要課題のひとつ

結果、欠品・売り逃がしが発生します。

逆に、予定より生産数が落ちた場合は、購入が決まった部品は基本的に引き取らなければなりません。販売・生産が復活すればその部品も使われるでしょうが、そうでなければ部品在庫の山ができてしまします。

このように機能部品やキーパーツは制約になって、生産数を制限したり、在庫が滞留しやすい性格のものなのです。しかも、部品は多数あるので、調達数量が半年前に固定されるもの、3ヶ月前に固定されるもの、2ヶ月前に固定されるもの、といった具合に、制約となる期間がばらつき、管理がむずかしいのです。

こうした制約を上手に管理し、最大限製品をつくり滞留を防ぐには、サプライヤーとの計画連携が重要になるのです。

月次と週次の生産・調達計画で在庫が決まる

月次と週次の生産・調達計画がアクセル・ブレーキの肝

毎月・毎週、制約条件をローリングする。

●月次計画が握る能力コントロール

制約の確定は、たいていの場合、長期計画や予算で総枠が決まりますが、実際の制約の調整と確定は、月次の生産計画や月次の調達計画で決まります。制約のマネジメントとコントロールの中心は、月次業務なのです。

たとえば、人員計画は月次単位で決まることが多くあります。来月の必要人員、再来月の必要人員という形で計画が組まれ、出勤のシフトが決まります。生産量が多いときは2直（朝昼2交替）、3直（朝昼晩3交替）などの複数のシフトが組まれたりします。

新規の作業者の採用も行われ、パートや臨時工の採用で人を採っていきます。教育も必要ですから、人さえいれば明日からものづくりができるということにはならないわけです。

また、採用を行わずに、仕事を外注することで能力不足を補うこともあります。この場合でも簡単にはいかず、見積もりをとったり、金型の供与や原材料・部品の供与、納期などを決めたり、打ち合わせた上で合意するため、時間がかかるのです。

こうした生産能力の調整は、月次の計画サイクルの上で決められていきます。

●月次計画が握る部品コントロール

制約となる部品の数量も、月次の計画の中でコントロールされます。

仮に、部品の発注が月次サイクルであれば、月次計画で調達部品数が確定します。確定した部品数の範囲でしか、生産ができないことになります。

このことは、部品の調達にかかる時間（調達リードタイム）の長さによって確定してしまう制約がそれぞれある、ということを示しています。

たとえば、部品Aは調達に2ヶ月かかるため、計画が2ヶ月前に、部品Bは調達に1ヶ月かかるため、計画が1ヶ月前に決まるとします。

そこで、製品を100個つくると計画され、部品Aの調達数が2ヶ月前に100個と決まったとします。次の計

生産・調達計画は、月次と週次で調整が必要な場合が多い

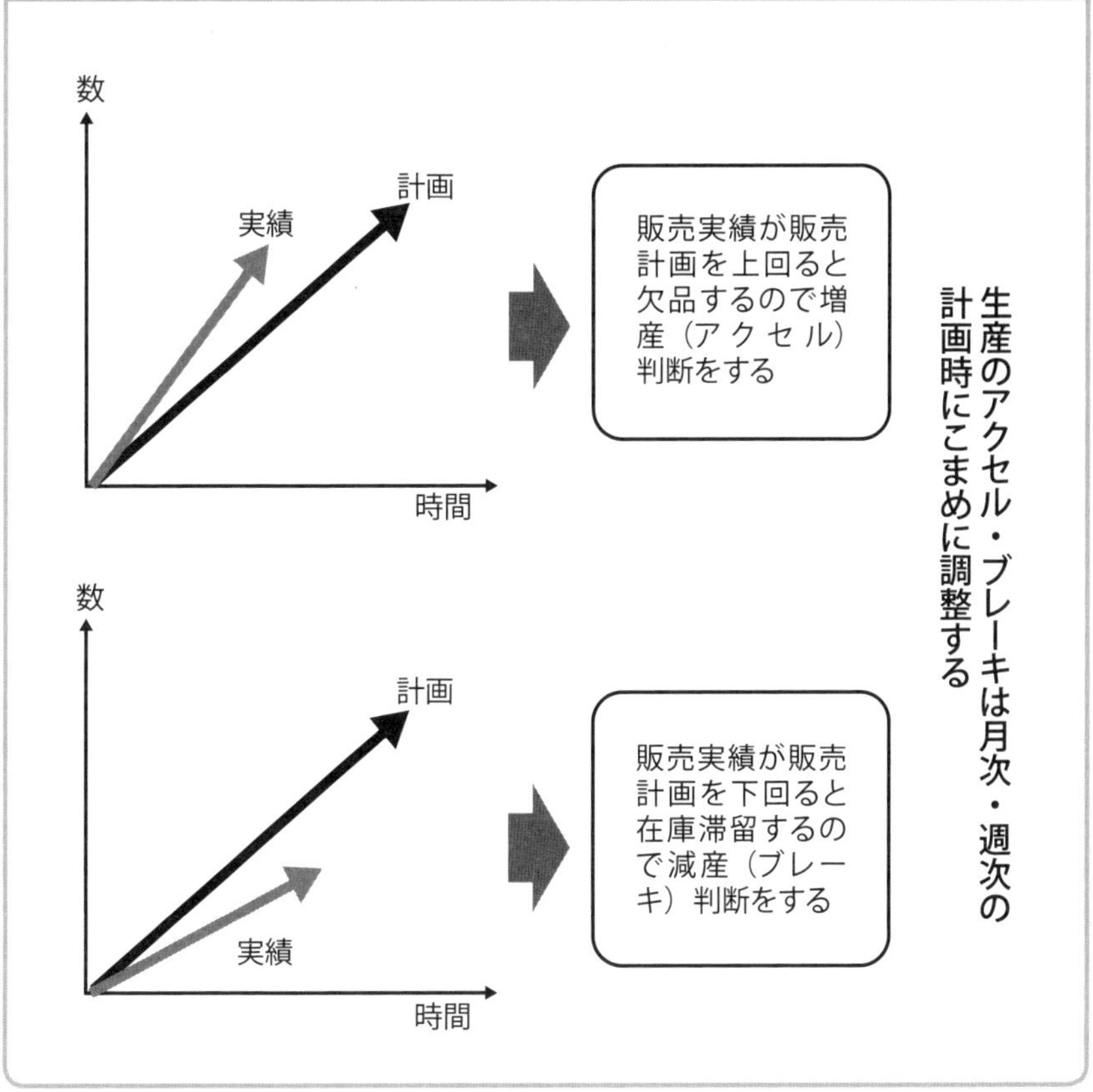
数
計画
実績
時間
販売実績が販売計画を上回ると欠品するので増産（アクセル）判断をする
数
計画
実績
時間
販売実績が販売計画を下回ると在庫滞留するので減産（ブレーキ）判断をする
生産のアクセル・ブレーキは月次・週次の計画時にこまめに調整する

画立案時にはもっとつくりたいということで、製品を200個つくることが計画されたとします。しかし、部品Bは200個分調達できますが、この段階で製品200個をつくることはできなくなっています。なぜなら、1ヶ月前に部品Aは100個しか買えていないからです。

このように、部品制約は確定する期間によって、先の計画時の数量が制約になって生産数を抑制するのです。

●週次計画は制約の範囲内で微調整

人員や部品は月次サイクルの計画で確定することが多く、週次計画は月次計画の確定の範囲内で微調整するのが普通です。

微調整でも、生産の増減ができるのであれば、在庫増減のコントロール上重要な機能になります。月次で行っていた制約調整が週次でできるようになれば、業務レベルは向上します。

供給が少ないと取り合いが生じる

制約に引っかかるとき、供給配分を行う

早いもの勝ち、声の大きいもの勝ちはSCMではない。

●供給不足は取り合いを生じる

生産上、制約がきつくてほしい数量よりも供給数量が少ない場合、取り合いが生じます。製品在庫がなくなり、販売する側で、われ先に製品を確保しようとするのです。当然、売上に影響するので真剣です。

こうした取り合いの状況でルールがない場合は、さまざまな問題を生み出します。

●早い者勝ちの問題点

ひとつは、「早い者勝ち」による問題点です。「早い者勝ち」というのは、いままさに必要ではないのに、先に押さえてしまおうという行為です。

たとえば、いつも毎週10個しか売れていないのに、この先数週間分売れる量（たとえば50個）を先に押さえてしまうというやり方です。このやり方は、よく営業が行うやり方で、一度押さえられてしまうと、他のお客様がいままさにほしいと言っているのに出荷できなくなるのです。

こうして、実際に売れるタイミングよりも先に、製品在庫や生産数を押さえてしまうやり方を「早い者勝ち」と言います。そして、このやり方を放置すると大量の先行押さえ込みにエスカレートして、供給逼迫下での在庫滞留と売り逃がしを同時に生み出すことになるのです。

●声の大きい者勝ちの問題点

「早い者勝ち」同様に起き得るのが、「声の大きい者勝ち」です。生産に制約が生じて供給が逼迫すると、いわゆる「怒鳴り込んで」くる営業担当者がいます。生産側は「お客様に迷惑がかかる」という言葉に弱いため、営業に太刀打ちできません。

仮に、その営業のお客様が大口顧客でもなく、最重要顧客でなくても、生産側としては、反論の術を持っていないわけです。こうなると、大きな声で怒鳴り込んでくる営業に優先的に配分が行われてしまいます。

この結果、本来最優先にすべきお客様への配分が行われなかったり、戦略

供給配分については企業利益の最大化を基準に意思決定を行う

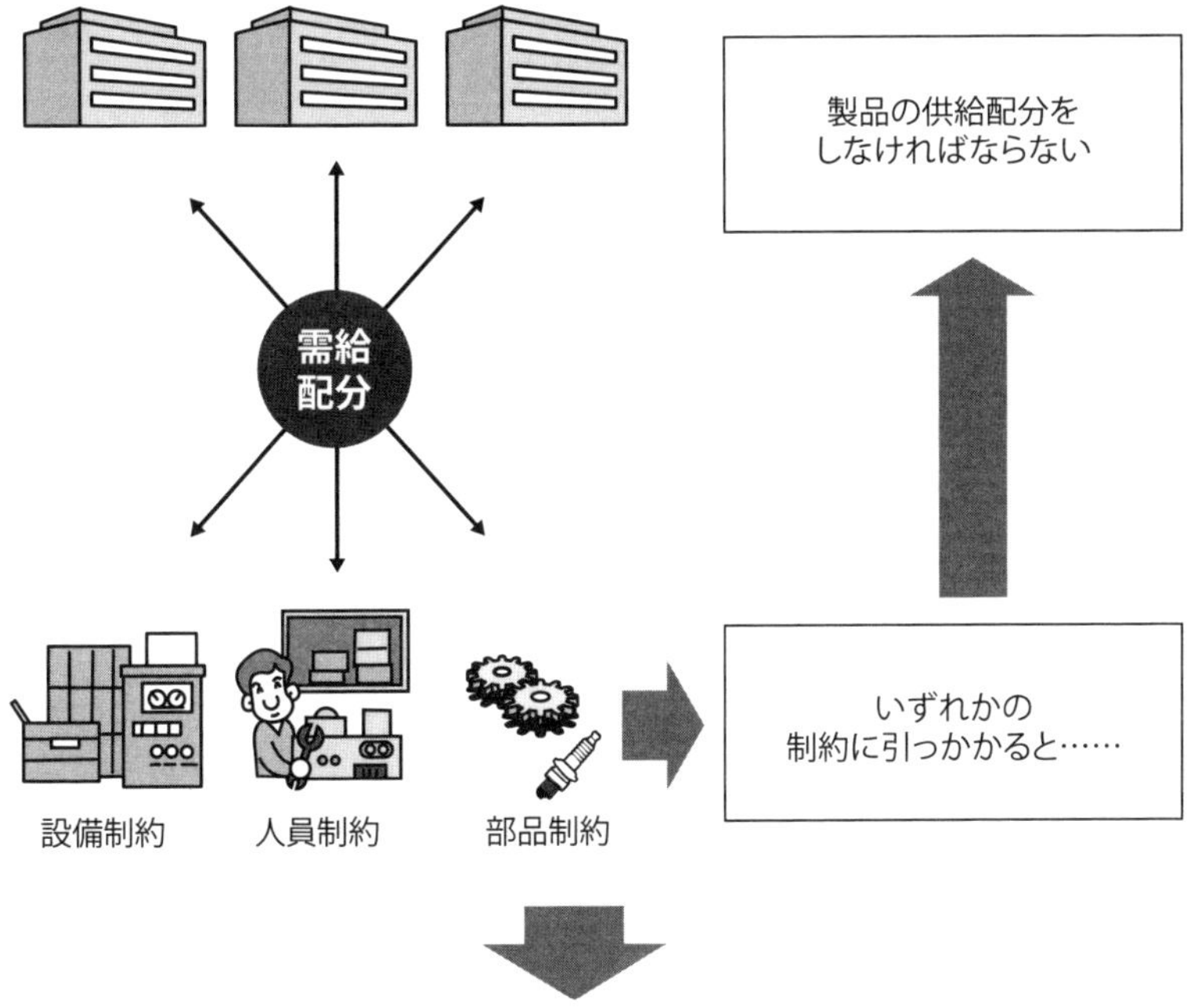

**「早い者勝ち」「声の大きい者勝ち」はダメ。
会社としての配分ルールを決めること**

的に販売を伸ばしたい先に配分されなくなってしまい、会社としての意図がまったく反映されないことになるのです。

　ルールがない場合は、「声の大きい人」にはなかなか勝てないため、会社の優先順位と関係のない配分に陥るわけです。

●供給配分は会社の意思を持って

　生産供給が逼迫した場合、単なる業務処理の範疇で対処していては、会社として非常にまずいことになります。おかしな業務がまかりとおり、重要顧客に迷惑をかけかねないからです。

　供給配分が必要になった場合は、会社のマネジメント層を巻き込んで、会社としての配分の意思決定をするべきです。会社として供給配分ルールを定め、企業利益の最大化を基準に意思決定することが、ＳＣＭのマネジメントたるゆえんです。

業務を短サイクル化する意味

生産計画の短サイクル化が在庫削減とリードタイム短縮を生む

短サイクル業務は柔軟性が高い。

●短サイクルのアクセル・ブレーキ

計画業務が月次サイクルから週次サイクルになると、柔軟性が格段に向上します。月次サイクルでは、早くて来月以降の計画が変更できるだけですが、週次では、早ければ来週以降の計画が変更できるからです。

たとえば、今月すでに計画確定された製品Aが100個つくられているとしましょう。仮に、製品Aが市場で売れなくなり、小売店や営業倉庫に在庫が積み上がっていたとしても、計画サイクルが月次だと、今月分の生産は計画どおりに行われてしまうことが通常です。変更は来月に回されるのです。

こうなると、売れないところにさらに製品が納入され、在庫過剰を生み出してしまいます。

もちろん、緊急時は生産を止めることもありますが、通常の場合はそのまま生産計画が続行されるのです。

一方、これが週次サイクルであれば、最短で来週の生産をストップする計画に変更できます。あるいは、来週の部品の納入指示が行われている場合は、生産のストップは2週間先にはできるわけです。

週次サイクルは、月次サイクルに比べて3週間から1週間早く生産ストップのブレーキが踏めるので、在庫を少なくすることができるのです。

ブレーキとは逆の増産（アクセル）は、ここまで簡単にはできません。すでに述べたように、生産能力や部品の制約があるためです。しかし、そうした制約の中でも、人を回す、部品を回すなどの融通をつけて、何とか増産することもできます。

こうした意思決定が週次でできれば、需要変動への対応が柔軟にできるようになるのです。

●短サイクル化は在庫削減のカギ

短サイクルで計画変更ができれば、不要に在庫を持つ必要がなくなります。生産の数量が短サイクルで増減できれば、その分、製品在庫を持たずにすむからです。

一般的に生産計画の短サイクル化は在庫削減とリードタイム短縮につながる

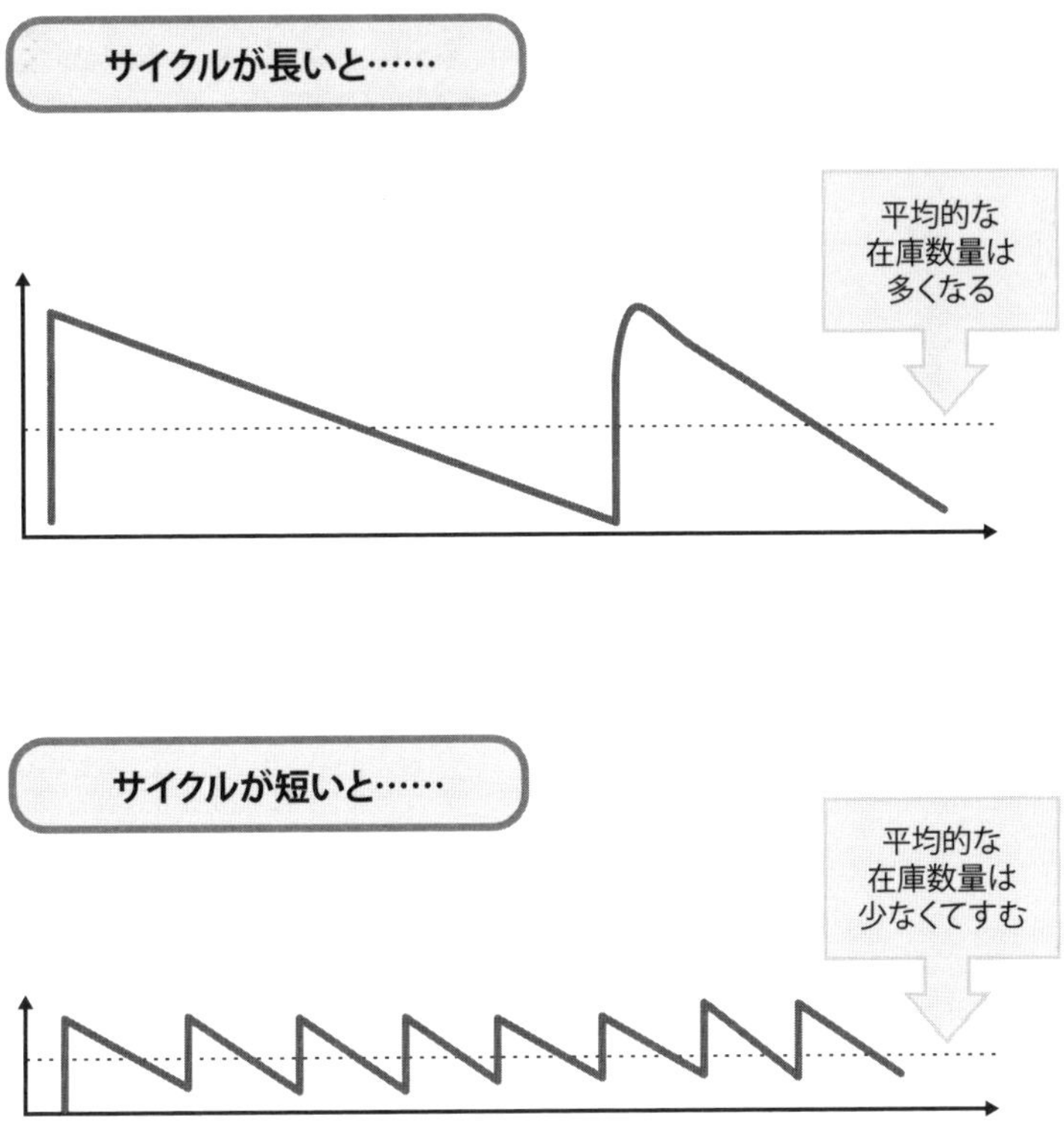

仮に、製品が1ヶ月間供給されないとすると、1ヶ月分の在庫を持たなければならなくなりますが、これが毎週供給されるのならば、1週間分の在庫ですむのです。

●何でも短サイクル化はNG

しかし、何でも短サイクルで業務をすればよいということにはなりません。毎週、販売実績を見て計画を見直し、生産を増減することが至上主義のように言われた時代もありましたが、必ずしもそうすることがよくないケースがあるのです。

たとえば、販売動向では、たまたま来週の需要が今週に前倒しされたり、今週の需要が来週に先送りされているだけで、月次で見ると販売が安定していることがあります。

こういう場合、ムリに毎週生産を上下させず、月次で安定的に生産したほうがよい場合もあります。

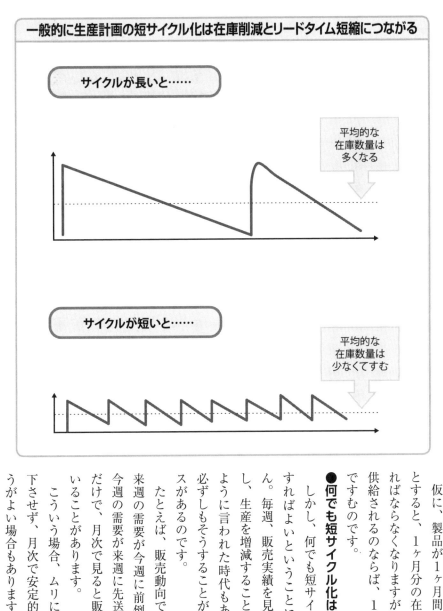

部品を安定的に確保するために

部品の調達を上手に行う方法①段階的発注

3段階発注という方法。

●サプライヤーとの調達計画連携

　製品をきちんとお客様にお届けするためには、部品を安定的に調達することが不可欠です。きちんと部品を確保するためには、発注して納入してもらうだけで終わりでは、まったく不十分です。

　制約部品であれば、発注して納入されるまでに長いリードタイムがかかることがあります。数ヶ月前に発注したのでは、その後、市場がどう動くかわかりません。数ヶ月前の判断が間違っていて、部品が足りなくなったり、逆に売上が落ちて部品が不要になったりします。

　このようなことを避けるためには、調達計画をサプライヤーに開示して、毎月、毎週見直していって、必要数の増減を微調整しながら、突然の追加やキャンセルをなくすようにすることを目指します。これを「段階的発注」と言います。

　こうしたことを行うには、お互いに長期的な関係を深める必要があります。商品企画段階、相互の予算策定段階から情報交換を行い、「Ｗｉｎ－Ｗｉｎ」の関係を目指して、常にお互いの収益確保を協議していくのです。

●3段階発注とは

　サプライヤーと調達計画を連携する方法に、3段階発注というものがあります。調達計画を期間に応じて、「予定」「内示」「確定」と分けていくのです。

　「予定」とは、かなり先の調達計画で、ここで示される購入数はあくまでも予定であって、参考情報として扱われます。期間的には、2ヶ月先、3ヶ月先など先の期間です。会社によってこの期間は変わります。

　この期間でサプライヤーが断りもなく生産した場合、発注者側は引き取る責任はありません。

　ただし、サプライヤーが先行で原材料を購入しなければならない場合で、かつその原材料の専用性が高い場合、原材料だけ引き取る契約を結ぶこともあります。

安定的な部品の確保を目指して段階的発注法で調達を行う

3段階発注のポイント

発注「予定」コミュニケーションのポイント

- あくまで予定情報で引取り責任はない
- サプライヤーリスクで生産する期間
- ただし、生産前に調達リードタイムが長い専用原材料を購入した場合の引取りは、取決めしだい

発注「内示」コミュニケーションのポイント

- 確定発注での確実な調達を担保するための情報
- 引取り責任が生じる
- 「予定」よりも数量が増減することがある（ルール化が必要）

「確定」発注コミュニケーションのポイント

- 確定発注で、これに基づき納品が行われる
- 「納入」よりも数量が増減することがある（ルール化が必要）

「内示」は、引取り責任を持った予定情報です。まだ、正式発注ではありませんが、サプライヤーの生産能力が低い場合、先行で生産することを許容します。確実な調達を狙うためにも、先行生産を許し、引取り責任も負うのです。

「確定」は、文字どおり確定発注です。内示分の引取りと新規の確実な生産依頼でもあります。段階的に計画を見直しつつ、精緻化してきているので、このタイミングでの欠品や納期遅延は、サプライヤー側にとって許容されていません。

3段階発注では、「予定」⇩「内示」⇩「確定」と進むにしたがって、増減の変動幅を決めることもあります。しかし、この変動幅の運用にはむずかしい面も多く、それなりの管理レベルが要求されます。

制約部品を確実に確保するための方法

部品の調達を上手に行う方法②枠取り

マネジメントが関わる部品調達。

●サプライヤーはパートナー

サプライヤーに対して、コストダウンを強制したり、理不尽な短納期納入を要求するなど、敵対的な対応は現在では通用しません。サプライヤーは事業の成功に向けて、必要欠くべからざる存在だからです。

どちらかが得をして、どちらかが損をするのではなく、お互いが得をする「Win-Win」の関係を築かなければなりません。

そのためには、「サプライヤーはパートナーである」という考え方で関係を構築することが必要だし、情報共有は当然として、業務プロセスの密な連携が重要になります。リスクをどう負担し合うのかという、契約上の連携も必要です。

こうした目的に合致させて連携していく到達計画の業務を、「枠取り」と言います。

●「枠取り」による業務連携

枠取りは、専用部品やキーパーツのような、制約がきつく、確保に失敗するとなかなか追加で手に入りにくい部品に関して行われる業務です。たとえば、パソコンの中央演算装置（CPU）や液晶パネルの調達でよく行われています。こうした部品は、調達の「枠」を確保し、サプライヤーからの生産「枠」、供給「枠」として保障される体制を築く必要があるのです。

枠取り業務は、長期計画や年間の予算時から連携が始まります。長期の調達計画が立案された時点で、自社のマネジメント層がサプライヤーのマネジメント層との間で、年間の購入予定数量について合意を得るのです。

購入側の年間の調達計画は、そのままサプライヤーの年間の販売計画になります。つまり、お互いに予算上の連携を行うのです。

このタイミングで合意された「枠」が、月次計画の中で見直されていきます。生産量が落ちて、ある部品の枠を減らしたい場合、マネジメント層がサプライヤーに出向いて、減らしてよい

サプライヤーとの良好な提携関係による枠取り

枠取りのポイント

枠取りでのコミュニケーションのポイント

- 両者の予算のベース（調達予算 - 販売予算）
- 発注側とサプライヤーのマネジメント層間の合意
- あくまである期間総量の「枠」
- 別途「枠」見直しの方法の取決めも行う

計画ローリングでのコミュニケーションのポイント

- 「枠」の逸脱は、お互いの予算からの逸脱
- 短期的には、前倒し、後ろ倒しや購入部品ミックスを変えるなどして、枠を維持できるように調整する
- あまりに大きな変更はマネジメント層同士で取決めを行う

かどうかを相談します。

サプライヤーは、この会社のために生産能力や原材料を用意しているので、勝手に減らされると困ります。そこで、別の部品を追加購入して帳尻を合わせてもらったり、単に先送りするだけで、次月に追加購入をずらしたり、調整をしていきます。

逆に追加購入したい場合、前倒し生産で対応してくれる場合もあるし、ときには他の納入先の部品を回してくれることもあります。

こうしたことができるのは、予算段階からお互いに連携しながら計画をローリングしていくからであって、収益をシェアするパートナーだからこそです。

枠の調整は、月次より週次のサイクルでできたほうがより柔軟性が増しますが、その前提はパートナーシップなのです。

納入形態と連携した調達計画

部品の調達を上手に行う方法③ JITとVMI

ジャストインタイム（JIT）とVMIが部品を極小化する。

●ジャストインタイム（ＪＩＴ）は究極の調達形態

ジャストインタイム（ＪＩＴ）は、「必要なモノを、必要な場所に、必要なときに、必要な量だけ」供給する究極の調達形態です。

ＪＩＴでは、生産計画に合わせて部品納入が行われます。最終組立、部品納入、部品組立、原材料購入をタイミングよくつないで同期化し、途中に滞留する在庫をいっさいなくすことを目指します。自動車業界では、かなりＪＩＴが進んでいます。

ＪＩＴは、見込みで用意する在庫をなくす方法ですが、必ずしもすべての部品サプライヤーがＪＩＴに同期して生産できるわけではありません。実はＪＩＴと言っても、最終組立メーカーから予定情報や内示情報が開示されているのです。

組立メーカーに同期して生産できないサプライヤーにとって、ＪＩＴ対応するためには、事前に生産しておくしかありません。納入先メーカーの近くに倉庫を置き、納入指示（カンバンだったり、確定注文だったりします）にしたがって在庫を出荷するのです。

こうしたケースでは、ＪＩＴを推進する納入先メーカーだけが極小の在庫になり、ＪＩＴ対応できないサプライヤーは、在庫が多い状態に陥るのです。

事前に予定情報や内示情報が開示される場合は、まだましなほうです。予定情報や内示情報が開示されずにＪＩＴを強制するメーカーもあるのです。この場合は、どの部品の納入指示がくるのかわからないため、サプライヤー側では自社のリスクで予測して在庫を準備しなければなりません。

ＪＩＴは欠品が許されません。その分、大量の在庫を要求され、負担が重くなります。

●ＶＭＩは富山の薬売りに似ている

ＪＩＴに似た概念で「ＶＭＩ」という手法もあります（38項参照）。ＶＭＩは「Vendor Managed Inventory」の略です。

部品の在庫を極小化できるJITとVMI

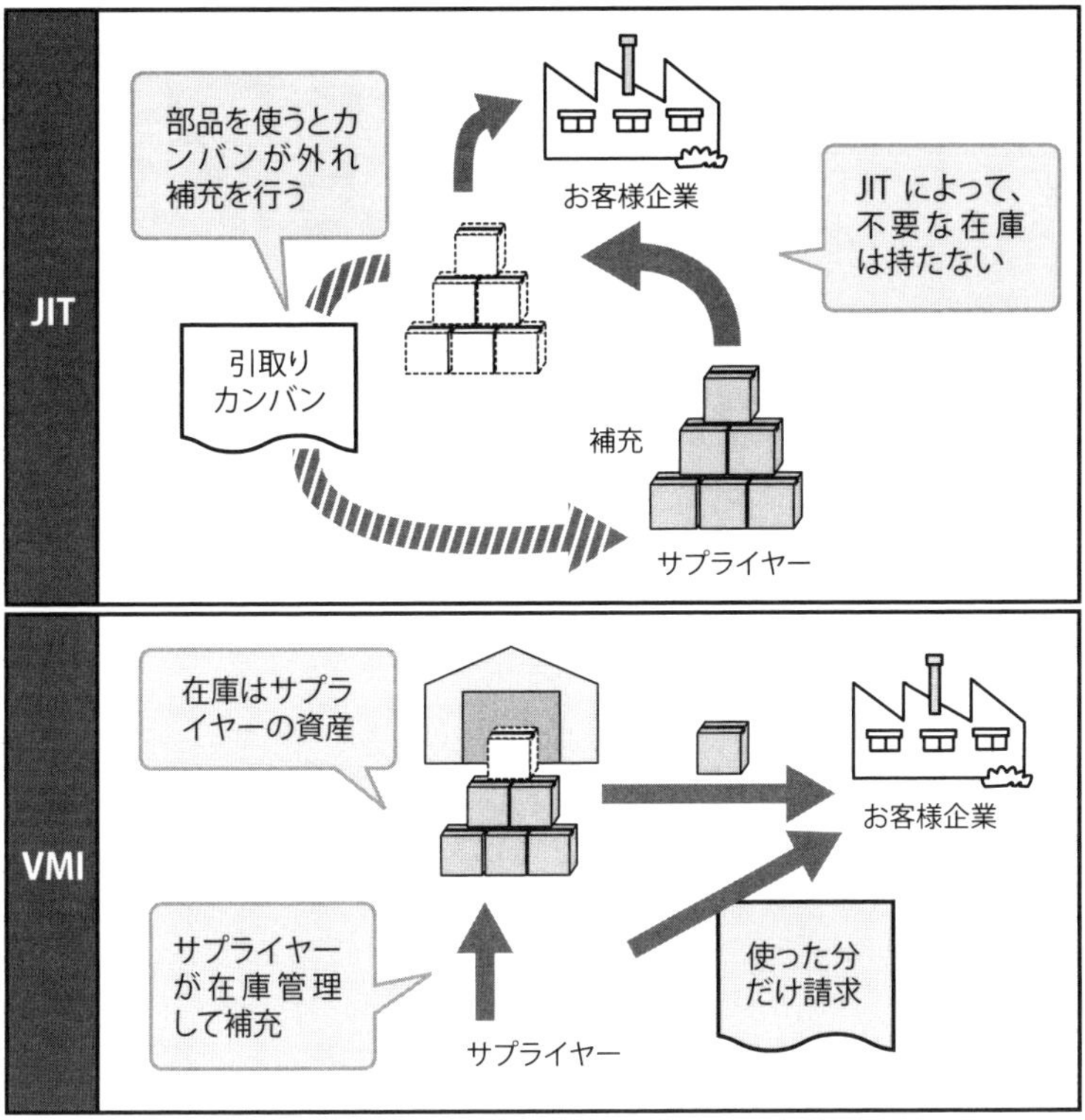
JIT
部品を使うとカンバンが外れ補充を行う
お客様企業
JIT によって、不要な在庫は持たない
引取りカンバン
補充
サプライヤー
VMI
在庫はサプライヤーの資産
お客様企業
サプライヤーが在庫管理して補充
使った分だけ請求
サプライヤー

ここで言うベンダーとは、サプライヤーのことです。VMIは、サプライヤーが納入先の在庫をサプライヤーが管理する手法です。納入先の在庫と書きましたが、実態は、納入先隣接倉庫にある在庫を、実際に使われるまでサプライヤーの持ち物として管理する方法です。

つまり、使用する側にとっては、「必要なモノを、必要な場所に、必要なときに、必要な量だけ」供給させることができるわけですが、供給するまではサプライヤー在庫のため、サプライヤーにとっては在庫を用意するコストが生じるので負担が重くなります。

VMIは、倉庫への補充をサプライヤーの責任で行い、欠品しないように在庫を取り揃えておきます。納入先への供給を迅速に行い、使った分だけ請求する形です。VMIは、「富山の薬売り」に似ている部品管理の手法です。

重要になるサプライヤーとのパートナーシップ

サプライヤーとの連携の仕方がカギ

Win-Win の関係を築く。

●サプライヤーとパートナーシップ

サプライヤーに提示された納入単価を叩いて原価を下げる時代は終わっています。ＳＣＭでは、サプライヤーは欠くべからざるパートナーです。そのパートナーに対して、一方的な負担を強いることは、本来の意味でのパートナーシップではありません。

サプライヤーにとって、在庫にからむコストは大きな負担です。倉庫費のような在庫の保持コストや、ＪＩＴでの多頻度納入は重い負担となります。取り扱う商品や取引の特性によっては、特殊な設備を要求されるなどのケースもあります。温度管理倉庫や温度管理輸送などです。

また、せっかく納入先の生産に支障をきたさないように保持した在庫の、使われずに残った場合の処理コストを、一方的にサプライヤーに押し付けるわけにはいきません。

要求される納入のスピード、数量の変動に対応するために、事前に在庫を用意するのですから、サプライヤーの事業の永続性を支えるためにも、長期的に高品質の部品を供給してもらうためにも、負担はシェアすべきです。

確実な調達を行うためには、時間軸に応じて、サプライヤーが準備するための計画情報を共有することが必要です。

●情報共有がカギ

そうした情報には、３段階発注（59項）や枠取り（60項）、ＪＩＴ、ＶＭＩ（ともに前項）での計画と納入指示など、段階に応じた計画、発注の情報があります。

計画情報をトリガーにしているのであれば、最後に在庫が残ってサプライヤーの負担になりそうな場合、その状態に応じた費用負担の取決めをして、サプライヤーも安心して取引ができるようにするべきです。

●引取り責任を負う契約の締結

すべてのサプライヤーが財務的に強いわけではありません。高い機能と品質を誇るサプライヤーが、実は中小企

情報共有などによりサプライヤーと上手に連携する

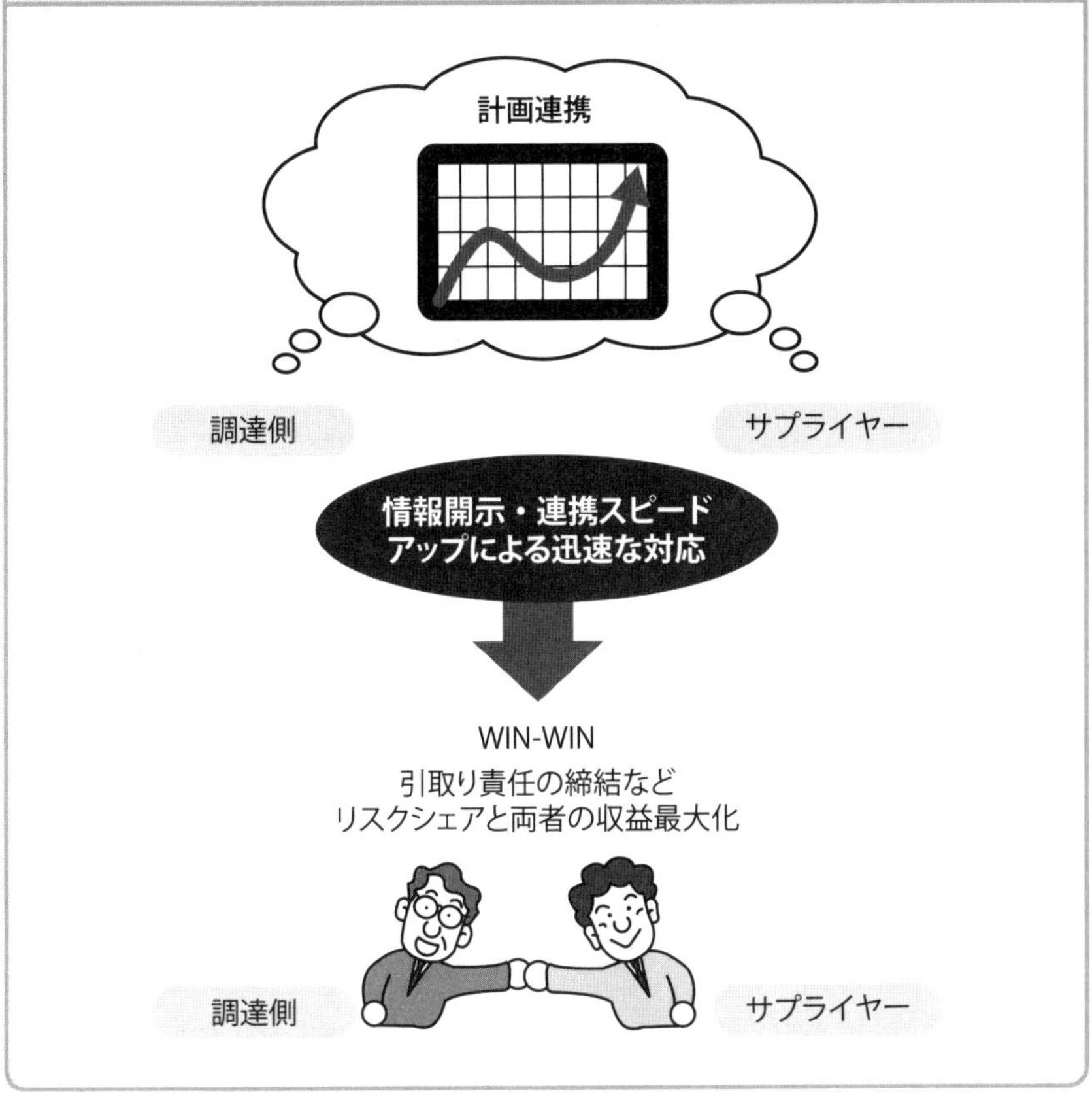

業であることもざらです。こうしたサプライヤーはなくてはならない存在ですから、それなりにリスクシェアを心がけなければなりません。

3段階発注で行われるような、予定段階での専用部材の原料在庫、内示段階での部品在庫が、最後に余ってしまった場合、納入先企業が最終的には引取り保障をする契約を結んでおくべきでしょう。

そうでないなら、先行手配のリスクがサプライヤー側に押し付けられてしまいます。これでは、早晩サプライヤーが弱体化するか、あるいは離れていってしまい、安定的な部品調達ができなくなってしまいます。

すべてではないまでも、余ってしまった原材料や部品を引き取ることで、自社の利益が少々痛んでも、サプライヤーとのリスクシェアは調達側の責任です。

Column

日本はもともとSCM先進国:「富山の薬売り」と系列取引

◉「富山の薬売り」はＶＭＩ

この章で、ＶＭＩの紹介をしました。ＶＭＩという言葉から、欧米発祥の業務と思われがちですが、必ずしもそうではありません。昔から、日本ではＶＭＩが行なわれてきました。「富山の薬売り」です。

「富山の薬売り」とは、富山の薬商人が、家庭で使いそうな薬を薬箱に入れて各家庭に置いていき、翌年使った分だけを請求し、使った分を補充していく商売の仕方です。「富山の薬売り」は、16 世紀ごろに始まったとされています。「先用後利」ということを標榜し、「用いることを先にし、利益は後から」ということを基本理念にして富山の薬売りは営まれました。はるか江戸時代から、ＶＭＩの萌芽があったのです。

この形態は現代にも引き継がれ、預託方式の在庫管理・販売が各所で行われています。デパートでの委託販売や病院での薬や医療機資材の預託は、こうした流れを汲むものです。また、製造業でも「コック倉庫」方式として、「使ったものの分だけ支払う」形態は存在しました。

しかし、日本の場合はこうした手法が定型化されず、不透明な商習慣に基づき、暗黙の中で行われていたため、下請けいじめとのことで批判されました。そうして製造業では、コック倉庫は廃止されていったのです。その後、明確な契約形態を伴った業務改革の枠組みとして、ＶＭＩという名前で欧米から再輸入されたのです。

◉ SCM はオープンな系列取引

SCM 自体も、当初は日本の系列取引を研究した結果とも言えます。1980 年代に、日本の製造業の強さを研究した米国では、さまざまな日本の製造業の強みに注目しましたが、そのひとつに自動車産業の系列取引がありました。開発、計画、物流を共同で行い、企業の壁を取り払ったような業務連携に注目して、同じようなことがもっとオープンな形でできないかと検討されたのが SCM なのです。

もともと、日本で行われていた組織横断、企業横断の業務連携の概念が研究され、欧米から逆輸入されたのも、日本という国が概念化に弱い証左かもしれません。実は、日本はもともと SCM 先進国だったのです。

第7章

スピードが重要な実行系業務

計画を実行に移す業務

実際にモノが動き出すのが実行系業務

SCMの成果は実行系が担う。

●実行系業務とは何か

19項で述べましたが、実行系業務とは、実際にモノをつくらせたり、モノを移動させたりする業務です。実行系業務は、計画系業務に引き続いた「指示」となって実行着手される業務と、受注・出荷や返品処理のような「イベント」ベースで着手される業務があります。

たいていの場合、指示やイベントは「伝票」を媒介にして実行指示に結びつきます。

たとえば、実際にものづくりを行う際には、「製造指図」という伝票が発行されます。現場への部品の払い出しには「出庫伝票」が、倉庫への入庫は「入庫伝票」が発行されます。これらの伝票は、事前に計画があって、その計画の実行段階になった作業を現場に指示するものとして、現場作業者に渡されるのです。

イベントベースの業務も、受注時は「受注伝票」が、出荷時は「出荷伝票」が発行され、伝票に書いてある指示に基づいて作業が開始されます。

●実行系業務はSCMの最後

第1章で述べたように、「SCMというのは、受注して、出荷し、店頭に補充するための最適な在庫管理と受発注の業務」と紹介されたため、現在でもSCMとはこうした業務だと考えている人が多くいます。SCMと聞くと「流通業の改革ですね」と言う方がいまだにいることを思うと、当時の印象が強かったのでしょう。

本書の第6章までで解説したSCMの考え方を読んでいただければ、実はこの受注、出荷、補充というのは、すでに入念に準備された計画の実施段階でしかなく、SCMの効率や収益の勝負はそれまでの段階ですでに決まっているということが理解できるでしょう。

だからといって、実行系業務は単なる作業ではありません。実行のスピードと品質こそが、お客様から見える「企業の競争力」になるからです。

実行系業務はその品質とスピードが命

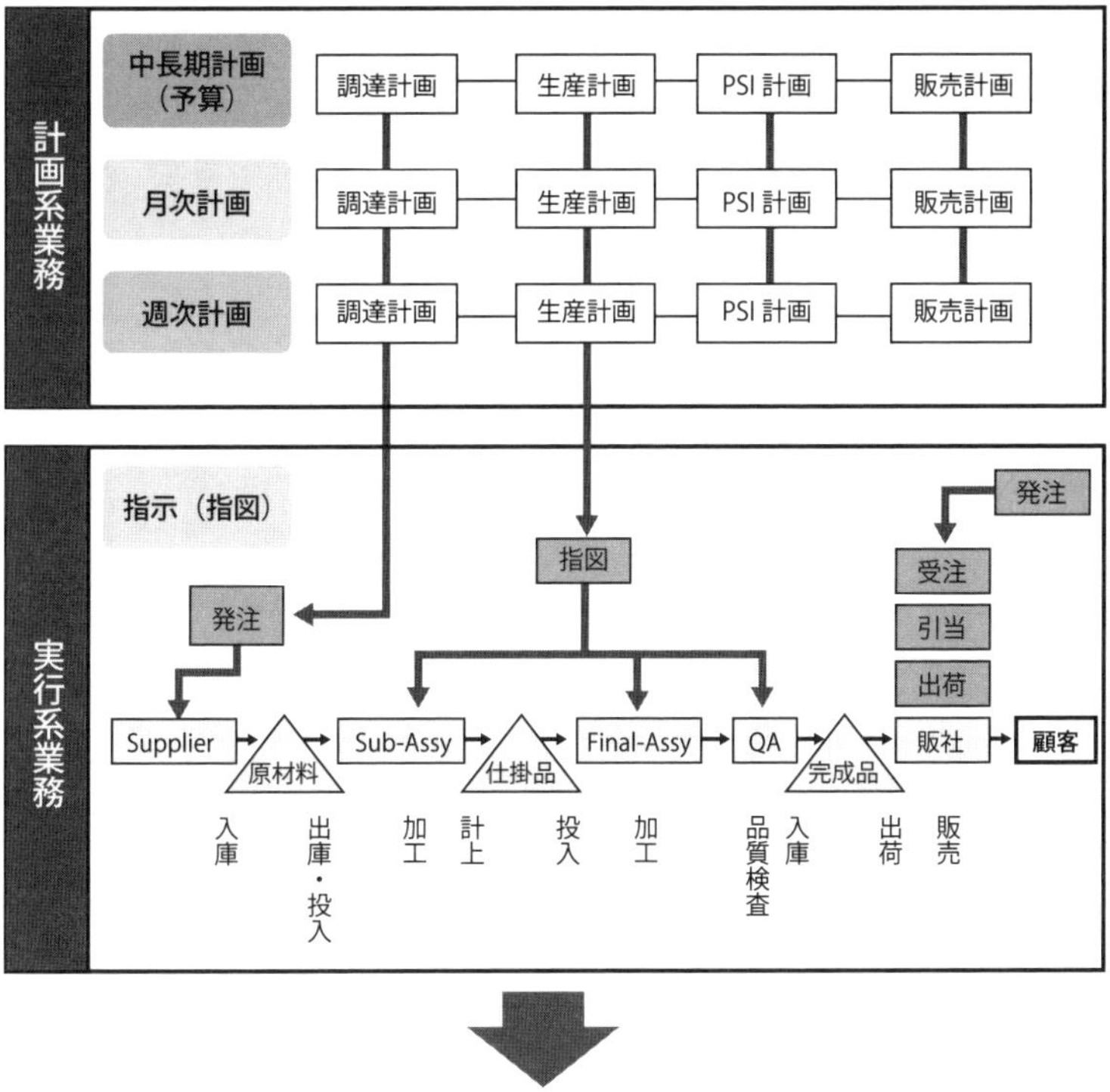

実行系業務は計画系業務の後、実際にモノが動き出す業務

●実行系業務は品質とスピード重視

実行系業務の目指す指標は、品質とスピードです。

品質としては、何よりも正確さが求められます。出荷すべき製品を間違えたり、不良が大量に出たりすると、お客様の信頼を裏切り、収益にも多大な影響を及ぼすからです。

スピードも重要な要素です。お客様が明日ほしいという製品を、3日後に届けたのでは、お客様に迷惑がかかります。お客様の要求スピードに合わない場合、取引停止になりかねません。

また、店頭在庫がなくなり、至急補充したいときに、3日も4日も納入されずにずっと売り逃がしになっているようでは、販売ロスにとどまらず、顧客離れを起こしてしまいます。

このように、実行系業務はお客様が直接触れるサービスレベルとなって、企業の競争力に直結するのです。

受注⇩出荷を劇的に速くする締め時間の変更

受注締め時間が差別化を生む

締め時間の変更だけで、サービスレベルが上がる。

●受注⇩出荷の業務プロセス短縮が肝

お客様はせっかちです。必要なモノを、できるだけ早くほしがります。ですから、お客様のほしがるモノをすぐに提供できることは、最大のサービスになります。

小売業の場合は、店頭でお客様に品物が手渡されます。しかし、店頭に品物がないと、買うことができません。店頭には即補充が必要になります。

このとき、小売業のセンター倉庫やメーカー倉庫に補充発注の情報が渡されます。倉庫業務が稼働中の場合は、受注伝票が発行され、在庫を引き当てて、引き続き出荷伝票が発行され、出荷されていきます。

同じ業界なら、この受注⇩出荷⇩納品の時間は同じようなものと考えるかもしれませんが、実態は違います。会社の業務のあり方によって差が生じるからです。ある会社での受注⇩出荷⇩納品の時間は平均して2~3日、別の会社では数時間だったりします。

製品に差異がなく、価格にも差異がない場合、納入までの時間が短いほうが、圧倒的に有利です。

そこで、受注⇩出荷⇩納品の時間をどう短縮できるかが勝負になります。いくら在庫があっても、重要なのはいかに受注⇩出荷の業務スピードを上げるかなのです。業務のスピードが上がるよう、業務改善は欠かせません。

●締め時間変更でスピードアップ

業務改善だけでなく、受注⇩出荷のスピードを劇的に上げる方法があります。受注の締め時間を遅くするのです。

多くの業務には、締めの時間があります。いったんその業務を行うためのインプットを締め切って、まとめて行うためです。受注の締め時間では、17時までで受注を締め切って、夜間は出荷作業をする、というような運用をされます。17時までの受注はその日に処理されますが、17時を過ぎた受注は翌日回しになるということです。

業務の締め時間は、重要な差別化要因です。この例では、17時以降の受注

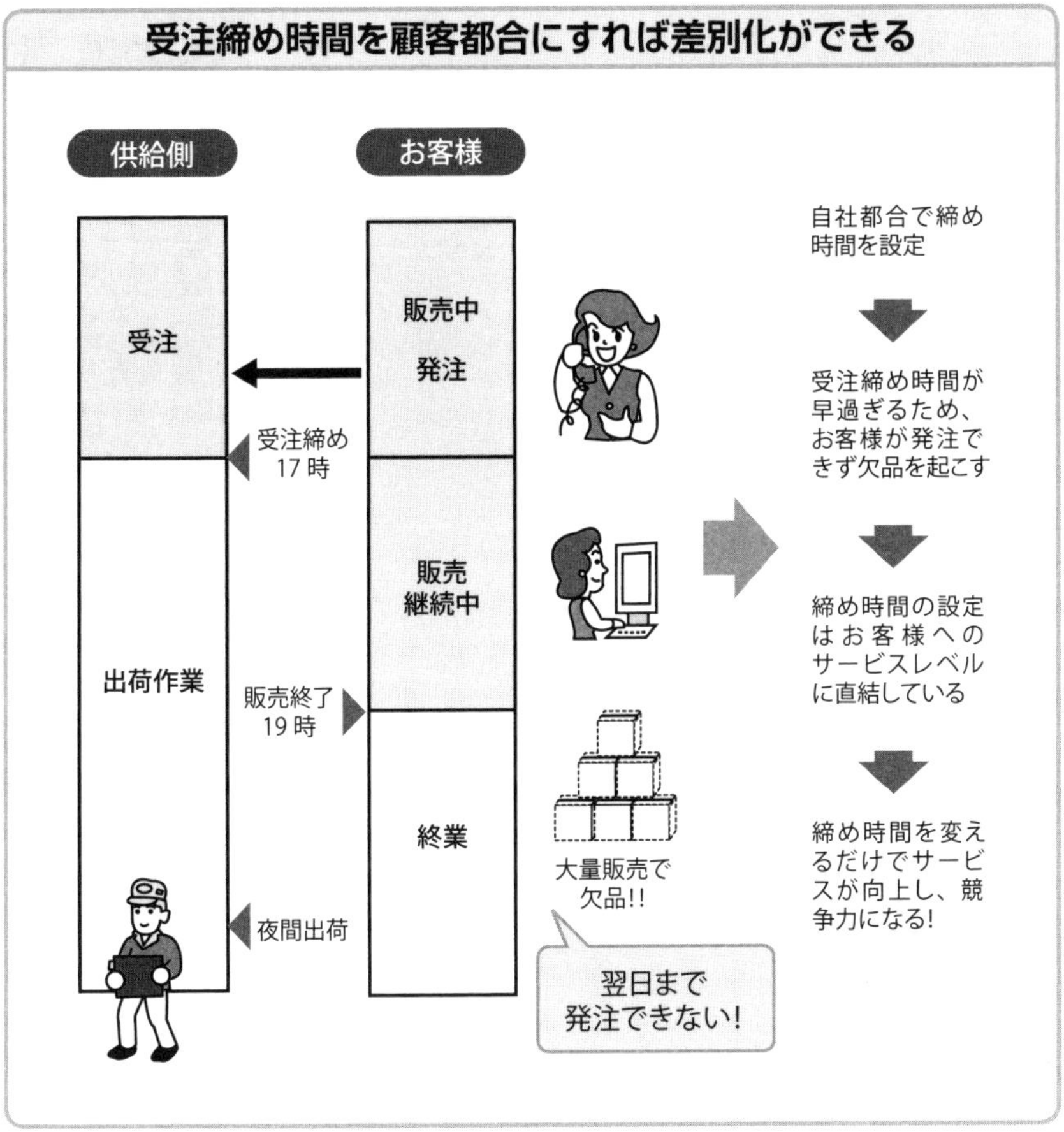
受注締め時間を顧客都合にすれば差別化ができる
供給側
お客様
受注
販売中
発注
受注締め
17時
販売
継続中
出荷作業
販売終了
19時
終業
夜間出荷
大量販売で
欠品!!
翌日まで
発注できない!
自社都合で締め
時間を設定
受注締め時間が
早過ぎるため、
お客様が発注で
きず欠品を起こす
締め時間の設定
はお客様への
サービスレベル
に直結している
締め時間を変え
るだけでサービ
スが向上し、競
争力になる!

が翌日回しですが、お客様にとっては17時を過ぎるか過ぎないかが大問題になります。17時を過ぎると出荷が1日遅れるため、その分、在庫切れのリスクを負うし、そのために売り逃がしになるかもしれないのです。

たとえば、お客様の業務が通常19時まで行われている場合、17時の締め時間は、お客様にとって苛立ちの原因になるかもしれません。忙しくて17時までに発注ができない場合があったり、17時以降大きな売上があって、17時以降に発注したい事情ができるかもしれません。そうすると、17時という締め時間は、お客様にとっては不満の種になります。

自社の都合で締め時間を設定せず、お客様の都合に合わせて締め時間を延長すれば、それだけで競合他社に比べて競争力がアップします。

受注⇩出荷業務をBPRする

受注⇩出荷のスピードを上げる倉庫業務の築き方

時間短縮を可能にする改善方法のいろいろ。

●スピードアップの実現方法

受注⇩出荷のスピードアップをどう実現するか、考え方はさまざまあります。

倉庫拠点の配置と在庫の層別配置については、第3章で述べました。お客様が即納を求めるものは、お客様の傍らに置くというものでした。また第4章では、配送頻度の検討と輸送モードの検討も行いました。お客様への配送頻度を上げてスピードを上げる方法と、輸送モードとして高速の輸送手段の選択が具体例でした。締め時間は前項で述べたとおりです。

こうした方法をとっても、倉庫がのんびり作業をしてボトルネックになっては意味がありません。作業改善などで倉庫業務を迅速化し、倉庫業務のリードタイムの短縮を目指すのです。

倉庫の業務は受注、受注内容確認、お客様確認、出荷条件の確認、受注製品確認、引当て、出荷指示、出庫指示、伝票出力、出庫（ピッキング）、梱包、出荷、請求処理と流れていきます。細かくステップを見ていくと、各業務で細かいチェックや判断をしていて、意外と時間がかかるものです。

このような業務プロセスを短くしていくことが課題です。王道としては、現状の業務プロセスを「可視化」して、作業を変えることで短縮できるように検討します。

ただし、闇雲に短縮はできないので、いくつかの視点で短縮を考えます。その方法のひとつが「ＩＥ」（Industrial Engineering：インダストリアル・エンジニアリング）という作業改善の考え方にある「ＥＣＲＳ」（Ｅ：Eliminate＝なくせないか、Ｃ：Combine＝一緒にできないか、Ｒ：Re-Order＝順番を変えられないか、Ｓ：Simplify＝単純化できないか）という視点です。

そもそも、なくすことができる作業はないか、なくせないのであれば、ひとまとめにできないか、単純化できないか、と考えていくのです。作業の順

「ECRS」の考え方を取り入れて倉庫業務をスピードアップする

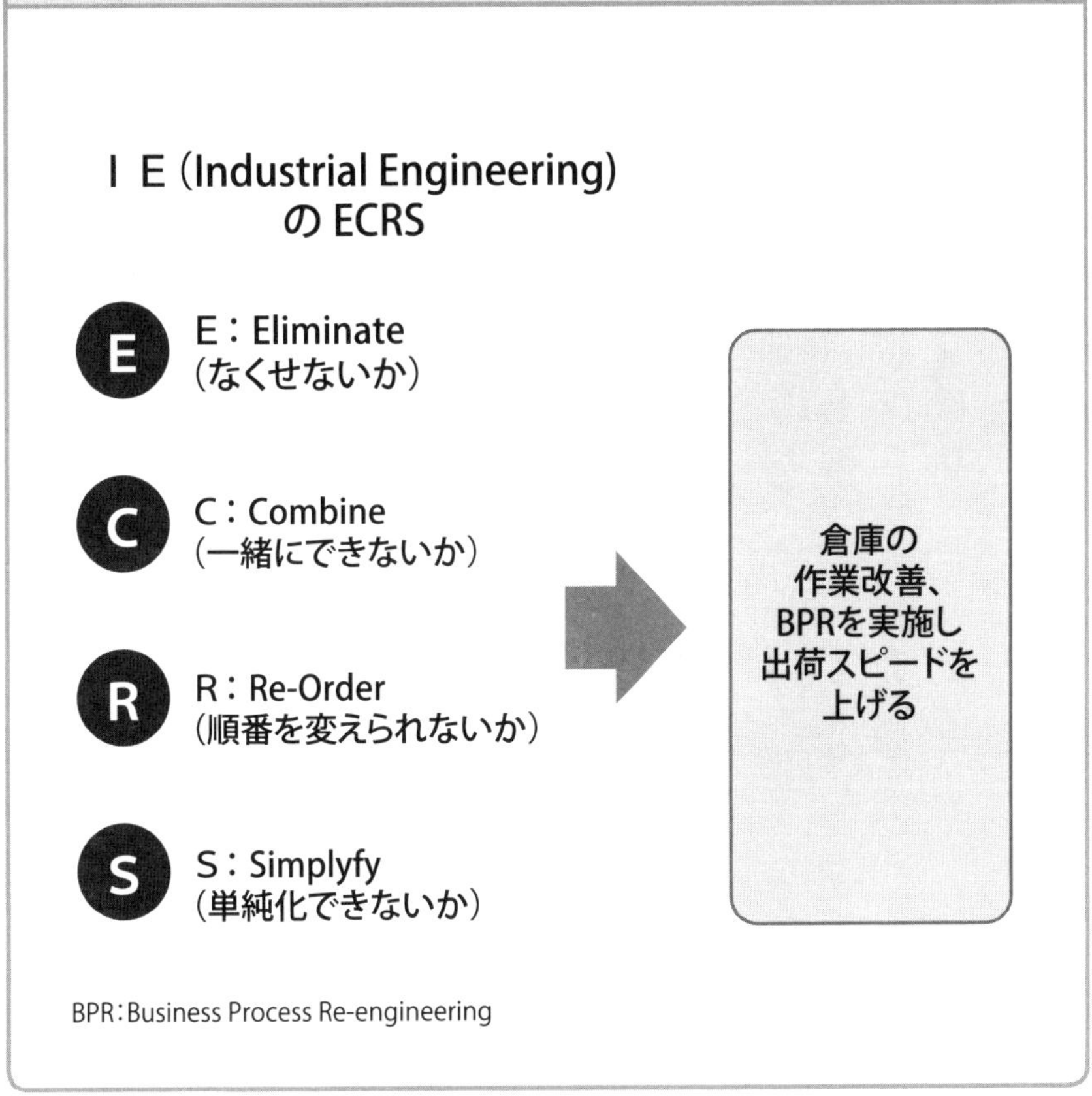

番を変えれば、何とか速くならないか、という考えもあります。

たとえば、受注時に受注承認という業務があり、何でも部門長に承認を得ていたとします。受注が立て込むと、部門長の処理が滞り、時間がかかるので、ある金額以下は承認なしで担当者が処理できるようにすることでスピードアップを図るという方法です。まさに権限委譲を伴う、Ｅ：Eliminate（なくせないか）の採用で、大幅なスピードアップが図れるわけです。

●標準化―自動化、作業改善

もうひとつは、標準化―自動化によってスピードアップを図ることです。個々バラバラのやり方を標準化して、誰がやっても同じ品質、スピードになるようにします。そこに自動化システムを導入して、さらなるスピード向上を目指し、ＢＰＲ（業務プロセスの劇的な改善）を実現します。

補充業務は人手をかけない

在庫を切らさない補充業務

簡易な発注点計算で迅速に対処。

●補充の迅速化を目指す

「補充業務」は、計画系業務とは別の実行系業務という位置づけです。補充は基本的に計画ではなく、粛々とルールに沿って短時間に行われる実行系業務処理というわけです。

各営業所や倉庫で、担当者が一所懸命補充すべき数量を決めている会社も多いでしょう。しかし、たいていは扱い数量が多すぎて、人間の補充発注管理では業務が滞ってしまうことが多いと思われます。

補充業務が個人技になっていると、各人によって次のようにさまざまな方法で補充が行われます。

単に、毎回サイクリック（周期的）に一定量を補充発注する方法、欠品するまで放っておく方法、在庫がなくなってきたら勘で補充発注する方法、表計算ソフトに将来の出荷予測を入力し、在庫がゼロになるタイミングで事前に補充発注する方法、といった具合です。

これでは、スピードが遅く、競争力のある業務になりません。人手で、煩雑な業務を行っているからです。

●補充業務を簡略化する

補充を受ける在庫拠点は、在庫の保管拠点ではなく、お客様への迅速なお届けをするための拠点です。短時間で補充を受けることが可能なように、補充拠点は、発注をする相手倉庫の近くに配置されているはずです。欠品してもせいぜい1日以内で補充されように配置されるのが普通です。

にもかかわらず、補充在庫拠点で人手に頼った煩雑な補充業務を行っていては、そこで時間がかかり、短時間補充の邪魔になってしまいます。

補充在庫拠点の在庫補充方法は、「発注点方式」管理で十分です。「発注点方式」とは、在庫がある数量を切ったら、そのタイミングである補充数量を計算し、発注するという単純な方法です。

発注点も単純な決め方でかまいません。品目ごとに、「いくつを切ったら

補充業務を単純化し、迅速な対応で在庫を切らさないようにする

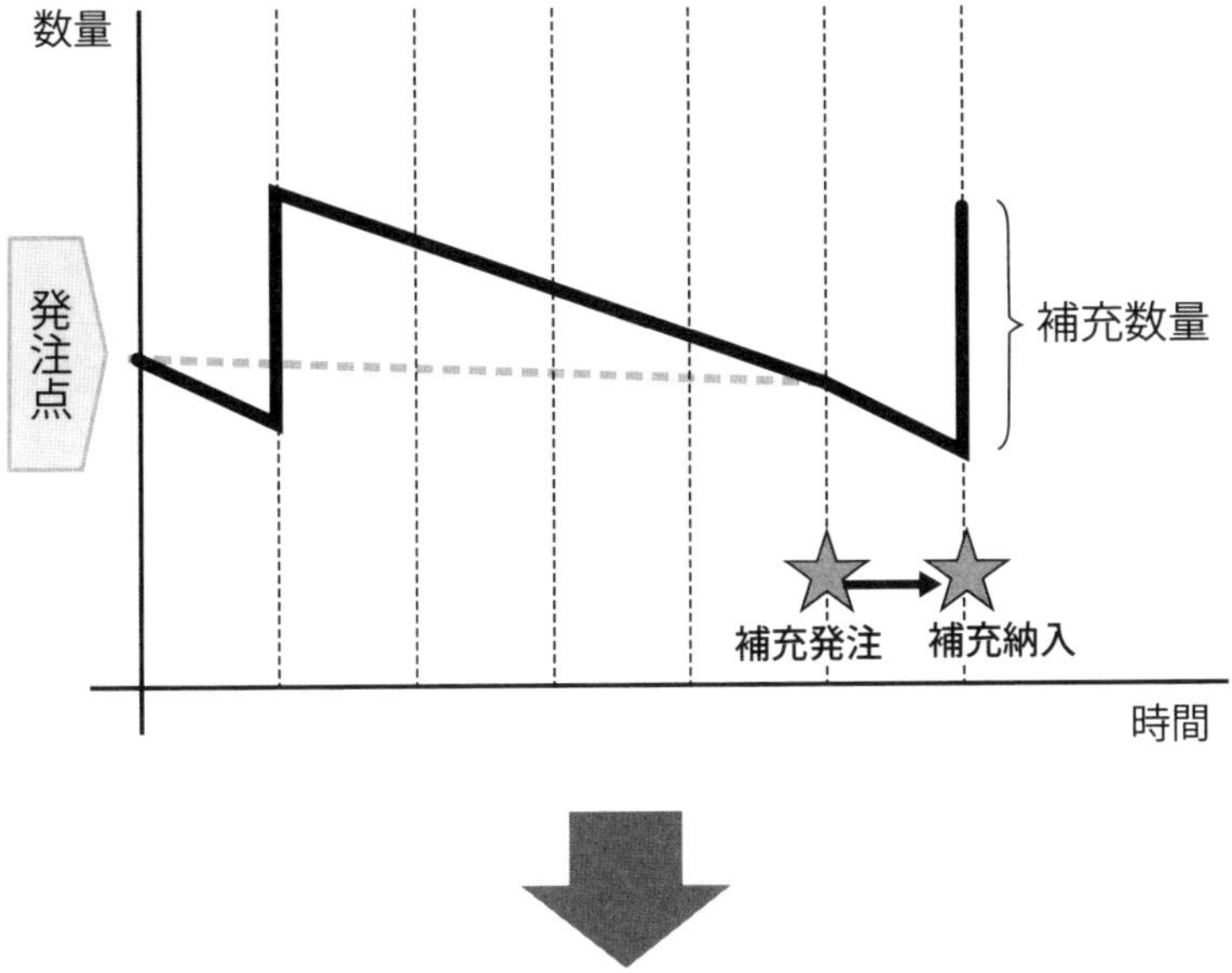

「発注点管理」によるシンプルですばやい補充発注

いくつ発注する」ということを決めて、機械的に発注すればいいのです。

発注点は補充のリードタイム分で十分です。たとえば、1日で届くのであれば、在庫が1日分の販売数量を切ったら補充数量計算をして発注すれば十分だし、もっと減らして発注点の在庫数は半日分でもいいでしょう。補充量は、1日分で十分でしょう。

より安全を求めて、多めに補充発注する必要もないでしょう。なぜなら、1日程度で補充分が届けられるのであれば、大きく安全を見込む必要がないからです。

もし、補充が2日おき、3日おき、あるいは1週間おきであれば、発注点も補充量もそれだけのリードタイム分を勘案する必要があります。

それにしても、単純な基準と単純な計算で、簡易にすばやく補充指示できれば十分です。

迅速で正確な納期回答は競争力になる

正確な納期回答が顧客をつなぎ止める

迅速で正確な納期回答を行うための業務設計は。

●納期回答は顧客満足に直結

「納期回答」が迅速に、かつ正確に行われることは、競争優位に結びつきます。

身近な例では、荷物の配送や在庫確認があります。たとえば、本をネットで買う際、在庫があるかどうか確認します。在庫がない場合は、次にいつ入荷されるか、そして注文後何日で届くのかを確認します。この行為は、ネットを使った在庫照会と納期回答と見ることができます。最近では、こうした納期回答がなければ買わないお客様が多くなっています。

また、このように納期回答（在庫照会も含む）は、企業にとっての必須機能にもなっています。一般の企業で在庫がない場合は、まさに「いつ入荷し、お届けできるか」を個別に納期回答します。確定した納期回答ができない場合は、「いつぐらいならお届けできそうか」という、「納期の予定」を答えることもあるでしょう。

納期回答が注文に直結している業界もあります。納期が答えられないと、注文がもらえないのです。こうした業界では、どんなことをしてでも、迅速に、正確な納期を回答する業務の仕組みをつくる必要があります。

確定納期が〝必須〟の業界もあります。たとえば、工場での機械トラブル修理やトラック修理を待つお客様には、修理部品が届く納期は絶対必要な情報です。納期が正確でないと、修理ができず、大問題になります。

確定納期回答の例は、あちこちに見られます。自動車を購入した、スーツを直した、子供のランドセルを買ったなどでは、お客様は納期を気にするし、納期回答の精度は顧客満足に直結するのです。

●納期回答は意外とむずかしい

「納期回答ぐらい簡単にできるだろう」と思われるかもしれません。しかし、迅速に正確な納期回答を行うことは、実はとてもむずかしいのです。

在庫がある場合の納期回答を考えて

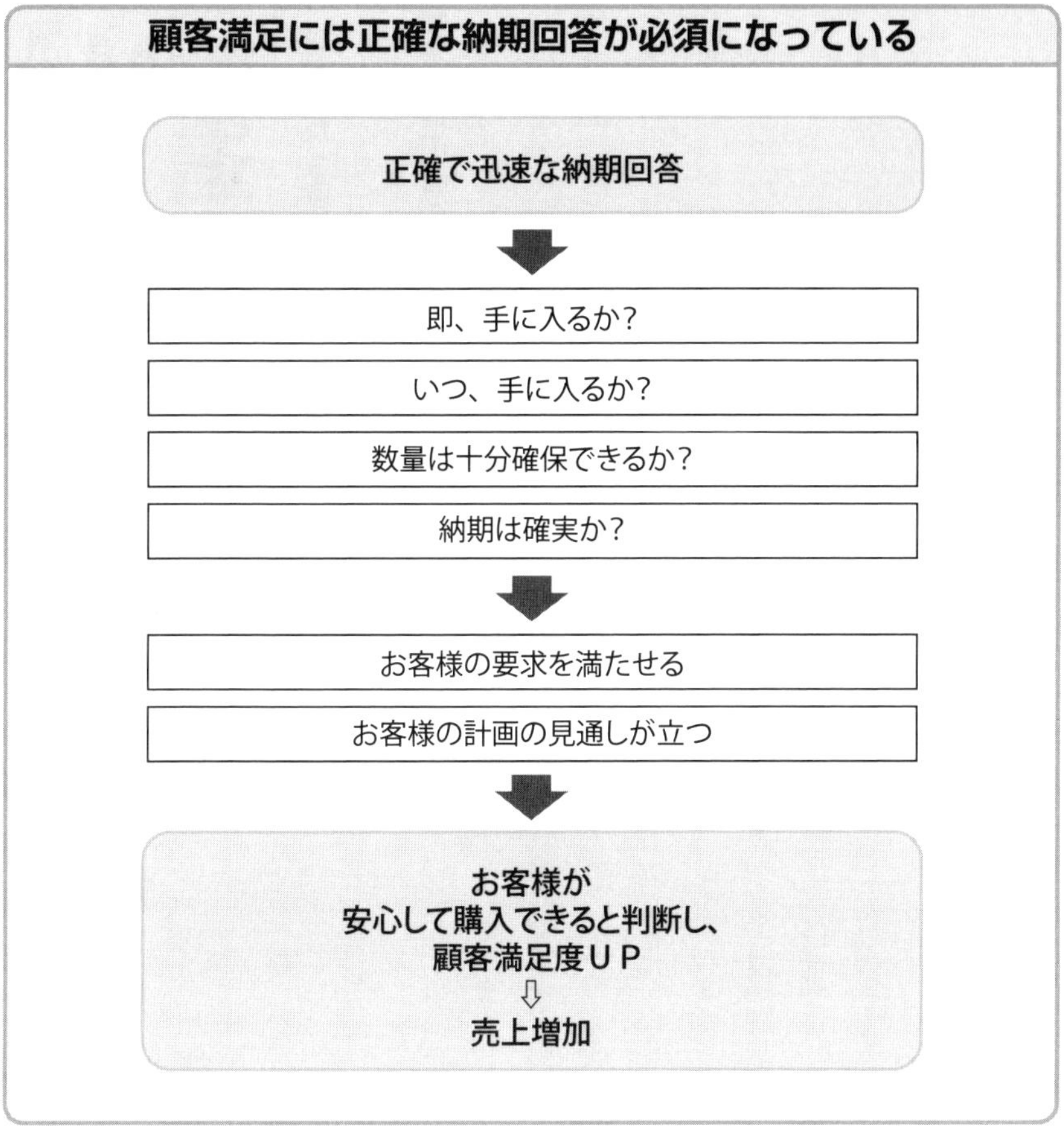
顧客満足には正確な納期回答が必須になっている
正確で迅速な納期回答
即、手に入るか?
いつ、手に入るか?
数量は十分確保できるか?
納期は確実か?
お客様の要求を満たせる
お客様の計画の見通しが立つ
お客様が
安心して購入できると判断し、
顧客満足度ＵＰ
売上増加

みましょう。在庫があるのに納期回答がむずかしくなるというと、不思議に思われるかもしれません。しかし、在庫があっても、どのお客様に出すべきか、取り合いが生じている場合があります。引当て優先順位のルールがない場合、人間の判断が入るため、回答が遅くなるのです。この場合、まずは機械的な引当てルールを決めて、特殊な場合だけヒトによる意思決定を入れるよう業務設計すべきです。

在庫がない場合は、どの生産計画あるいは入庫計画で対応するか、検討しなければなりません。もし計画がなければ、追加生産をするべきか、追加生産が可能か、といった判断が必要になってきます。

実はここが最もむずかしく、生産計画が「見える化」できていないと、検討に時間がかかるのです。計画を「見える化」する必要があります。

Section 68

生産計画を製造指示に結びつける

MRPと小日程計画と製造指図

効率的な生産順序はむずかしい。

●生産計画後の業務①MRP

生産計画が立案された後、製造指示が出るまでのステップは、①MRP（資材所要量計算）による必要部品（従属需要品目）の数量展開、②各種制約条件をチェックした小日程計画の立案、③製造指図の発行、とつながっていきます。

「MRP」は、生産計画で立案された最終製品の数量（独立需要品目）を製造するために必要な部品、さらにその子部品、原材料（従属需要品目）の数量を計算します。それぞれの必要数量が出れば、今度はそれぞれの生産日程ベースの計画が立案されます。

最終製品は最終製品の完成計画ができると、部品や子部品はその完成計画とともに小日程計画業務に引き渡され、小日程計画が立案されます。

●生産計画後の業務②小日程計画

最終製品、部品の完成計画を、実際に着工して完成させる計画にするのが「小日程計画」です。時間ベースの投入順序、投入タイミングと完成タイミングを計算します。

時間単位の製造順序計画を立案する際、各種の細かい制約チェックが必要になります。小日程計画は、何はともあれ納期を守るように組まなければなりません。さらに、稼働時間中、設備や人を遊ばせることのないよう、最大限能力を使い切るような計画が立案できれば理想です。

限りある能力を最大限に活かし、納期に間に合わせるために、適切な生産順序計画を立案する必要が出てくるのです。1日での稼働時間が能力の上限になり、その時間の中で生産できる数量以上はできないということです。

時間の消費を計算するためには、生産する品目をひとつつくるのにどれくらいの時間がかかるのかという、生産標準時間が必要です。

たとえば、1台組み立てるのに10分かかる品目は、10台つくると100分設備を占有し、設備能力を消費することになります。1日480分（8時間）

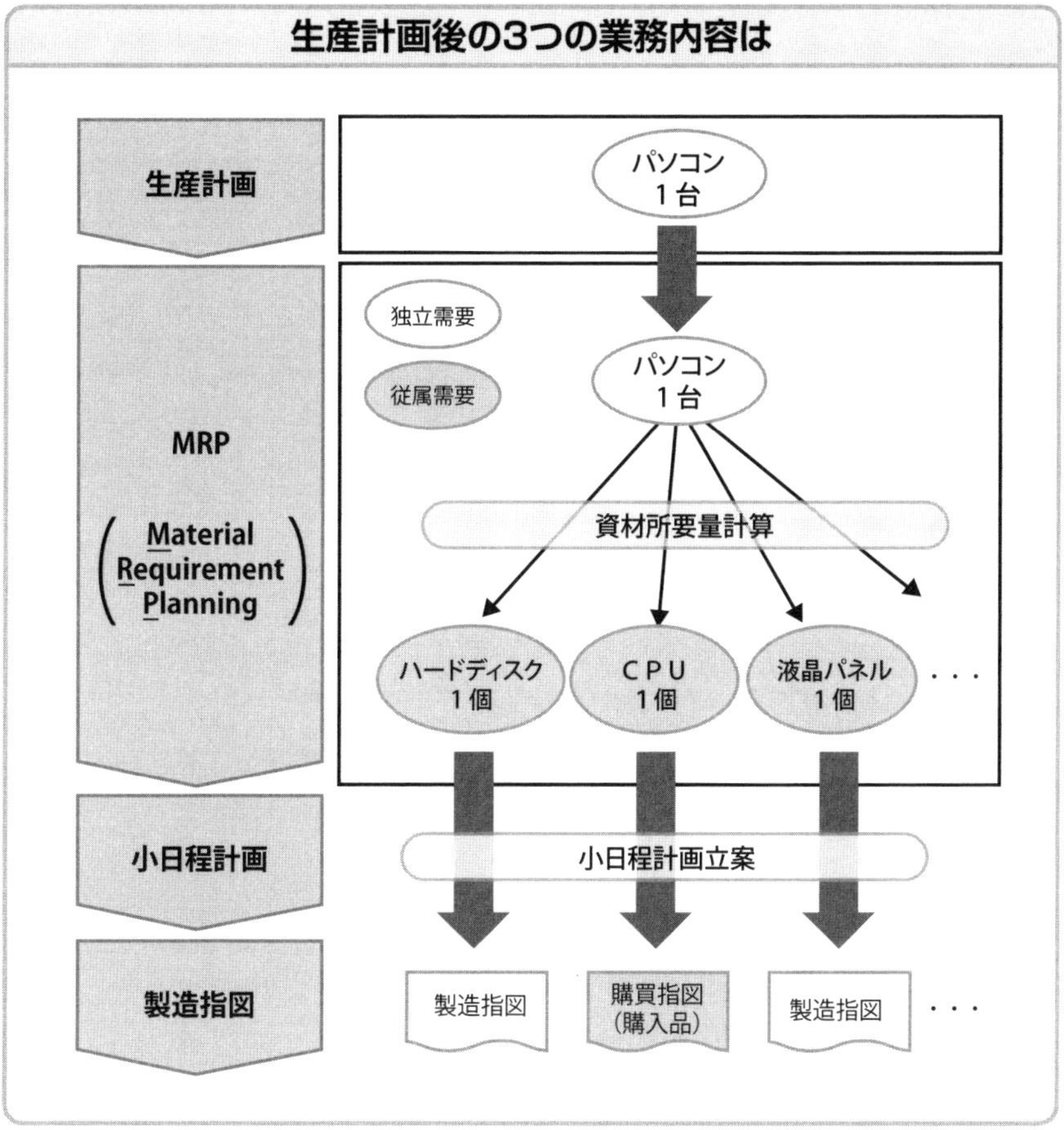

稼働の場合、残りの能力は380分となります。次に1台60分組立にかかる製品を6台つくる計画を立てればできそうな気がしますが、機械のセットアップなどの段取りに90分かかるとすると、残り時間は290分になり、4個しかつくれないということになります。

こうした場合、いかに段取り時間が最小になるような計画を組んで、非稼働時間を減らせるかが勝負です。順序計画を変えて段取り時間を短縮させる、まとめ生産をする、代替可能設備をうまく使う、などの方法で効率的な計画を立てるのです。

実際の製造現場は複雑な制約をもっていて、小日程計画は非常にむずかしい業務になっています。

●生産計画後の業務③製造指図

小日程計画が決まれば、製造指図が発行され、現場に製造指示が出ます。

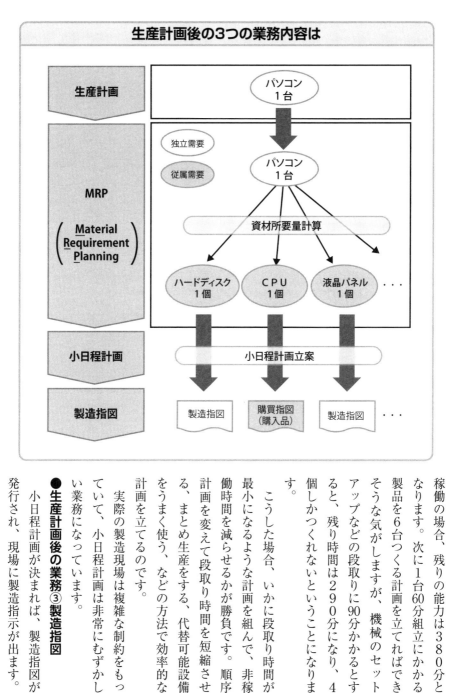

現品管理がすべての土台

正確なSCMには在庫管理と作業進捗管理が不可欠

在庫管理と進捗管理がいい加減だと、すべてが崩れる。

●在庫の管理がSCMの前提

ＭＲＰや小日程計画（ともに前項参照）のシステム化が進み、高度な生産管理のマネジメントシステムができあがったとしても、計画立案の前提条件になる在庫の現品管理ができていない場合、計画自体が足元から崩れることがあります。まず、きちんと在庫の現品管理がされていることが重要です。

たとえば、システムでは在庫があるものとして、生産不要と判断したにもかかわらず、実際はその在庫が存在しない、もしくは出荷できない場合があります。ないのにあると認識してしまうと、生産して出荷すべきところを、そうでない計画を立ててしまうことになります。

その逆のパターンもあります。在庫があるにもかかわらず、利用可能な在庫として認識されず、システムに在庫として登録されていないと、在庫がないと思われて、本来不要な生産計画や調達計画ができてしまいます。

これでは、どんなに高額なシステムもなす術がありません。利用可能な在庫をきちんと認識し、計画に反映しないと、計画そのものが成り立たなくなるのです。

●在庫管理のレベルを上げる

利用可能とは出荷可能、あるいは生産への投入可能な在庫という意味です。利用可能な在庫がきちんと定義され、さらにタイムリーに把握されないと、計画の精度が落ちてしまいます。

そのためには、在庫の現品管理が重要になります。利用可能かどうかのステータス把握、正確な数量把握は必須です。現品管理は現場管理の基本なのです。

●進捗管理がしっかりしていること

現品管理の世界は、実際に在庫が目に見えるのでわりとわかりやすいでしょう。しかし、在庫管理では現品だけではなく、入庫予定という未来の在庫の管理もきちんと行わなければなりません。

計画を立てるということは、たいて

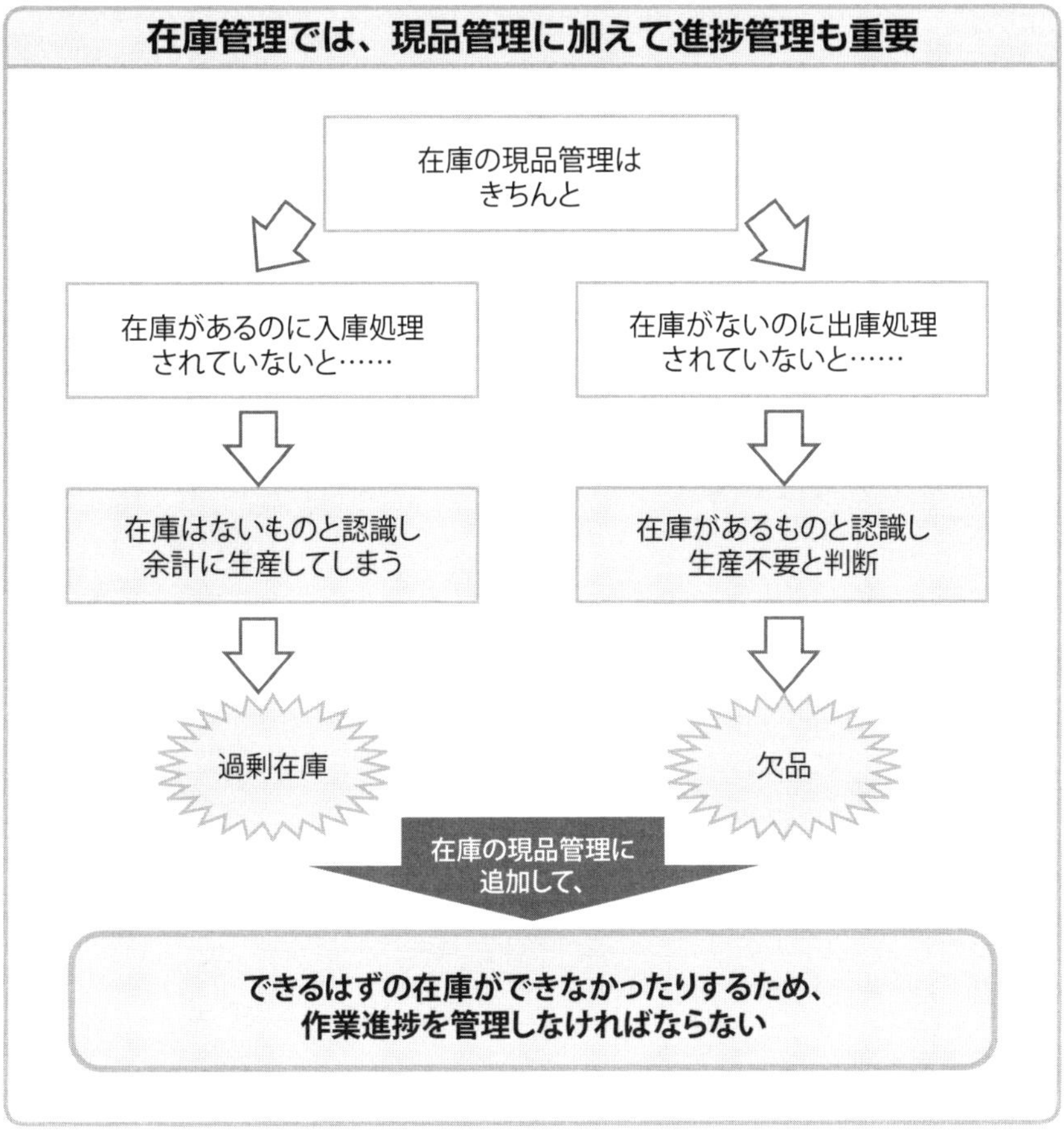
在庫管理では、現品管理に加えて進捗管理も重要
在庫の現品管理は
きちんと
在庫があるのに入庫処理
されていないと……
在庫がないのに出庫処理
されていないと……
在庫はないものと認識し
余計に生産してしまう
在庫があるものと認識し
生産不要と判断
過剰在庫
欠品
在庫の現品管理に
追加して、
できるはずの在庫ができなかったりするため、
作業進捗を管理しなければならない

いは未来のことを考えています。たとえば、来週入庫される予定の在庫をもとに、再来週に必要になる在庫を計算し、生産依頼したり、調達計画を立てたりするのです。単に、いまある現品在庫の管理精度が高いだけでは不十分で、未来の在庫である入庫予定の管理精度も高くなければ、計画が無意味になってしまうのです。

たとえば、来週10個生産されて、それが入庫するので、再来週は生産しなくていいだろうという計画を立てたとします。ところが、製造進捗が遅れていたのがあとで発覚し、入庫予定日になって入庫されないとなった場合、大問題になります。計画そのものが狂い出すのです。

したがって、約束したものは約束どおりに生産されて入庫されることが必要で、そのためには、進捗管理がきちんとされることが重要なのです。

サプライヤーの納期遅れはNG

サプライヤーの納期管理が納期遵守のカギ

納期遅れを出さないようにする方策。

●納期遅れはSCMの致命傷

「必要なモノを、必要な場所に、必要なときに、必要な量だけ」届けることがSCMのコンセプトです。ライフサイクルが短くなり、消費者の嗜好も移ろいやすくなって、在庫を大量に持つことのリスクが高くなっています。

したがって、サプライチェーン上に登場する各会社は極力在庫を低減し、「必要なモノを、必要な場所に、必要なときに、必要な量だけ」調達して、欠品を避け、サービスレベルを落とさないようにしているのです。

このようなシビアな要求を維持するには、納期をきちんと守ることが絶対条件です。納期がきちんと守られるからこそ、安心して在庫を減らすことができるのです。

こうした前提に立つと、納期遅れを起こすことは大問題です。納期どおりに入荷されないと、必要な生産ができず、欠品するということになります。

その結果、工場で用意した人や設備が遊んでムダになり、かつ売り逃がしが発生し、大きな痛手を被ります。

一時の機会損失ならば許容できますが、場合によっては、「納期を守れない会社は信用できない」となり、長期的な悪影響や致命的な悪影響を残すこともあり得るのです。

●納期遅れを出さないための方策

納期遅れを出さず、確実な調達、納入を確保するためには、いくつかの方策があります。

予算から合意して「枠取り」をする方法がそれです。また「3段階発注」も、確実な調達、納入を確保する方法のひとつです。「JIT」、「VMI」もそうでした（いずれも61項参照）。

こうした調達計画以外の仕掛けもあります。納期が近くなると、納期を知らせる「お知らせ」を行う購買部もあります。これは「カムアップ」と呼ばれ、サプライヤーに対する納期のお知らせと納期督促を確実に行うための仕組みとして、多くの工場で活用されています。長期的には、「納期遵守率」を開

サプライヤーに納期を遵守してもらうための方策

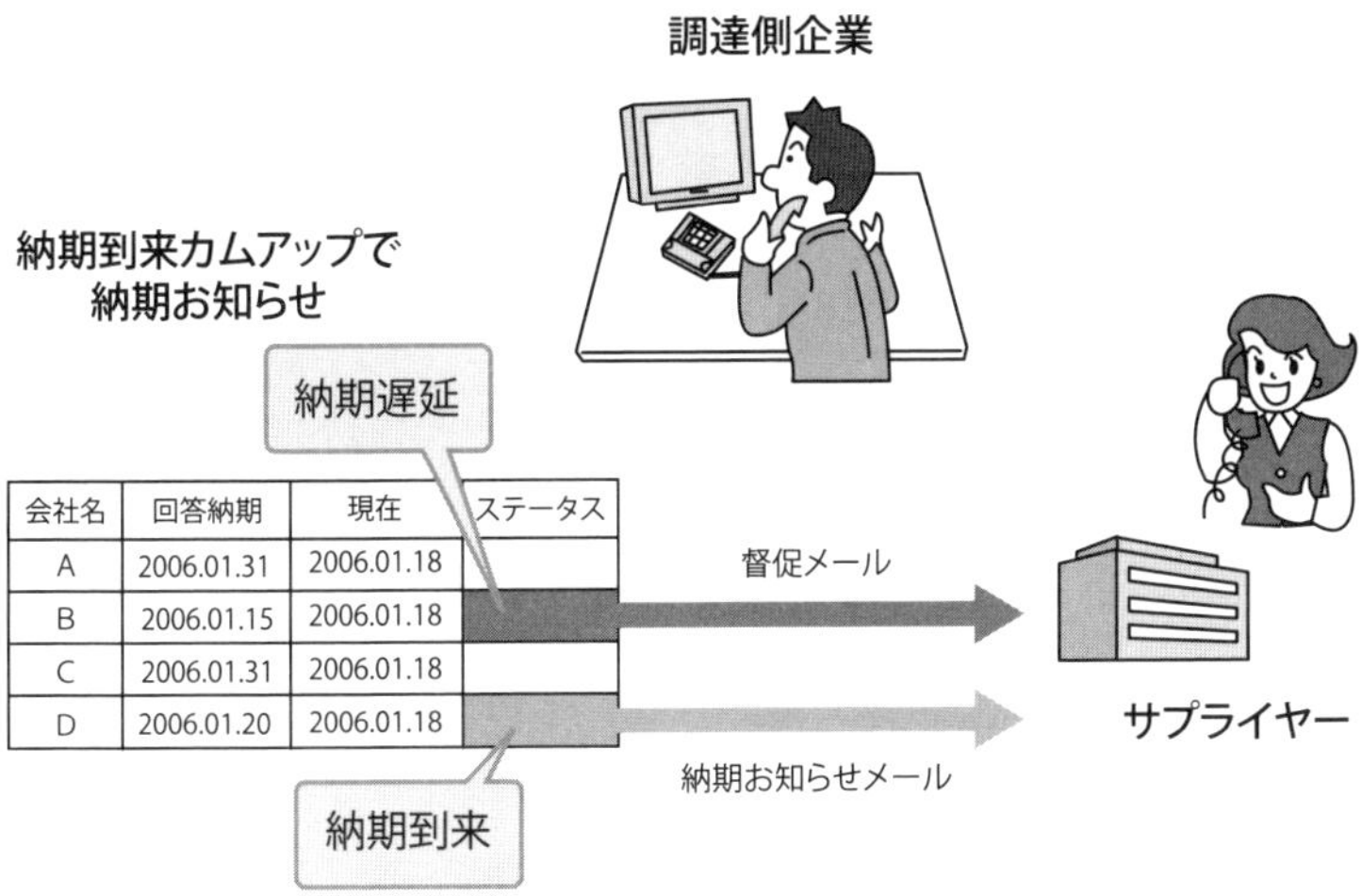

会社名	回答納期	現在	ステータス
A	2006.01.31	2006.01.18	
B	2006.01.15	2006.01.18	
C	2006.01.31	2006.01.18	
D	2006.01.20	2006.01.18	

納期遵守率管理表

ランキング	会社名	納期遵守率
ワースト1	A	79.1
ワースト2	B	80.2
ワースト3	C	85.3
ワースト4	D	90.1

示し、サプライヤーに改善を促す方法もあります。よく見かけるのは、サプライヤーごとの納期の遵守状況のランキング表を公表する方法です。納期遵守率が悪いサプライヤーは名前が公開され、非常に不名誉なことになります。結果をフィードバックして、自主的に改善を促すのです。

それでも改善されないサプライヤーには、購買部が納期改善の指導を行うことになります。そのため購買部には、それなりの改善の知識と経験が要求されるのです。

また、調べてみると、自社の発注に問題がある場合もあるでしょう。たとえば、リードタイムを無視して注文したり、自社の調達計画精度が低いために、ムリな発注をしている場合などです。この場合は、素直に自社の業務を改めます。

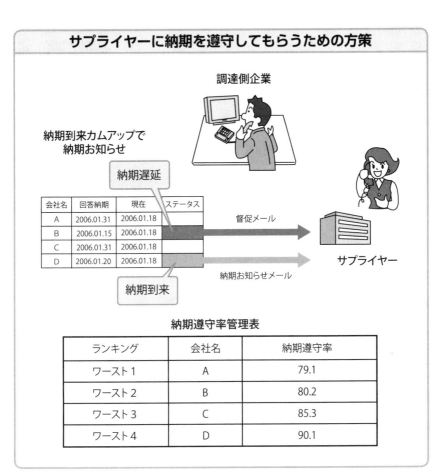

通関はスピードアップの関所

通関迅速化のカギを握る貿易業務

貿易業務がボトルネックにならないように。

●貿易業務が及ぼす影響

ＳＣＭの実行系業務では、スピードアップ競争が熾烈に行われています。自社の業務を極限まで高速化し、パートナーである物流業者にも迅速な輸送を要求します。

こうしたスピード競争の中で、取り残されたように、全体のスピードを減殺する関所が存在します。その関所が、通関業務です。

●関所のような通関業務への対策

輸出入が関係する場合は、必ず通関業務が関係してきます。通関事務所は公共の機関が担う機能ですから、いわゆるお役所です。お役所ですから、こちらがどんなに急いでいても、通関の仕事は通関の都合で行われます。

日本の場合、通関事務所の多くは夜間は閉鎖されます。最近では、土日通関が可能なところもあるようですが、多くは土日も休みです。ビジネスの世界が24時間３６５日動いている世の中で、サプライチェーン上にあって戦後からあまり業務形態を変えていない唯一のプレーヤーが通関なのです。

通関業務が完全に24時間３６５日化して、世界の動きについていけるようになるのはいつの日か、予想もできません。しかし、ビジネスを営む企業としては、そうした通関体制に対して、ただ手をこまねいているわけにはいきません。そこで、倉庫を通関事務所に隣接した立地に配置して通関の締め時間に間に合うようするなどします。

日本以外でも、新興国・途上国では通関がいい加減な場合があります。こうした地域では、迅速化はなかなかむずかしいものですが、国によっていろいろな工夫があるようです。

●通関業者との連携

通関業務の各種仕事を代行する通関業者という存在もあります。通関の書類作成代行、申請を行い、倉庫に荷物を持ち込んで、船会社や航空会社に荷物を引き渡してくれます。

通関業者の業務の迅速性を支えるのが、荷物を依頼する荷主側の業務整理

貿易業務では“通関の迅速化”が重要となる

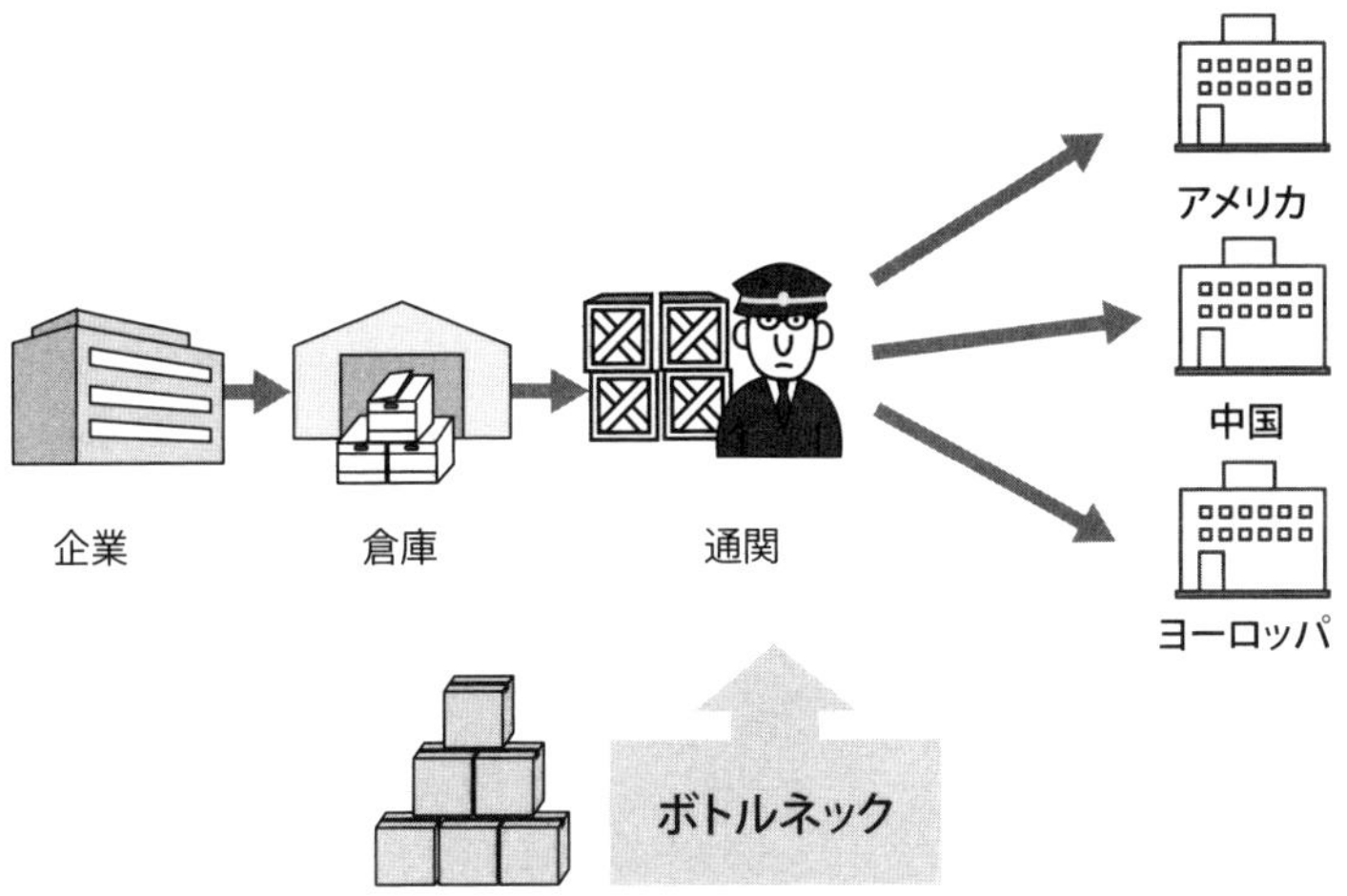

通関がボトルネックになって荷物が滞留したり、
輸送に時間がかかる

グローバル化、24 時間 365 日化の対応に遅れている通関は仕方がないので、その分、企業内で貿易業務を迅速化し、少しでもスピードアップを心がける

です。貿易文書をきちんとそろえる、パッキングリストやケースマーク（荷物の内容を説明する書類）をきちんと準備することで、通関業者との連携をスムースにします。

通関業者はフォワーダーとも呼ばれます。フォワーダーには、世界的に荷物を輸配送する大規模な業者も存在します。上手に活用すれば、スピードアップができます。

●物流トラッキングの要求

輸出入に関わる輸送では、輸送時間が長くなるため、現在荷物がどこまで送られていて、いつ着荷するのか早く正確に知りたいというニーズがあります。荷受・入庫の準備もあるし、納期回答もできるからです。

この場合、荷物の配送ステータス（出荷したとか船上にあるなど、荷物の状態）を追う「トラッキングシステム」が必要になります。

問題があったときに迅速に対応

トレーサビリティは必須の業務

トレースフォワードとトレースバック。

●トレーサビリティとは何か

トレーサビリティとは、原材料、部品から生産、出荷、販売、最終消費、あるいは廃棄まで、追跡を可能にすることです。

身近な例で言えば、小売店舗で売られている野菜の産地がどこで、種はどの種で、どの農場でどんな農薬がどれくらい使われたのか、流通経路で薬品が使われてないか、小売店舗にはいつ入荷したかなどの情報が追いかけられることです。

トレーサビリティは、商品や製品の安全性を最終消費者に情報提供し、何か問題が起きたときの原因追究と対策を提示するための仕組みなのです。トレーサビリティには、二つの種類があります。「トレースバック」と「トレースフォワード」です。

トレースバックとは、遡って追跡ができることです。商品や製品に問題があったときに、どのような経路を通って、どのような処理を受けていたのかを遡ることができることです。

ＢＳＥ問題の際には、牛の飼料の出所、原料、製造期間、牛の出身、飼育牧場の移動などが遡って調べられました。問題が生じたときに、どの段階の何が原因かを突き止める仕組みがトレースバックです。

トレースバックと逆向きの流れが、トレースフォワードです。原因からスタートして、発生した問題がどの範囲に影響しているかを追跡することです。

ＢＳＥ問題で言えば、原因となった「肉骨粉」入りの輸入飼料が、どの期間、どの牧場のどの牛に与えられたか、その牛肉はどの流通経路に流れ、どのような形態で保管、販売されたのかが追いかけられました。

被害を最小限に抑えるために必要な仕組みがトレースフォワードです。トレーサビリティは製造、出荷、輸送のすべてを記録することから始まります。

●トレーサビリティ後の対応を迅速化

トレーサビリティは手段です。問題があったときに、お客様を守ると同時

トレーサビリティで問題の原因と影響を知ることができる

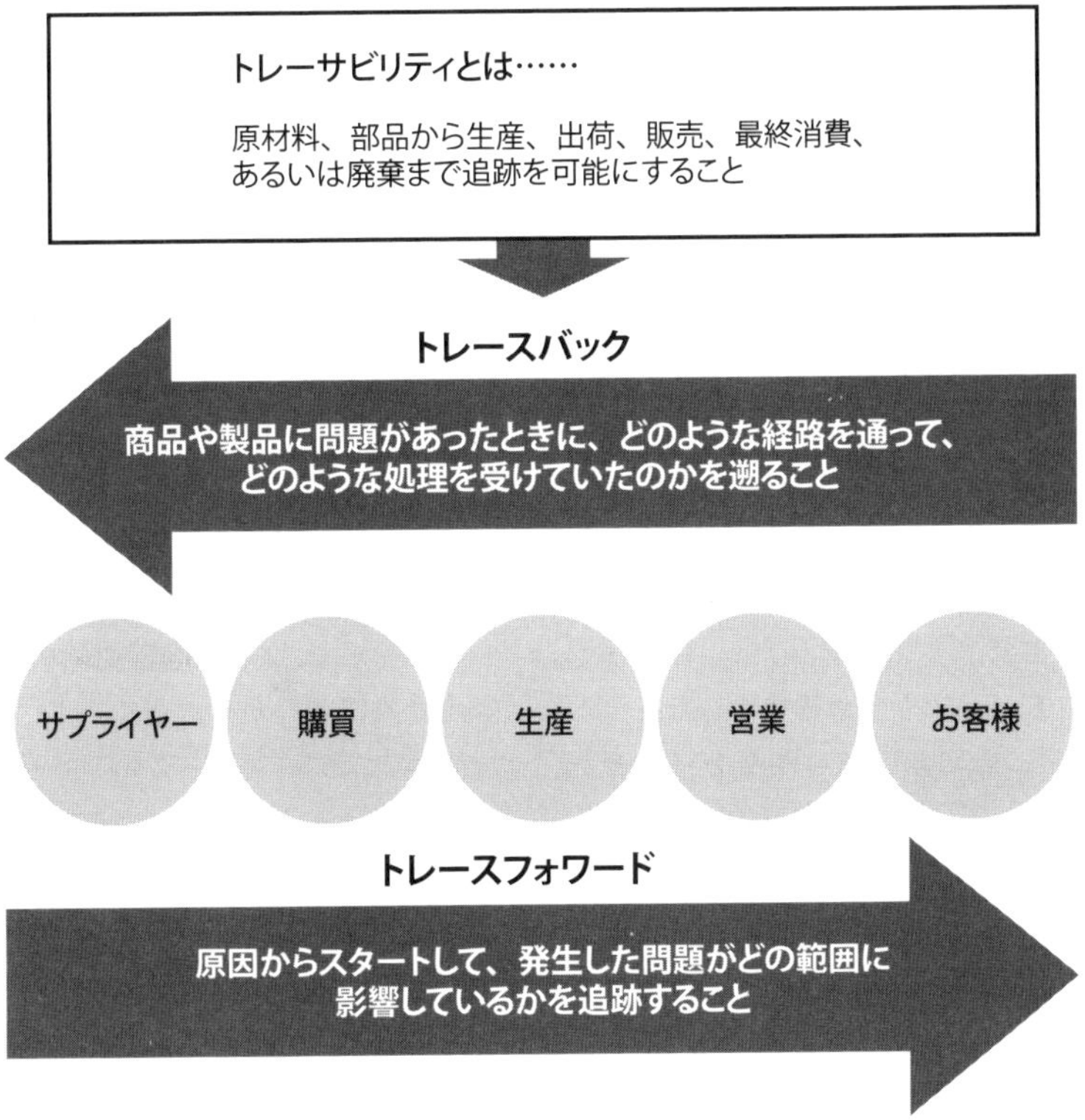
トレーサビリティとは……
原材料、部品から生産、出荷、販売、最終消費、あるいは廃棄まで追跡を可能にすること
トレースバック
商品や製品に問題があったときに、どのような経路を通って、どのような処理を受けていたのかを遡ること
サプライヤー
購買
生産
営業
お客様
トレースフォワード
原因からスタートして、発生した問題がどの範囲に影響しているかを追跡すること

に、企業の信用を守るためには、トレーサビリティで把握された問題点に迅速に対応することです。

トレースフォワードで把握された問題が及ぶ影響範囲に一刻も早く問題状況を伝え、対応をお知らせしなければなりません。お客様への被害拡大を防ぐためには最も優先すべきことがらです。

しかし、企業内の危機管理が脆弱で、問題への対応が遅延して被害が拡大することも多く発生しています。トレーサビリティは危機管理上の危機感知・分析という初動部分に当たります。

トレーサビリティで把握された問題に対処する仕組みを、合わせて構築しておかないと意味がありません。品質管理や危機管理を司る組織と一体となって、仕組みづくりをする必要があります。

Column

自然発生的な業務で思考停止？

◉なぜ、そこに在庫があるのか

以前、相談を受けた会社での話です。過剰になった在庫を減らそうということで、在庫がどこに、どのようにあるのかを調査する過程で、国内販社に在庫が大量にあることがわかりました。そこで、「国内の顧客を考えると、あえて日本中の販社に在庫を持つ必要はなく、センター倉庫から運んでも十分に応えられるのですが、なぜ販社に在庫があるのですか？」と質問してみました。「昔からそうだから」というのが答えでした。

「では、誰かが販社も在庫を持てといまも指示しているのですか？」と質問してみると、「そのようなことは誰も指示していない」とのことでした。まとめてみると、「昔から在庫がある」ということで、結局、なぜそこに在庫があるのか、明確な理由が答えられる人は誰もいませんでした。

◉なぜ、そこに倉庫があるのか

また、お客様への輸送に時間がかかって困るという会社からの相談では、おかしな業務がたくさんありました。物流子会社があって、あちこちに倉庫をつくり、お客様に届けるために何度も倉庫を渡っていきます。そのため4日も5日もかかり、お客様への納入が遅れに遅れている物流体制が、放置されていました。

なぜ、そんなに倉庫を分散させているのか、なぜ集約しないのか質問してみましたが、誰も答えられません。このときはじめて、物流体制に改革のメスが入りました。

◉なぜ、その業務が行われているのか

さらにもう一例。ある会社で輸出業務に時間がかかるという相談がありました。業務内容を聞いてみると、輸出可能かどうか毎回貿易部門が審査して、そのつど輸出用の書類をつくっていると言います。いつも同じ製品を輸出しているにもかかわらず、なぜ毎回審査をするのか、理由は誰にもわかりません。

単純に、データベース化して対応すれば短時間化できることがすぐにわかりましたが、それまで、誰も改善しようとしなかったのです。

こうした自然発生的な業務は、いまでも山のように放置されたままになっています。

第8章

SCM管理指標とは

資産の回転速度を測る

キャッシュフローを測るCCC

SCMの効率性を測る全体指標。

●キャッシュフロー経営

利益がいくら出ていても、企業は倒産することがあります。黒字倒産です。黒字倒産は、現金が不足して起こります。現金と現金の流入（キャッシュインフロー）が枯渇して、現金の流出（キャッシュアウトフロー）に耐えられなくなった状態です。

たとえば、在庫が増えてしまうと現金が不足します。在庫は、生産や調達の結果です。生産に費やした給与、その他経費などは支払わなければなりません。部品の代金も支払います。

しかし、在庫が残っているということは、売上に至っていないため、現金が入ってこないことを表します。このような状況では、支払うべき現金が入ってこないので、現金不足に陥るのです。

同様に、売上を計上できても、現金商売でない限り、即現金は入ってきません。売掛金や手形となって、現金になるまでに一定の時間がかかります。売掛金や手形は現金等価物ですが、現金ではありません。社員に給料を払う際や仕入先に仕入代金を支払う際に、売掛金を使うわけにはいきません。

こんなケースでは、売上が計上され、利益が計上されているかもしれません。しかし、利益が出ていたとしても、売掛金や手形のままでは現金が不足しているのです。現金回収を早くしなければ黒字倒産です。

こうした状況に陥らないために、現金の流れで経営を捉えようというのが「キャッシュフロー経営」です。

キャッシュフローを増大させるためには、経費を減らして利益を上げることが第一ですが、それ以外に在庫を減らす、売掛金・受取手形を減らす、買掛金・支払手形を増やすという方法があります。最後の買掛金・支払手形を増やすというのは、支払いを先延ばしすることで、現金を手元に長く置いておくことです。

●CCCという指標

在庫だけに限らず、よりキャッシュ

SCMの効率性を見るためにCCCでキャッシュフローを測る

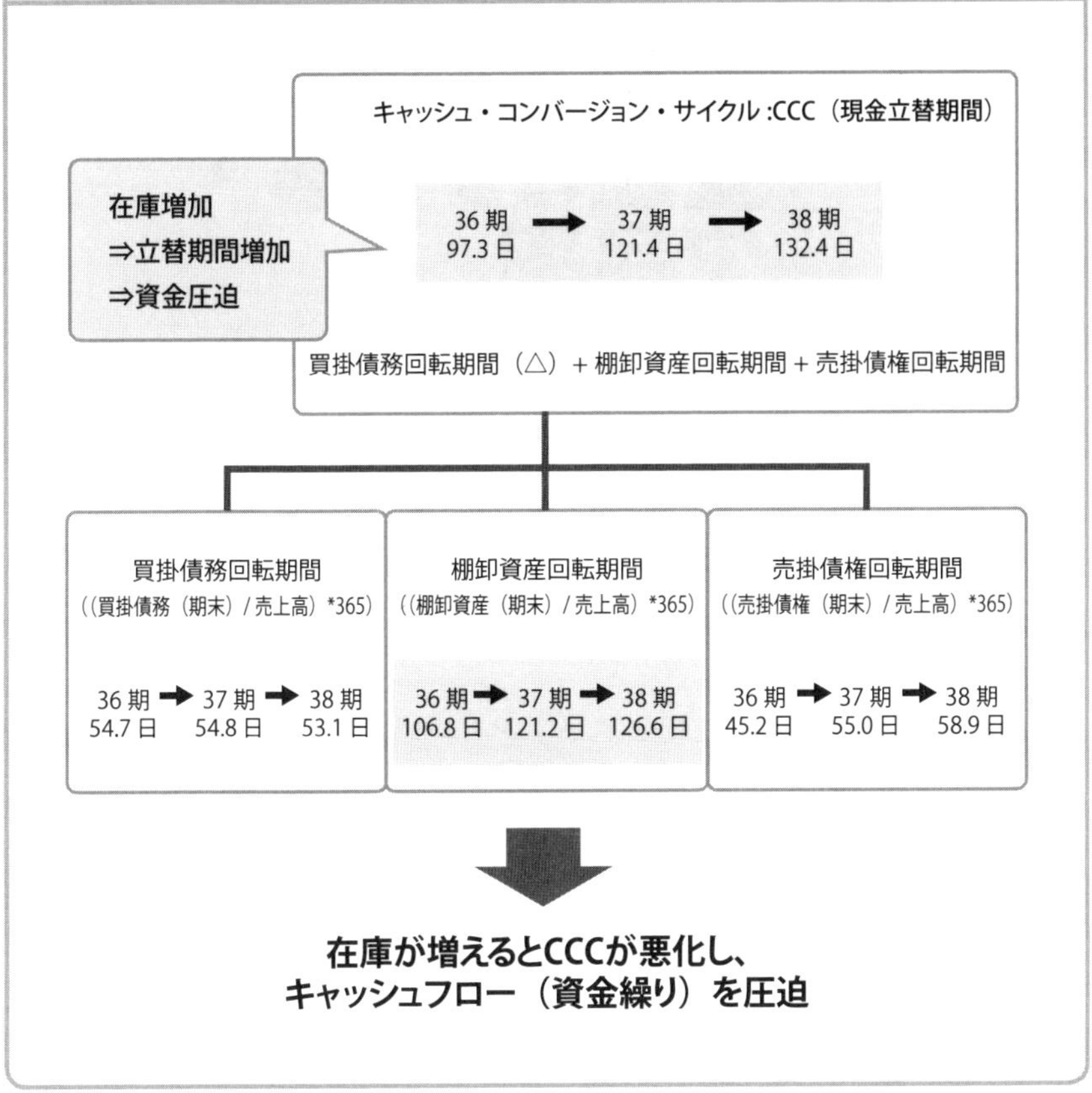

フロー全体の流れを捉える指標が「CC」（キャッシュ・コンバージョン・サイクル：現金立替期間）です。

CCCは、「在庫回転期間＋売掛債権回転期間－買掛債務回転期間」で計算されます。CCCは、在庫回転期間が短いほど在庫が少なく、売掛債権回転期間が短いほど現金回収が早く、買掛債務回転期間が長いほど支払いを先延ばしにしており、現金が豊富であるという指標です。

在庫最小化を目指すのがSCMですが、売上の現金を早く回収し、仕入債務の支払いを先延ばしするのは、SCMに関するビジネスモデルのつくり方です。

ちなみに、パソコンメーカーの「デル」が、CCCをマイナスにするほどのキャッシュリッチな状態を実現しました。SCMのビジネスモデルと業務が貢献したからです。

SCMでもお客様が最重要

顧客満足の指標——受注ヒット率・欠品率

お客様へのサービスレベルを示す。

●在庫に関する指標だけでは間違える

在庫削減はキャッシュフローを増大させる効果があるので、ＳＣＭでは重視される指標です。しかし、在庫削減を目指すだけでは、ときに大きな間違いを犯すことがあります。

企業に利益をもたらしてくれるのは、お客様です。在庫削減は、ときとしてお客様の存在を忘れて行われることがあります。

在庫削減というのは、企業の事情で進められるものです。社長のひと声で、在庫削減が進むことがあります。こういうときは一気に在庫が減りますが、一方で欠品したり、納期遅れになったりすることが、思ったよりも発生します。そうなると、お客様に多大な迷惑をかけることになります。

実際に、自社都合で在庫削減に取り組んだ結果、欠品を多発してお客様が離れてしまった企業はたくさんあります。在庫だけを指標にすると、お客様が視野に入らず、このように間違えてしまうのです。

●お客様を視野に入れたSCM指標

企業に利益をもたらしてくれるのはお客様ですから、改革を推進するにしても、お客様が視野に入った指標を設定しなければなりません。

お客様を重視するＳＣＭ指標としては、お客様が満足してくれることが、そのまま会社の利益になる指標を設定します。

その指標は、「受注ヒット率」です。受注ヒット率とは、お客様が注文をしたときに、きちんと在庫があって、すぐに注文に応じられる比率のことです。１００件受注して、95件在庫が引き当たり、納期どおりの即出荷できた場合、これを受注ヒット率95%と言います。

お客様はせっかちです。必要なときに必要なモノがなければ、そっぽを向きます。受注ヒット率は「必要なモノを、必要なときに、必要なところに、必要な量だけ届ける」ことができたことを示すのに最も適した指標です。

受注ヒット率は、「受注引当て率」

受注ヒット率と欠品率は、SCMでも重要な顧客満足の指標

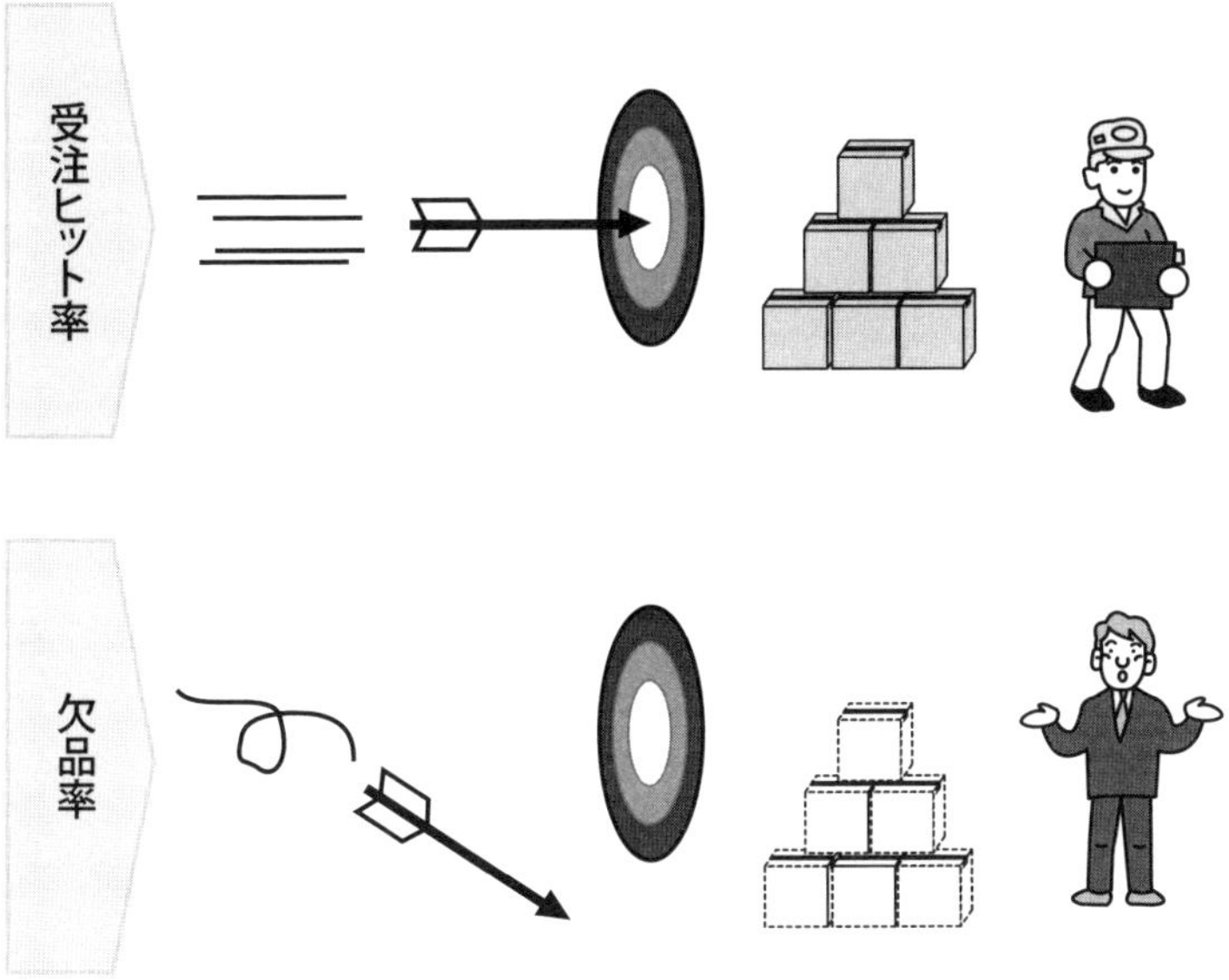

どちらも、お客様に迷惑をかけないために測定する指標

と言ったり、単に「オーダー充足率」と言ったりします。

受注ヒット率は在庫があることが前提で、見込生産向きの指標です。もし、自社が受注生産であれば79項で詳述する「納期遵守率」という指標を使います。

●受注ヒット率とは逆の欠品率

一方「欠品率」は、受注のうち欠品した件数を管理します。受注ヒット率とは逆の指標です。

●バックオーダー件数と解消期間

欠品率を重視する企業は、欠品後その注文が注文残として何件残っているかを管理します。「バックオーダー管理」です。

バックオーダーは、至急解消しなければお客様が困ります。したがって、「バックオーダー解消期間」も管理しなければならない重要な指標と言えます。

SCMの目標はいつも在庫

在庫の関わるSCM指標

在庫削減と最適化を示す指標。

●キャッシュフローの要、在庫削減

在庫削減は、キャッシュフロー増大の要です。たいていの企業では、不必要に多くの在庫を抱えています。在庫が削減できれば、それだけムダに使われる現金が浮き、企業も財務的に助かるのです。

●在庫金額という指標

在庫の過多を示す指標として、「在庫金額」があります。金額で示すため、たとえば「在庫1億円」と言われると多く感じますが、実際には金額だけでは判断できません。売上との対比がなければ、在庫金額の大きさが判断できないからです。

月商1億円の会社が持つ1億円の在庫と、月商1000億円の会社が持つ1億円の在庫では、影響度が違います。金額だけではこうした相違が見えなくなるため、売上との関係で在庫を見る指標が必要になります。

●在庫回転期間と在庫回転率

そこで、在庫と売上の関係を見るのが、「在庫回転期間」と「在庫回転率」です。

在庫回転期間は、在庫金額を売上で割ります。この指標は、現在の在庫を売るのに何ヶ月（または何日）かかるかという指標です。たとえば、この数値が3ヶ月であれば、3ヶ月分の売上に相当する在庫を抱えていることになります。この指標は短いほど良いことになります。

在庫回転期間とは逆に、在庫回転率は売上を在庫金額で割ります。在庫が年間に何回転したかという指標で、数値が高いほど回転率が高く、在庫が効率よく〝回っている〟ことになります。在庫回転率が1回転の場合は、年間でやっと在庫が捌けたということです。2回転であれば、年間で2回捌けたことになり、より少ない在庫で効率よく業務が行われたことを表します。

この二つの指標は、売上ではなく、売上原価、もしくは製造原価で対比することもあります。

●在庫を単品で見て、層別する

在庫の実態を知るためのSCM指標のいろいろ

在庫金額・在庫数量	在庫の物理的な金額、量 例）１００万円 例）　１００台
在庫回転期間	在庫を売るのに何ヶ月（または何日）かかるか という指標 在庫金額 ／ 売上 例）　３ヶ月
在庫回転率	在庫が年間に何回転したかという 指標 売上 ／ 在庫金額 例）　２回転

　こうした指標は、主に金額ベースで計算されます。在庫の合計と売上の合計で算出する際は、金額での計算になるので、全体像を知るにはいいのですが、やはり単品で見ないと、どこに問題があるのかが見えてきません。

　一つひとつの製品、部品、原材料を単品で見て、多過ぎるもの、逆に少な過ぎるものを識別して、対応策を決めていきます。

　こうした識別ができれば、さらにその在庫が長く滞留しているのか、不良品で残っているのか、期限切れで未処分か、といった層別分類をして対策を立てます。

●目標値がなければ基準がない

　多い少ない、の議論は本来基準がなければできません。指標管理には押しなべて基準となる目標値が必要です。目標値が基準になって、在庫の多寡の判断基準になるのです。

予測精度の向上はむずかしい

予測の精度を示す需要予測精度

予測が外れる要因を理解する。

●統計予測の精度を測る指標

販売数量を予測する際、統計予測を使う企業にとって、統計モデルの予測精度はいつも問題になります。予測が外れてくると販売計画が狂い、仕入れや生産計画が狂ってくるからです。

したがって、統計予測モデルの精度は常に測定されています。統計予測モデルの精度を測る方法には、主に次の三つがあります。

①予測誤差率……実績値から予測値を引いて、差額をチェックする方法です。たとえば、予測値が40で実績値が80の場合、＋40（＝80－40）実績値が外れたことになります。したがって、予測誤差率は40／80の＋50％外れたことになります。

この方法は、1回の予測を比較するには有効ですが、予測の回数が多い場合、プラス側の誤差とマイナス側の誤差が相殺されて、見かけよりも精度が高く見えてしまいます。

たとえば、40の予測が80と20の実績となった場合、＋40の外れと－20の外れになります。両方を足すと20（＋40＋－20）で20となり、20／（80＋20）＝＋20％の誤差と計算され、良い評価になってしまうのです。

②予測絶対誤差率……この指標は、予測値の際の絶対値をとります。上の例では、（40＋20）／100＝60％の誤差となります。

③標準誤差率……絶対値ではなく、2乗して平方根をとることで予測誤差を測る、「標準誤差」という指標もあります。

先の例では、（1600（40の2乗）＋400（－20の2乗））／6800（80の2乗＋20の2乗）を平方根して、29％の誤差という値を得ます。

④その他……統計予測の誤差の測定方法はもっとたくさんありますが、専門的になるため、これ以上は統計の専門書をお読みください。

●統計予測の精度を下げる要因

こうした統計上の指標は、あくまでも統計予測結果に人為的な異常実績値

予測の精度を示す3つの需要予測モデル評価指標

$$\text{誤差率} = \frac{\sum(\text{実績値}-\text{予測値})}{\sum \text{実績値}}$$

総量の差異を表す

$$\text{絶対誤差率} = \frac{\sum|\text{実績値}-\text{予測値}|}{\sum \text{実績値}}$$

実績と予測の差異を表す（絶対誤差）

$$\text{標準誤差率} = \sqrt{\frac{\sum(\text{実績値}-\text{予測値})^2}{\sum(\text{実績値})^2}}$$

実績と予測のバラツキを表す（標準誤差）

がないことが前提となります。人為的な異常値データが紛れ込むと、そもそも統計予測上、精度が悪くなってしまいます。

　しかし、現実の世界は人為的な事情により出荷実績がゆがみます。こうした実績にはゆがみとして、〝ノイズ〟が入っていると言います。

　こうした人為的なノイズは、拡販だったり、意図的な出荷止めだったり、工場トラブルによる出荷遅れによる販売遅れだったりします。つまり、問題がなければ起きなかったであろう変動です。

　こうしたノイズがあると、予測モデルの精度を下げ、ひどい場合にはモデルそのものが成り立たなくなることもあります。多少のノイズは仕方がないとしても、あまりにも大きな誤差を生みそうな異常値は、人為的に排除して予測をします。

販売計画の精度向上はむずかしい

販売側の組織を評価する販売計画誤差と達成率

計画が外れるリスクを把握する。

●統計予測誤差を援用する

販売計画の精度を知るには、統計予測で使った指標を使うことができます。

ただし、販売計画は人的な意思が入った後の計画なので、統計的な評価指標を使ったからといって、販売計画精度を高めるための計画立案方法の改善には直結しません。

●目標値としての販売計画達成率

どちらかと言うと、販売計画は目標値的な意味を持ちます。計画どおりに販売実績が達成されているかどうかを把握するので、販売計画達成率として管理されるでしょう。

計画を上回っていれば上々で、下回っていると叱咤されます。ＳＣＭでの指標というよりも、販売管理上の指標と言うことができます。

なぜなら計画精度というのは、上回っても下回っても精度が悪いことになるのですが、販売計画実績差異は上回れば問題にされず、下回った場合のみ問題視されるからです。

販売計画実績差異の精度を追求してしまうと、販売が下降トレンドの際、販売計画も下降トレンドとすることが正しいとなってしまうため、企業としては売上縮小の方向に舵を切りかねません。

したがって、販売計画実績差異は、精度向上ではなく目標値として機能するのです。

販売管理としては目標指標的な運用でいいでしょうが、実際に生産や調達を行う側では、常に上方にゆがんでいる計画を示されても困ります。たとえば、ずっと「１００個売る計画だ」と言われて１００個生産して、結果まったく売れなかったら、そのまま１００個在庫になってしまうからです。

その逆に、10個の生産計画に対し、いきなり１００個の出荷依頼が来ても困ります。

●計画の変遷を記録し、見える化する

したがって、生産や調達側にとっては精度向上を望みたいところですが、販売側の組織に精度向上の動機があま

販売計画の精度を向上するために計画変更の過程を見える化する

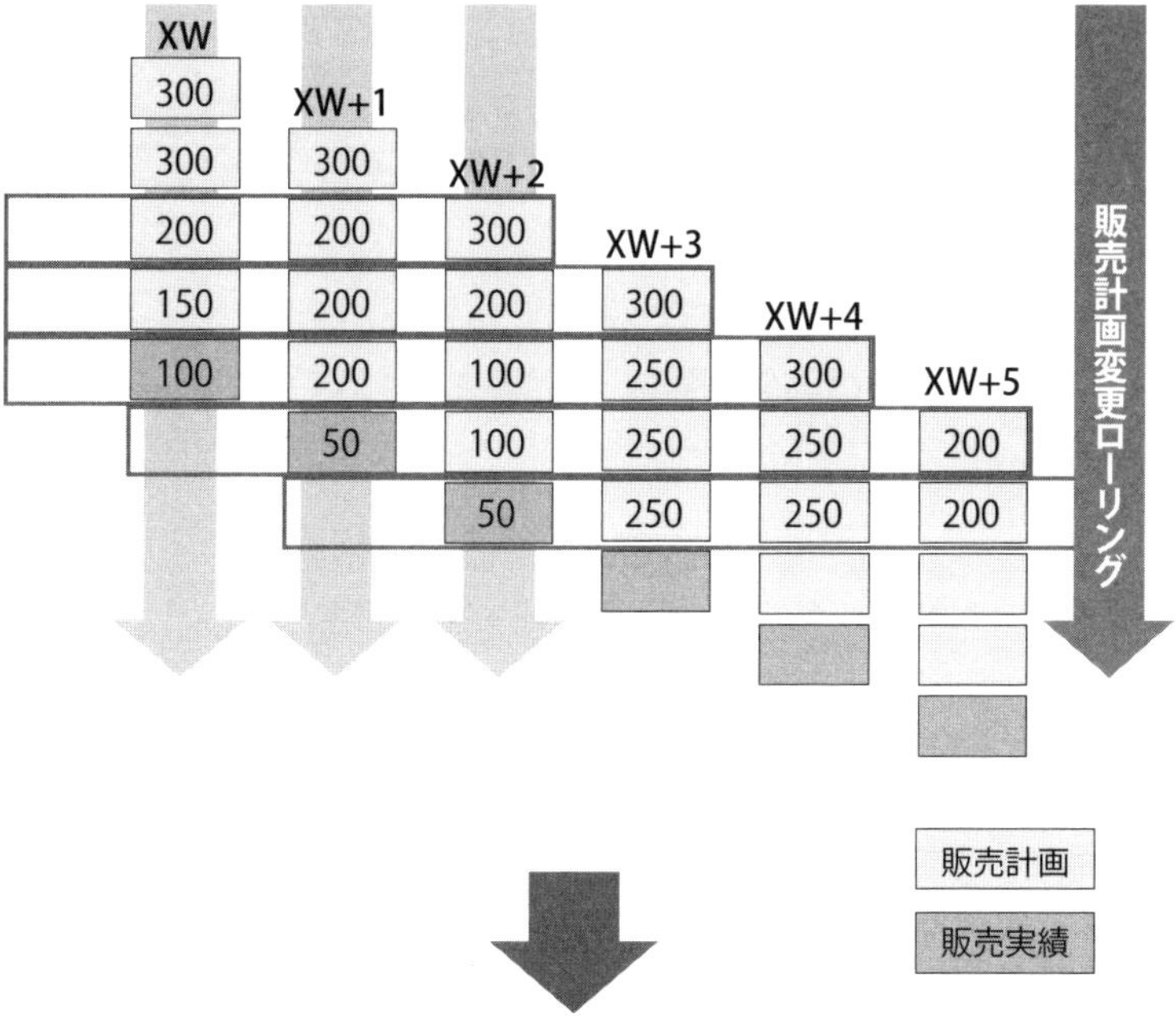

販売計画が見直され、変更されていく過程でどれほど変動していくか精度を追いかけ、計画精度向上と変動リスク対応を狙う

り見られない場合は、リスク対応をしなければなりません。リスク対応は、安全在庫の設定で実行します。

販売計画がどれほど外れるのかを、計画立案サイクルごとに履歴をとるのです。

たとえば、10月第1週の計画が最初100個、次に見直したときには200個、実績が150個であれば、それだけの変動幅があるものとして、安全在庫を積んで対応するかどうかの判断ができます。

販売計画がローリングされて変遷していく状況を「見える化」して、販売計画が外れるリスクに備えるのです。

●精度向上よりもリスク対応を

販売側の組織としてはイヤな数値の管理ですが、企業としては売れない在庫を持つことも、欠品することも避けたいところですから、必ず管理の必要な数値です。

工場の効率性を示す稼働率指標

稼働率には要注意

稼働率指標は、現代の生産状況に合わなくなってきている。

●工場の稼働率は高いほうが良いが…

工場は一度建設してしまうと、固定費になります。固定費とは、生産量にかかわらず発生する費用です。設備償却費、固定資産税、保険料、工場維持費などが長く発生します。

また、年間の予算でも工場の人員が計画され、追加設備も導入されます。これらの費用もほぼ固定費となります。

工場が稼働しなければ、人も設備も遊んでしまい、固定費がムダになります。工場は生産してこそ、そうした費用を製品の原価に算入できるのですから、生産が多ければ多いほど良いことになります。

こうしたことが極端な工場が、化学プラントです。化学プラントは、莫大な費用をかけて工場を建設します。設備中心に工場ができ上がっているため、設備稼働を最優先に考えて工場が運転されます。

化学プラントは重化学工業に代表されるように、巨大設備を建設し、フル稼働することが最善とされるのです。製鉄所、製油所、インク工場、トナー工場、印刷工場なども同じです。

重厚長大設備の〝稼働することを前提にした〟稼働率指標は、高度経済成長期から、長く日本の製造業の指標になってきました。

●稼働率指標の運用に変化が

ところが、時代を経て付加価値が部品のほうに移り、状況の変化が生じてきました。設備よりも、購入部品の原価に占める割合が高まり、固定費よりも部品費などの変動費の比重が大きくなったのです。

しかし、やはり固定費は存在するため、工場を稼働させたい動機は存在しているのです。

●工場人員の稼働率

工場人員の構成にも変化が表れています。作業者などの直接人員よりも、管理監督や製造支援を行う間接人員の増加が著しくなっています。間接人員は、生産量にかかわらず、ほぼ固定的に存在しています。

工場の稼働率を優先する考え方は時代に合わなくなってきた

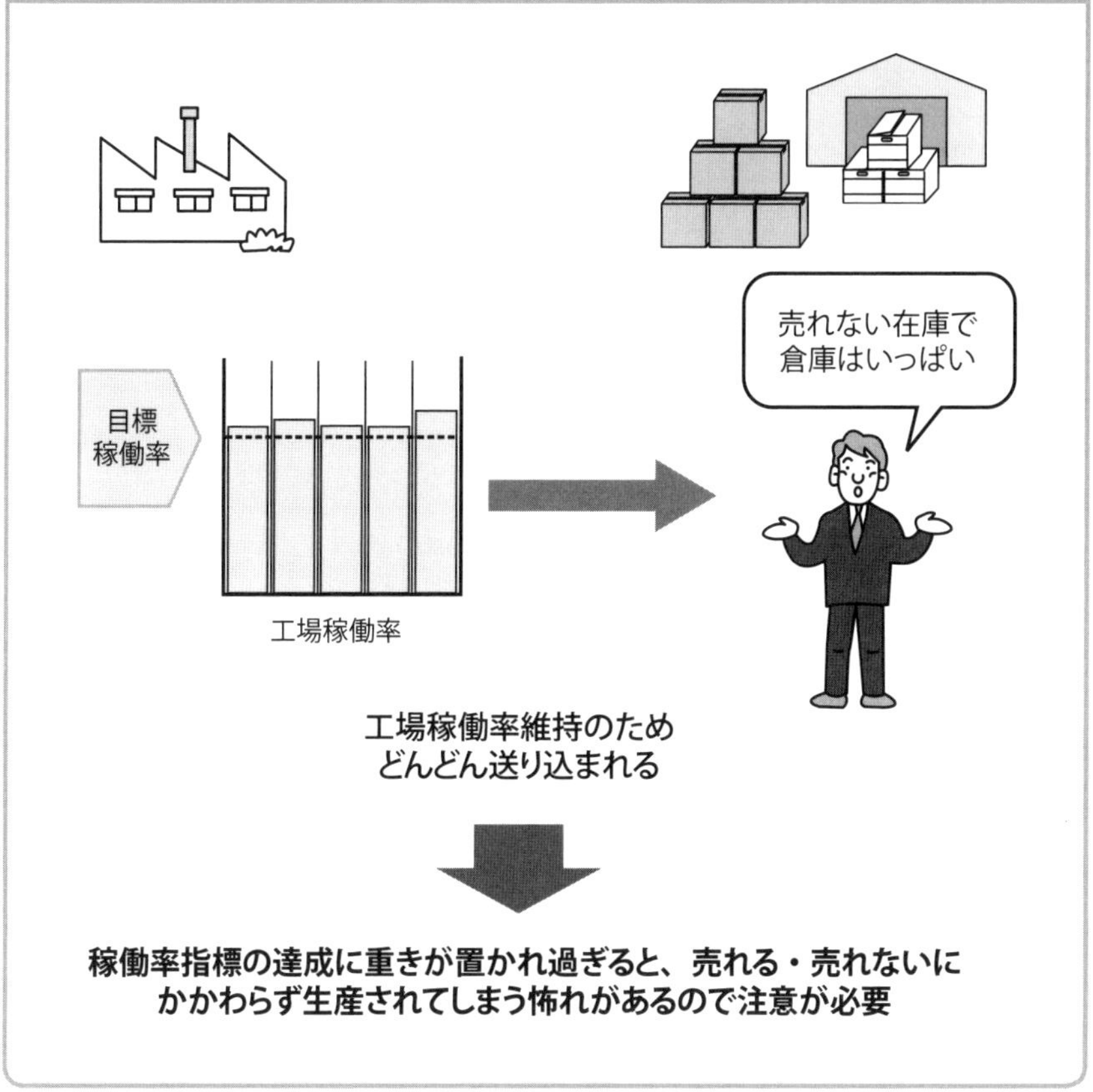
売れない在庫で
倉庫はいっぱい
目標
稼働率
工場稼働率
工場稼働率維持のため
どんどん送り込まれる
稼働率指標の達成に重きが置かれ過ぎると、売れる・売れないに
かかわらず生産されてしまう怖れがあるので注意が必要

直接人員の計画も、さほど柔軟性を増していません。月ベースでシフトを見直せるといっても、実際は数ヶ月人員数が固定されている工場が多く、人件費の変動費化はあまり進んでいません。

したがって、固定費分を稼ぐためにも、工場を何とかして稼働させようという強い動機が生じます。

●稼働率優先で在庫をつくる愚

稼働率を高めれば、固定費分を稼ぐことができて、工場予算の達成ができます。工場は、ムリに生産量を増やす誘惑にかられます。そこに稼働率向上指示があれば、なおさら不要な生産を行う可能性があります。

売れる在庫の生産ならまだ許容されるのですが、稼働率を上げるためだけに生産する愚は避けなければなりません。生産すべきか否か、マネジメント層の判断が問われるのです。

手間がかかる納期管理と納入管理

供給のレベルを測る納期遵守率とバックオーダー件数

自社の納期遵守とサプライヤーの納期遵守。

●納期回答を守る納期遵守率

SCMで、供給レベルを測るポイントは二つあります。ひとつは、自社がお客様にお届けする際の納期遵守率、もうひとつは、サプライヤーが自社に届けてくれる納期遵守率です。「必要なモノを、必要なときに、必要な場所に、必要な量だけ」届けるためには、どちらの納期遵守率も重要です。

まず、必ず自社の納期遵守率を計測します。納期回答したのであれば、必ず納期どおりにモノが出荷されたかを把握しなければ、お客様との約束が守られたのか確認できません。

納期には、「顧客希望納期」と「回答納期」があります。顧客希望納期とは、文字どおり顧客が希望した納期です。これに対して、自社が回答した納期が回答納期です。より顧客満足の度合を知りたいのであれば、顧客希望納期の達成率を測るべきです。

できれば、お客様への着荷ベースの納期を測定したいところですが、なかなかむずかしいため、基本的には出荷ベースの納期遵守率を把握します。

●バックオーダー解消日数管理

もし納期を守れない場合、バックオーダー（受注残）として管理し、納期遅れが何日で解消したかを記録します。

バックオーダー解消日数管理は、在庫販売型でも受注生産型でも行います。在庫販売の場合、欠品が解消された日数を把握しなければ、自社のサプライチェーンの対応力とスピードがわかりません。バックオーダー解消日数が短いほど、スピードが速いことになります。

受注生産の場合は、納期遵守率が高く、バックオーダー解消日数が短いほど、生産コントロール力が高いことになります。

●納期変更回数も把握するべき

納期遵守率を測ると、非常に値の良い会社に遭遇することがあります。こういう会社は、納期を変更して、確実に達成できる日程を納期にしている可

納期管理と納入管理のための納期遵守率とバックオーダー件数

納期遵守率	回答納期遵守率 顧客要望納期遵守率 納期変更履歴

納期が守れなかったときは……

↓

バックオーダー解消管理	バックオーダー件数 バックオーダー解消日数

↓

納期遵守率だけでなく、納期遅れが発生したときには
バックオーダー管理を行い、納期遅れを少しでも早く解消すること

能性があります。これでは、自社に都合のいい数字しかとれず、改善できません。

できれば、納期変更回数を限定し、当初納期と途中の変更履歴を把握したいものです。

●納入督促の一環の納期遵守率

今度は、サプライヤー側の納期遵守率です。高ければ高いほど良い指標です。サプライヤーの納期遵守率は公開してもいいと思います。サプライヤー自身が自社の納期遵守率のレベルがどの程度か知って、意識的に改善してもらうためです。自主的にできないのであれば、指導します。

他のサプライヤーが納期を遵守しているのに、あるサプライヤーが納期遅れを起こすと、全体に迷惑をかけるからです。

できれば、サプライヤーのバックオーダー解消日数も測定するべきです。

サプライチェーンのスピードを上げる

リードタイム短縮は、リードタイムの定義に注意して行う

リードタイムはまずきちんと定義しないと、議論がかみ合わない。

●リードタイムとは

リードタイムとは、ある作業を実施する際にかかる時間です。作業そのものだけでなく、その前の準備や待ち時間も含まれるため、思ったよりも長くなりがちです。

たとえば、生産リードタイムで見てみましょう。通常、生産に関わる加工や組立の時間は短いものです。組立で10分程度としましょう。しかし、生産のリードタイムでは、これが1週間とか、下手をすると1ヶ月となることもあります。

なぜかと言うと、生産リードタイムとしては、生産の必要性が生じてから実際に完成するまで、さまざまな時間がかかるからです。

たとえば、生産計画を行うにも時間がかかります。部品を取り揃えて製造ラインに配膳するにも時間がかかります。製造ラインにもさまざまな品目がかけられるため、ほしい製品がラインに投入されるまで時間がかかります。実際に組立は10分で終わっても、今度は検査があり、検査待ちが発生します。合格後、倉庫に運ばれ、システムに入庫が登録され、やっと出荷可能になります。ここまでに、数週間や1ヶ月などあっと言う間に過ぎるのです。

リードタイムはさまざまな時間の合計で、実質的な時間だけでなく、間接業務の時間や待ち時間、搬送時間などが合計されているため、長くなるのです。

●リードタイムは定義して測定

したがって、リードタイムは定義しないと議論がかみ合わなくなるのです。欠品時に営業は「すぐできるだろう」と言い、工場は「1週間以上かかる」と言って、「リードタイム」議論が始まるのです。

「リードタイムが長い・短い」議論が収束しない会社をよく見かけます。しかし、そもそもリードタイム自体がきちんと定義されていない会社が多いのです。定義され、測定されないものは改善できません。

リードタイムはきちんと定義し、それを分解して短縮する

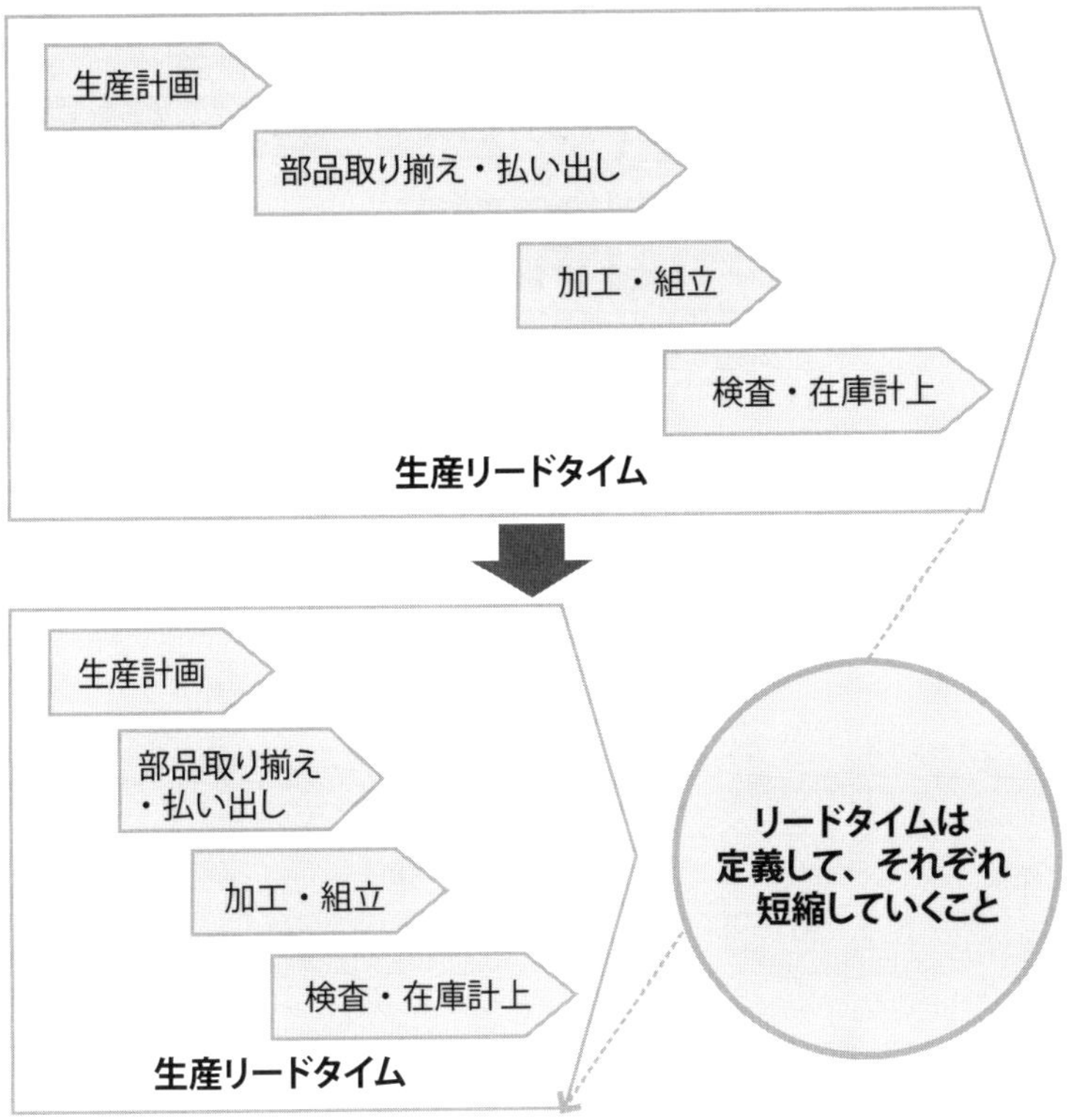

リードタイムは、納品リードタイム、出荷リードタイムなど、会社として定義してから測定します。

●リードタイムは分解して短縮

先ほどの生産リードタイムは、生産計画サイクルが1週間、部品取り揃えで1週間といった具合に、週のサイクルで時間が足しこまれている例です。この合計で、結局、製品ができ上がるまでに1ヶ月程度の時間がかかるのです。

このリードタイムを測定し、短縮していきます。生産計画後、部品取り揃えが同じ1週間以内にできれば、全体のリードタイムが1週間縮まります。さらにライン生産をやめて1個流しのセル生産にすれば即生産でき、さらに1週間縮まります。

合計2週間の生産リードタイムの短縮となるわけです。このように、リードタイムは分解して短縮します。

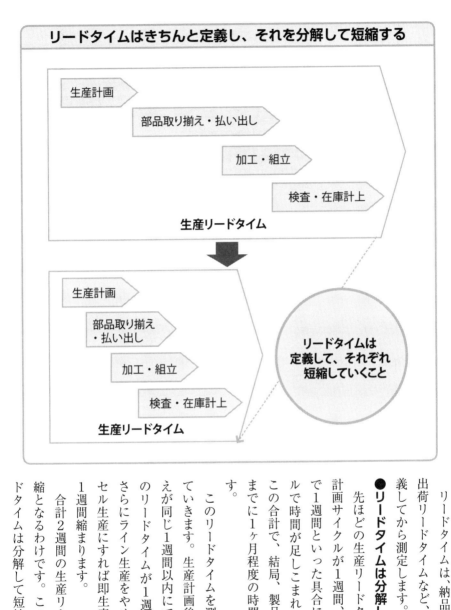

物流の効率や品質を測定する管理指標

物流効率を示す積載効率・運行効率・誤出荷率

実物流のパフォーマンスを測定する。

SCMの実行部分は物流です。物流の効率性、正確性が、SCMの足回りとして重要です。

物流視点の管理指標には、以下のようなものがあります。

①積載効率

「積載効率」は、トラックやコンテナ、船や航空機の貨物室などの輸送可能なキャパシティに対して、どれほど「詰め込まれているか」という指標です。

せっかく輸送手段を動かすのですから、空っぽでは効率が悪過ぎます。そこで、できるだけ貨物を詰め込みたいという動機が働きます。したがって、積載効率は高ければ高いほど良いことになります。

②運行効率

「運行効率」は、トラックなどの輸送手段の効率を示す指標です。輸送手段は稼働しているのが仕事です。輸送手段が長く停止しているようでは、効率が悪いわけです。

稼働中、停止中をきちんと識別し、停止中の原因は何かが確認できるようにします。渋滞中か、食事中か、荷積み中か、荷降ろし中かを把握し、輸送以外の停止時間の特性を捉えて、効率化改善を行う視点を手に入れます。

運行効率では、他に燃費や加速方法、スピードなども測定し、CO_2削減の方策検討に利用します。

③誤出荷率

物流品質としては、「運ぶ」効率性だけでなく、品質もチェックしなければなりません。

物流品質としては、まず「誤出荷率」を測定します。誤出荷については、出荷品目のミス、出荷数量のミス、出荷先のミスなどの複数種類のミスを測定し、改善していきます。

物流品質としては、誤出荷率に付加して物流上の物品破損、汚損などの比率も測定します。輸送段階の品質改善にも使えるからです。

●物流指標でSCMを支配しない

このように物流の管理指標を定義し、測定することは、物流の効率と品

積載効率だけでなく、コスト・サービスとのバランスで物流効率を検討する

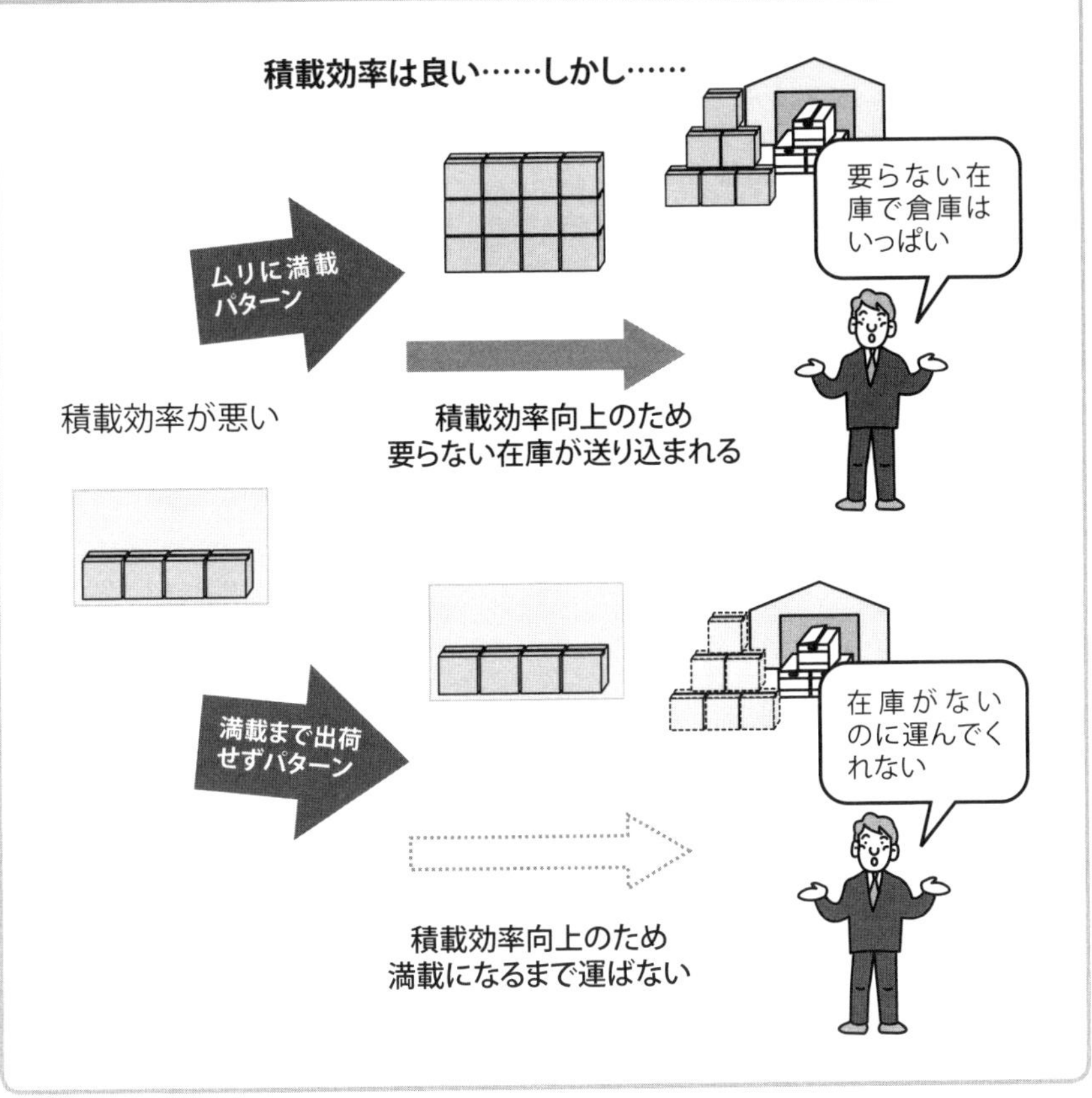
積載効率は良い……しかし……
要らない在庫で倉庫はいっぱい
ムリに満載パターン
積載効率が悪い
積載効率向上のため要らない在庫が送り込まれる
在庫がないのに運んでくれない
満載まで出荷せずパターン
積載効率向上のため満載になるまで運ばない

質を向上させる上で必須です。一方で、物流効率を上げることだけが先走り、かえって非効率な状況を生むことが多々あります。

たとえば、トラックの積載効率を上げるために、不必要なものまで倉庫に送り込むことがあります。本来、倉庫側では10個でいいところを、トラックが満載にならないため、１００個送ろうといった意思決定を招きかねないのです。

あるいは、トラックが満載にならないので、輸送を1週間遅らせようといった意思決定も起こり得ます。

工場稼働率を上げるために生産してしまうことがあるように、積載効率を上げるために輸送形態をゆがめてしまうのです。

そのゆがみが過剰在庫や欠品として表れるので注意が必要です。

混乱し、乱立する指標を整理する

バランススコアカードを応用した管理指標の設計

バランススコアカードも使えるようになってきた。

●多過ぎる管理指標は機能停止

SCM管理指標に限らず、経営管理指標が不明確な企業はたくさんあります。場当たり的な管理指標を設定する企業が意外に多いと聞くと、驚くかもしれません。

しかし実態としては、目の前の困った事象を確認するために、対症療法的に管理指標が決められることが多いのです。

たくさんの指標をつくり、組織別に指標を管理すると、お互いに連携も調整もない事態になります。その結果、他の組織に迷惑をかけてでも、自部門の指標だけは良くしようという「個別最適」に陥ります。

SCMは、各組織が連携して「全体最適」を目指す経営改革の取組みです。企業全体、サプライチェーン全体を改善する指標を上手に設定するためには、指標を構造化して、指標に優先順位を決めて管理するべきです。

●バランススコアカードで整理する

管理指標間の関係性を整理し、構造化する便利な道具があります。「バランススコアカード」です。

バランススコアカードは、左図にあるように、KFS（Key For Success: 重要成功要因）を見定め、戦略マップをつくり、マップに指標をプロットして関係性をまとめます。

そのステップは、以下のようになります。

ステップ1：ビジネスのあるべき姿とKFSの確認
ステップ2：あるべき指標抽出・優先順位検討（戦略マップ作成）
ステップ3：管理指標を挙げ、結果指標と先行指標を関係づける
ステップ4：指標の責任者を決める
ステップ5：データの取得可能性確認とシステム化計画
ステップ6：運用開始

●先行指標と結果指標

特に重要になるのが、ステップ3での「結果指標と先行指標の関係づけ」です。指標には結果の提示する「結果

バランススコアカードによる管理指標設計例

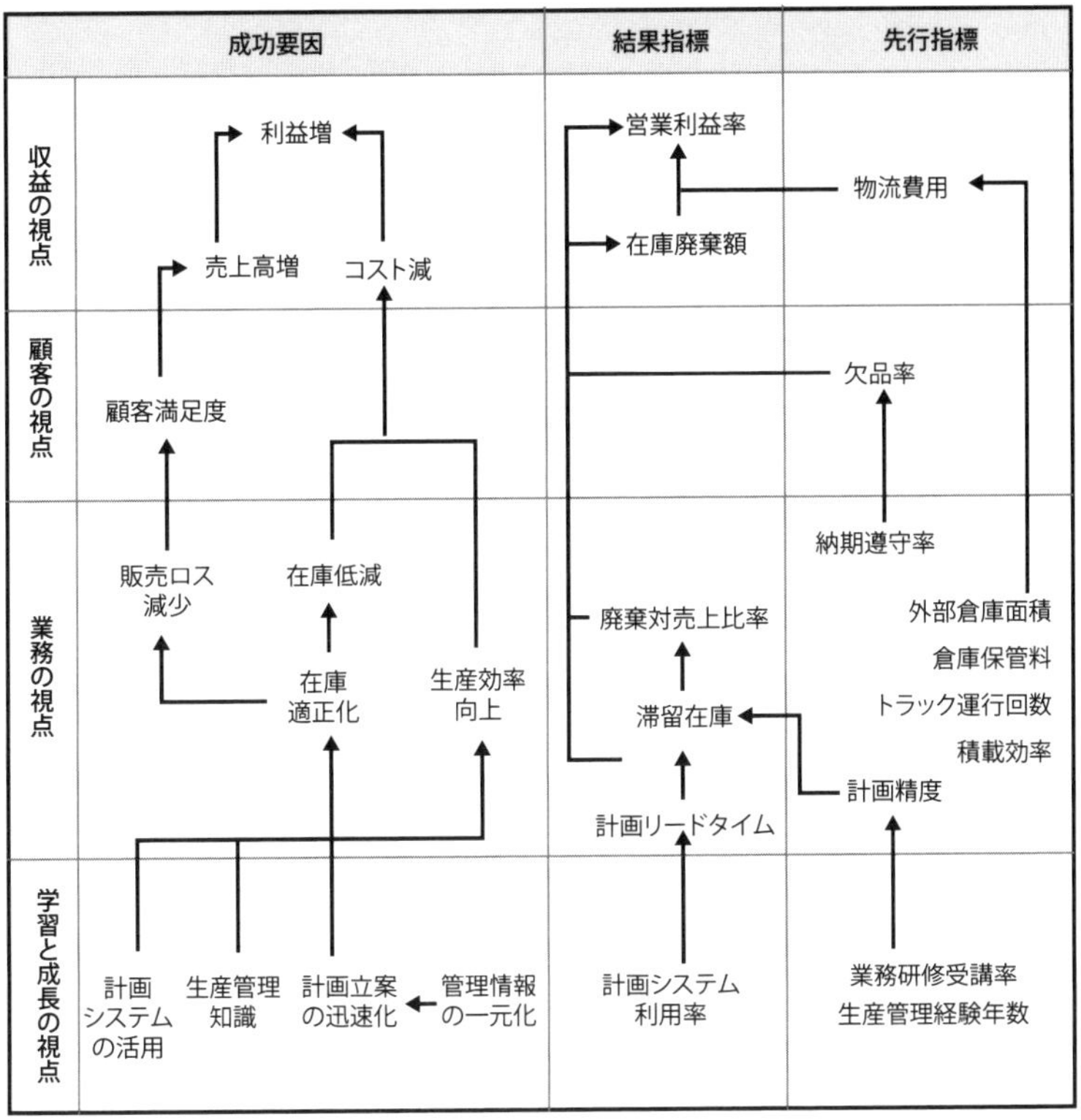

指標」と、結果指標に先立って変化する「先行指標」があります。結果指標は主に財務的な指標で、先行指標はこの財務的な指標に影響を及ぼす業務的な指標です。結果指標に先立って先行指標が変化します。

また、財務的な指標を改善しようとしても、実態は業務自体を改善した結果として財務指標が改善されるので、改革アクションは先行指標を改善することが先に行われます。

たとえば、「売上を上げろ」では即アクションがとれませんが、「売上向上⇩顧客満足度向上⇩欠品率低下⇩適正在庫化、納品リードタイム短縮」と関連づけ、適正在庫数維持、納品リードタイム短縮を実際の先行指標として特定し、現場改善するのです。

このようにバランススコアカードも有用になってきたので、活用してみましょう。

Column

日本を支えた「現場・現物・現実」の3現主義

◉財務数値優先で永続性に危険信号が出た会社

最近まで日本企業は、欧米企業に比べて利益率が低いから劣っているという議論が多くありました。たとえば、2004年頃までのＧＭやフォードの利益率（ＲＯＥ :Return on Equity）は日本企業に比べて高く、日本の自動車産業は利益率で劣っていると言われ続けていました。ところが、この後ＧＭもフォードも債務超過に陥り、2008 年秋のリーマンショック後、破綻したのです。

欧米企業は、ファンドや投資銀行などからの借入れをテコに買収を繰り返し、規模を膨らませて株主資本に対する売上と利益をかさ上げしました。一方でリストラなどのコストダウンを繰り返し、さらに利益率を上げていきました。この利益を原資に配当し、その見返りに役員は莫大な役員報酬を手にしていました。

一方、日本企業はリストラせずに雇用を守り、研究開発に資金を投じ、無闇な企業買収を行わずに借金を返し、有利子負債を減らして利益率（ＲＯＥ）を改善しませんでした。そのため、株主から見ても日本の企業は利益率が低く、配当が少なく、株主軽視と言われました。

そうした状況に終止符を打ったのが、リーマンショックでした。リーマンショックは、短期的な利益追求を戒め、永続性に投資しない企業に退場を突きつけました。多くの欧米企業が政府支援を受けて青息吐息の状態になったのは記憶に新しいところです。

◉日本の製造業を支えた「現場・現物・現実」の３現主義

財務数値を良くすることだけを追求すると短期志向に陥ります。企業競争力に投資するよりも、マネーゲーム的に利益を出すことが推奨されると、あっと言う間に企業は永続性を失っていきます。

そもそも財務数値は、外部へ業績を報告するための過去の数値でしかなく、経営の実態や今後の状況を必ずしも表わしているとは限らないのです。日本では、「現場・現物・現実」という３現主義があり、現場、現物を見てから現実を把握することが推奨されてきました。「現場・現物・現実」から遊離した、数字だけが一人歩きするのを戒めてきたのです。

第9章

SCMを支える システムのいろいろ

統計的需要予測はシンプルに

統計的需要予測を立案する需要予測システム

むずかしい統計予測モデルが、必ずしも良いわけではない。

●統計予測はシステム化する

統計予測を行う際は、システム化します。莫大な数の品目数と出荷実績等のデータを処理するには、システム化が必須です。

ただし、システム化すると言っても、大規模な統計解析システムが必ずしも必要とは限りません。専用の統計解析システムを活用する場合には、統計に関する知識が必要になるし、システムを需要予測用に改造したり、適切なモデルを選び、再構築するだけで莫大な工数と費用がかかる怖れもあります。

そもそも需要予測は、統計上の精度が上がらない分野です。数学的にモデル精度を追求することは、多くは徒労に終わります。

せいぜい誤差率±10%程度を許容するのであれば、簡易な需要予測パッケージでもかまいません。極端なことを言えば、表計算ソフトでもかまわないのです。

●統計モデル数式は公開されている

多くの統計モデルの数式は、基本的に公開されています。需要予測程度の業務であれば、公開されている統計モデル式で十分であり、機密にされるような統計モデルは必要ないと考えても差し支えないでしょう。

もし、機密を前提とした高度な統計モデルをセールスポイントにしたシステムの売込みがあったら、注意が必要です。そのようなシステムでは、モデルの検証もできなければ、モデルの改善もできないからです。

●自動モデル選択は必要か

その他にも、よく統計モデルの最適なものを自動選択するというシステムが売り込まれることがあります。もし、本当に自動選択で精緻なモデルが選択できるのであればいいのですが、そもそもモデルを選定する際に存在する実績データなどのノイズを拾った自動選択は、かえって結果をおかしくします。

その上、モデルを短期間にとっかえひっかえしては、結果の検証も統計モデルの改善もできません。

統計的需要予測はシンプルなシステムで行う

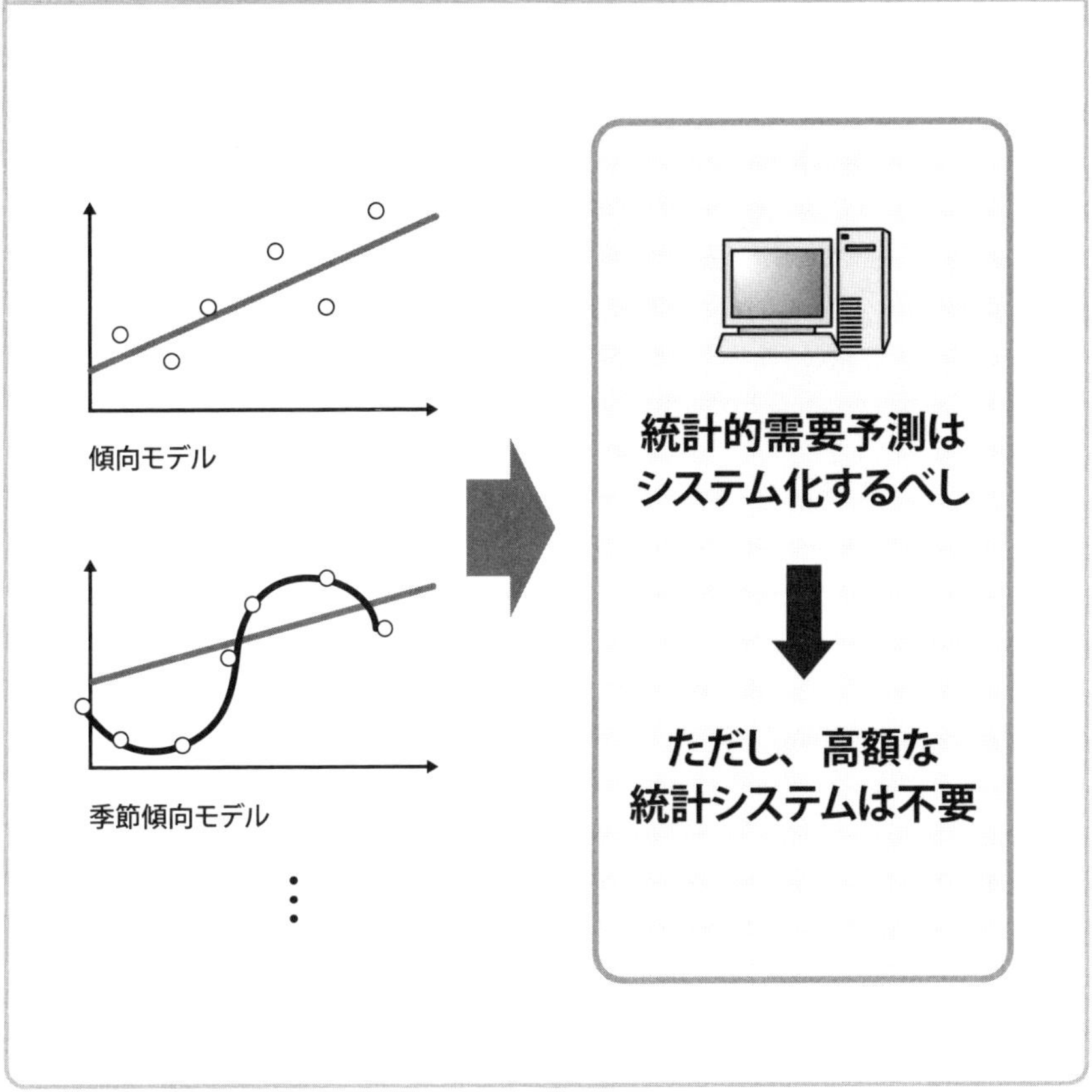
傾向モデル
季節傾向モデル
統計的需要予測はシステム化するべし
ただし、高額な統計システムは不要

統計モデルの自動選択は便利です。しかし、それだけで精度の問題が解決するわけではないため注意が必要です。需要予測システムを無邪気に信じ込まないように、批判的な視点を失わないようにしましょう。

●需要予測システムが適する業界

需要予測システムを活用することが必須の業界もあります。品種が多過ぎて人手では予測・計画が困難な小売業や消費財メーカー、あるいは安定的な出荷が見込まれる消耗品や修理部品を販売する業界です。

こうした業界では需要予測システムは必須ですが、異常値ノイズと拡販による数値の増減があるので、人間的な補正がときには必要になります。

システムと人の連携が、常に重要なのです。

サプライチェーンプランニングシステムはなぜ使われなくなったのか

SCPか、「PSI見える化」か。

●自動最適化システムブームは終了

ちょうど2000年頃、日本でSCMシステムの導入ブームがありました。海外から自動最適化計算を売り物にしたサプライチェーンプランニングソフト（SCP）が持ち込まれ、これを導入すれば、あらゆる制約条件を一気に計算し、全世界を一括で自動最適化してくれるという謳い文句が喧伝されました。

各社、数億円から数十億円のお金を費やし、先を争って自動化システムを導入しましたが、はたしていま、そのシステムはどうなっているのでしょうか。その多くは、いまでも使われているのでしょうか。最近ではめっきり名前を聞かなくなりました。

●SCPが下火になった理由

SCPが下火になった理由は、一方ではすでに稼働したというものもあるでしょうが、他方ではまったく使えなかったというものもあります。

自動最適化で実現すべき最適化とは、いったい何でしょうか。そもそも数学的な自動最適化が、企業の意思に合うのでしょうか。

こうした課題を解決せずに導入された自動最適化システムは、ビジネスを無視したロジックを搭載しているだけの計算機になってしまい、使われなくなったのです。

●SCM計画は意思決定

SCMは、複数の拠点、複数の組織が利害を調整しつつ、複数の製品の販売計画と生産計画を戦略的に意思決定するマネジメント業務です。多くのグローバル企業は、組織利害を調整しつつ全体利益を最大化すべき仕販在計画と生販在計画（＝PSI計画、ともに48項参照）を立案します。

その際、さまざまな変数を勘案して意思決定します。そのたびに、企業としての販売戦略、価格戦略、生産戦略を考慮して計画実行が指示されます。一部の組織がシステムを用いて算出した数学的な最適解など、誰も採用しないのです。

SCPは下火になり、「PSI見える化」への動きが

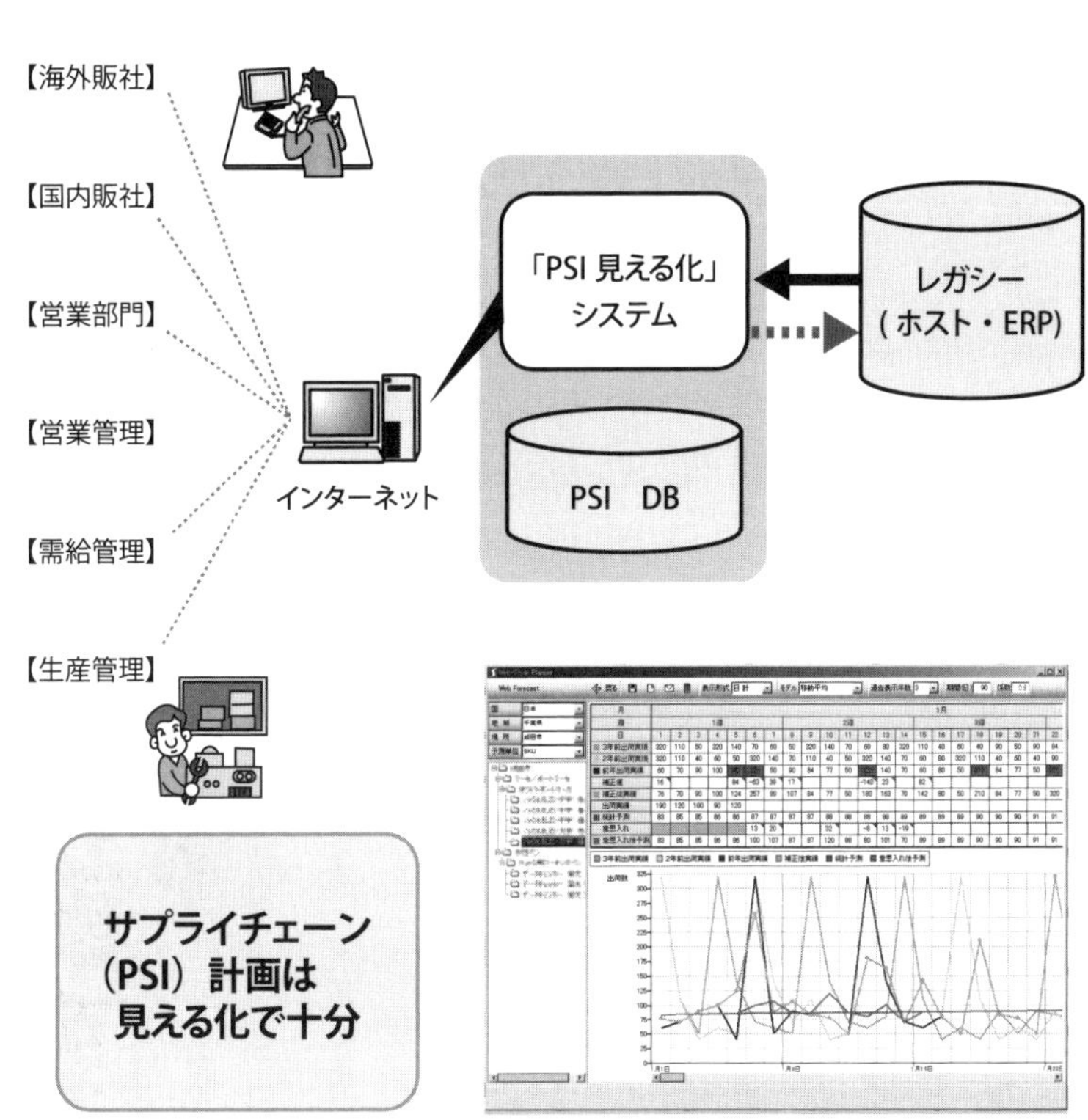

ＳＣＭは、企業の戦略的な意思決定なのです。どの製品を、どの地域に優先的に販売するのか、どれだけの在庫を戦略的に積み増すのか、生産はどこで行い、部品はどれほど枠取りするのか、すべて意思決定事項であって、自動最適化の及ばない世界なのです。

●「ＰＳＩ見える化」へのシフト

こうしたマネジメント層の意思決定を支援するのに、全世界のＰＳＩ計画を「見える化」することが必須となります。現状と計画となりゆきが見え、リスクと対策を検討でき、意思決定ができれば十分なのです。かえって自動最適化は邪魔になります。

そういうことに資するシステムとして、最近では「ＰＳＩ見える化」が検討されています。ＰＳＩの計画と実績を「見える化」し、数量計画が金額換算、利益換算され、在庫リスクと供給配分の影響が見えれば十分なのです。

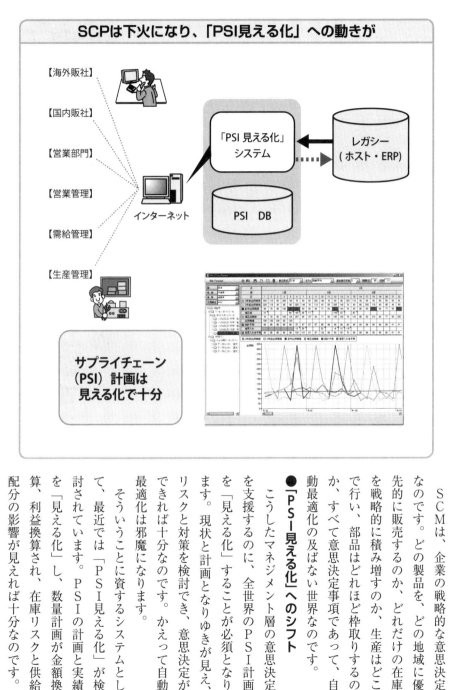

昔からあるMRPシステム

資材の所要量計画を立案する資材所要量計算：MRP

日本の場合は製番管理との整合が必要。

●所要量計算を担うMRP

生産計画に基づいて、必要な部品の数量計算を行うシステムを「資材所要量計算システム」（ＭＲＰ：Material Requirement Planning）と言います。

部品数が数千だろうと数万だろうと、ＭＲＰは、最終製品の生産必要数から必要部品展開を行い、各部品の必要数を計算することができます。

ＭＲＰは、階層構造（ストラクチャー型）で計算するものと、階層を無視して一括（サマリー型）で計算するものがあります。

ストラクチャー型は、製品Ａをつくるのに、部品Ａ１が必要とまず計算します。次に、部品Ａ１をつくるのに、子部品ＡＡ１とＡＡ２が必要、ＡＡ１はａａ１とａａ２の孫部品が必要と、階層化して段階的に計算します。

サマリー型は、製品ＡにはＡＡ２、ａａ１、ａａ２の部品が必要と、階層を考慮せずに最小単位で計算します。

●MRPには部品表（BOM）が必要

ＭＲＰを実行するには、部品構成を示す部品表（ＢＯＭ：Bill of Material）が必要です。部品表は、構成部品が増えるほどつくるのがたいへんで、かつメンテナンスも必要になります。

設計変更や部品の生産中止などを受けると、部品表に変更が必要になり、その変更をタイムリーに行うのが手間なのです。ＭＲＰを成り立たせるのは部品表なので、メンテナンスが重要になります。

●MRPⅡは使えるか？

ＭＲＰを工程の能力計画として活用したものは、単なる部品展開による所要量計算と区別して「ＭＲＰⅡ」と呼ばれます。

コンセプト的には理想的なものですが、実際に使われることは稀です。工程の能力計画はあいまいさを残しているため、精緻な計算システムで計算するのに耐えられるだけのマスター情報を整備できないからです。

●MRPが導入できない企業

ＭＲＰは精緻なシステムですから、

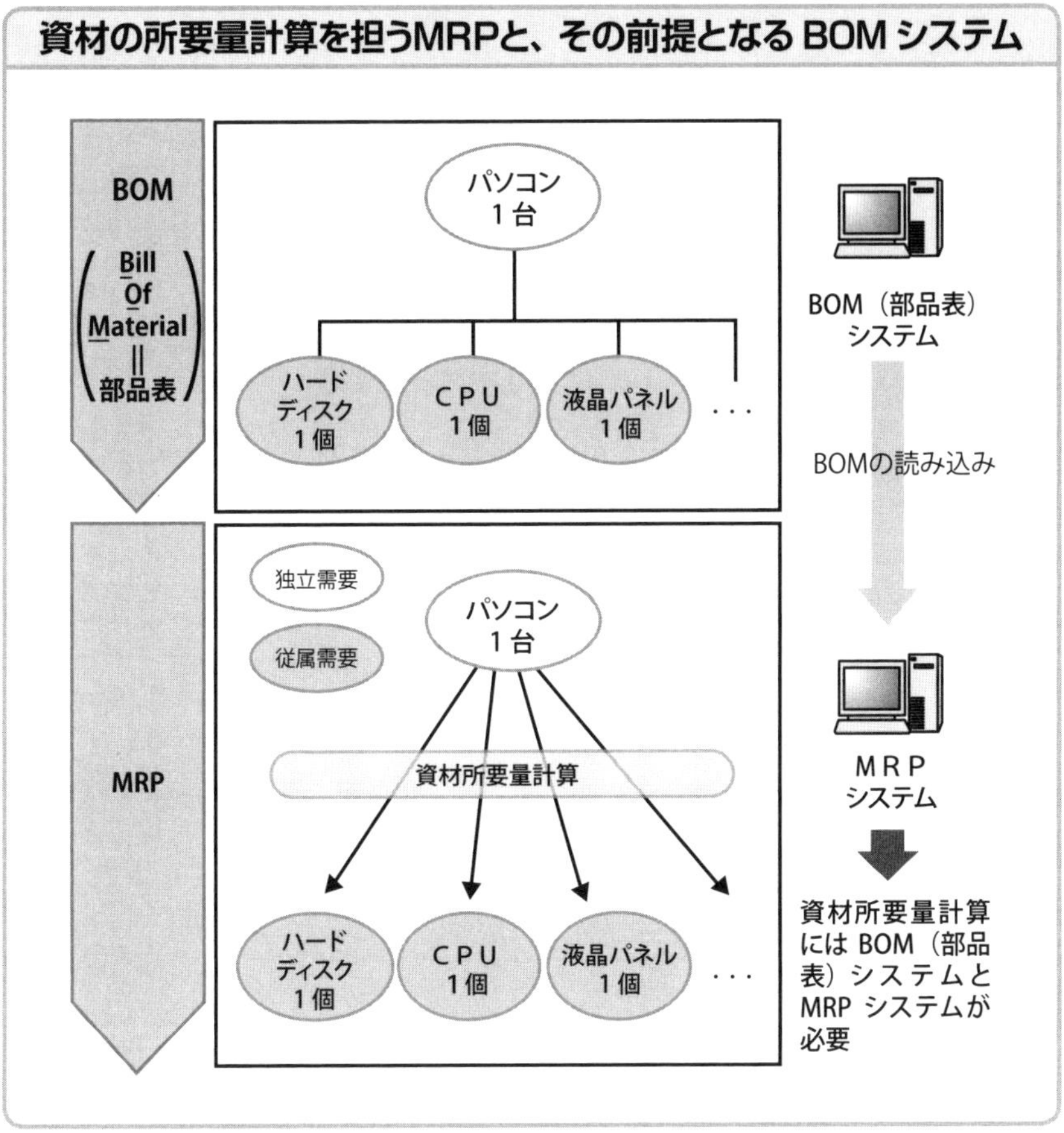

管理がきちんとしていない工場では使うことができません。少なくとも在庫の現品管理、生産進捗管理、工程管理がきちんとしていて、部品表や各種マスター整備がきちんとしていないと、いたずらに混乱するだけです。

●製番管理とMRP

また、日本の製造業の多くは、完成品の製造番号に、必要部品をすべて〝紐付ける〟製番管理を実施しているため、MRPの概念に合致しません。MRPは部品在庫があれば製品間で融通し合う考えですが、製番管理は完成品の製造番号が違う製品では部品の融通ができない仕組みだからです。

製番管理とMRPの混合型の生産もありますし、MRPが合わない生産もあります。自社の生産管理として、MRPが適しているのかどうかを確認した上でMRPの導入の可否を決めないと、工場が混乱します。

最もむずかしい計画のひとつ

効率的な小日程計画を担うスケジューラー

自然現象のような変動を処理する。

●小日程計画はむずかしい

小日程計画とは、実際に現場で生産可能な生産順序計画を立案することです。小日程計画を立案するシステムを「スケジューラー」と言います。

スケジューラーは、生産計画情報を受けて、各工程での各製品・部品の製造順序を決めます。生産計画情報以外にも、MRP（前項参照）からの所要量計算結果がインプットされる場合もあります。スケジューラーへのインプット情報の出所はきちんと決めないと、システム構築上、混乱をきたします。

スケジューラーで計画をするにあたって、さまざまな制約を勘案します。工程の能力は、1個当たりの工程での標準時間をベースに、能力を消費すると判定します。1日の稼働時間が8時間で標準時間が60分なら、8個が限界となります。同一工程でさまざまな品目が組み立てられるとき、能力の取り合いが生じます。

能力に限界があるときに、どの品目を優先的に生産するのかを決めるためには、目的となる最適化指標が必要です。納期遵守率の最大化を狙うのか、工程稼働率の最大化を狙うのかで、生産優先順位が違ってきます。売上・利益最大化や、段取り時間最小化など、いろいろな最適化指標があります。

最適化計算は、工程がひとつであれば簡単なのですが、いくつもの工程が存在すると、とたんに解くのがむずかしくなり、システムでの計算結果が不満足になることもあります。

スケジューラーと計画担当者でどちらがより良い計画を立てるか比較すると、たいていは人間の計画担当者が勝ってしまいます。なぜなら、スケジューラーに登録できる制約に限りがありますが、人間が勘案する制約には限りがないからです。

治工具や金型の取り合い、作業者の勤怠、作業者の作業レベル、原材料の有無、設備の調子。段取りも工具取替えだけでなく、洗浄や滅菌、乾燥、化学品の投入順序による段取り時間の変

スケジューラーは、効率的な小日程計画を立案できるはずだが……

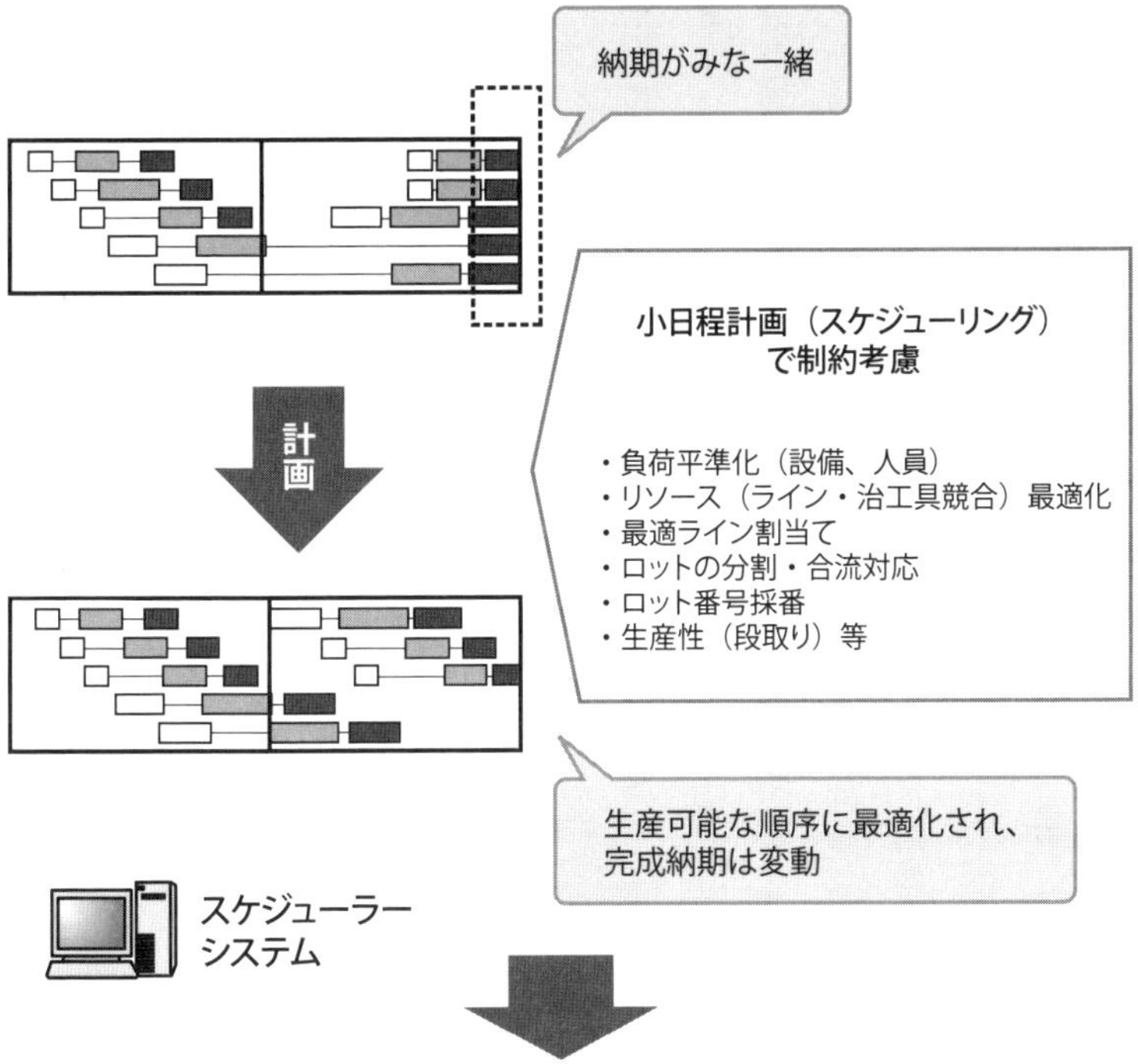

納期がみな一緒
小日程計画（スケジューリング）で制約考慮
・負荷平準化（設備、人員）
・リソース（ライン・治工具競合）最適化
・最適ライン割当て
・ロットの分割・合流対応
・ロット番号採番
・生産性（段取り）等
計画
生産可能な順序に最適化され、完成納期は変動
スケジューラーシステム

複雑な制約を考慮して、最適な小日程計画の順序計画をスケジューラーが立案する

化など、ありとあらゆる制約を人間は見ることができるのです。

小日程計画は、変化が激しい大海原の上でヨットの舵取りをしているようなものです。瞬時の情報収集と判断とアクション（再計画）する能力が必要なのです。

●夢のような最適計算はできるか

よく、スケジューラーさえ入れれば、夢のような計画ができると思われがちですが、勘案すべき制約条件が多過ぎるため、システムで簡単に最適化ができる世界ではありません。

●高い管理能力が要求される

小日程計画は、複雑な状況が相手です。管理レベルが高ければ、変化対応力も高く、瞬時の計画変更にも対応できます。逆に低い管理レベルでは変動が多過ぎて、計画自体が無意味と化すでしょう。スケジューラー導入は、高い管理レベルを要求します。

ERPは統合基幹システム

伝票発行と実績収集、会計情報を担う大福帳データベース：ERP

ERPは指示と実績の塊。

●ERPとは何か

統合基幹システムと言われる「ＥＲＰ」（Enterprise Resource Planning）は、巨大なデータベースです。会計、在庫、販売、生産、調達などの指示情報と実績情報を蓄積しています。

ＥＲＰの名称の中にはプランニングという言葉が入っていますが、計画用のシステムではなく、あくまで指示と実績の機能を担うシステムと考えたほうが無難です。

ＥＲＰは、基本的に「伝票」と呼ばれる道具でデータを加工し、受け渡していきます。受注伝票、出荷伝票、製造指図、出庫伝票、入庫伝票などの伝票処理をしながらモノを動かし、実績を収集して、会計データに引き渡します。たとえば、出荷伝票を発行し、実際に出荷したら、自社の在庫から引き落とし、会計データとして売上原価に転記します。同様に、製造指図どおりに生産が行われれば原価計上し、仕掛品に配賦します。

ＥＲＰでは、モノの移動と連動した会計仕訳を発生させるもの以外に、純粋に会計処理だけを行う会計伝票も起票され、処理されていきます。

ＥＲＰは、伝票ベースの指示と実行の記録が蓄積されるシステムです。ＥＲＰに付加価値はないのですが、この程度の仕組みを、何かとんでもないことができると信じ込んで、数百億円もかけて導入した会社もあります。

●ERPでBPRができる会社レベル

２０００年前後、ＥＲＰ導入ブームがありました。ＥＲＰを導入すれば、「ＢＰＲ（業務プロセスの劇的な改善、65項参照）ができる」「世界のベストプラクティスが手に入る」などと言われ、多くの会社が飛びつきました。

結果、莫大な金額が使われ、でき上がったのはただの基幹システムです。基幹システムは実績記録と会計処理が中心で、こうしたシステムでＢＰＲなどできるはずもありません。

もし、ＥＲＰを導入してＢＰＲができた会社があるならば、その会社はよ

ERPは企業全体の統合データベースシステム

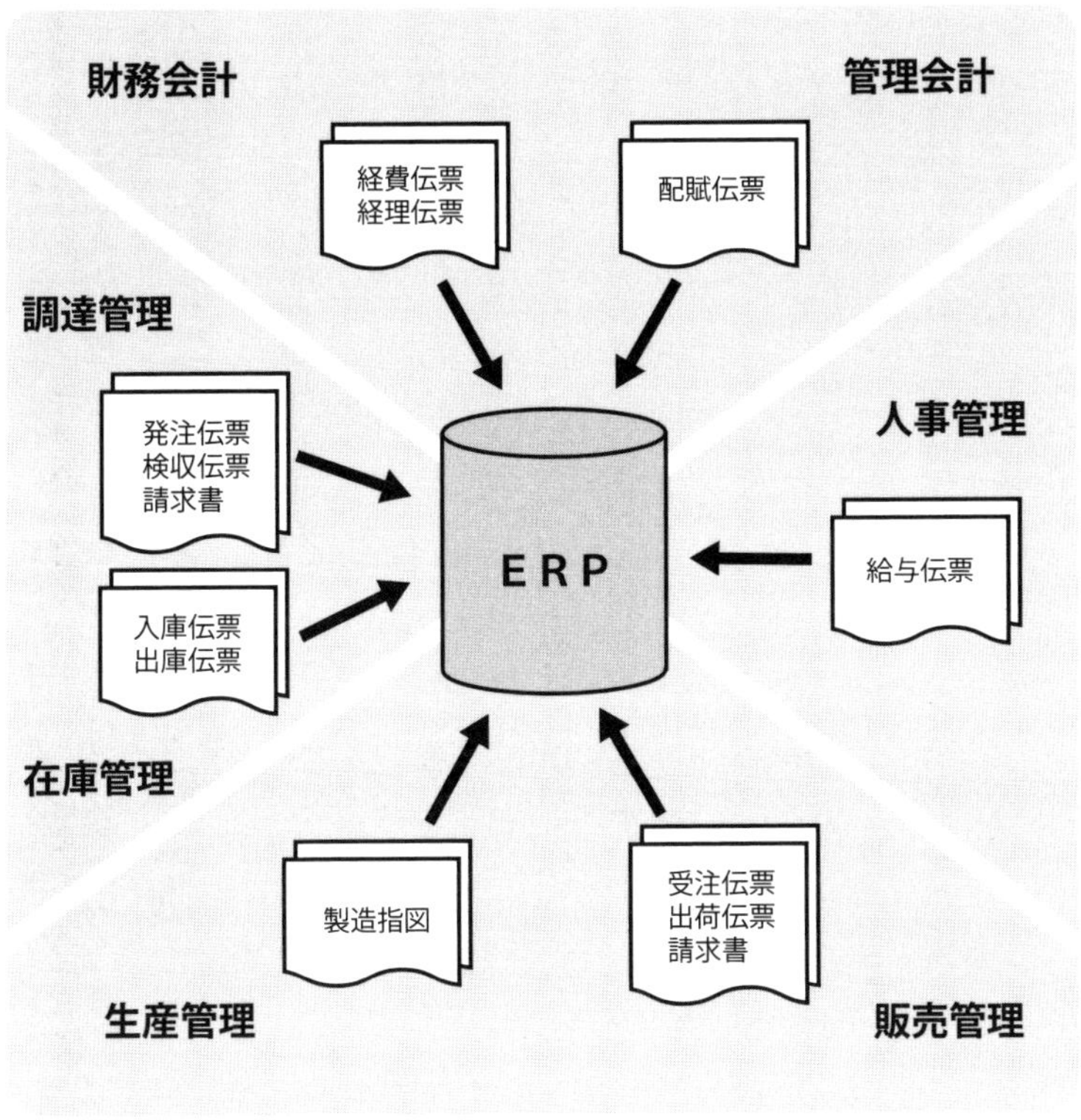

ほど業務の標準化ができていない、レベルの低い会社です。自社の業務もまともに定義できない会社であれば、ERPでBPRができるかもしれません。

●ERPはMRPを包含することも

ERPに生産管理が付随する場合、MRP（85項参照）を包含していることがあります。MRPは計画系ではなく所要量の計算処理であり、製造指図や購買指図を発行する起点となります。ERPは、指図発行と実績収集の起点です。

●ERPコンサルタントはSE

ERP導入時には「コンサルタント」という肩書きの人が大量にやってきますが、彼らは単に複雑なERPの使い方を教えるSE（システムエンジニア）です。しかも、ERPが巨大過ぎて全体像を把握しておらず、業務についても素人なので、あくまで主体は導入企業となります。

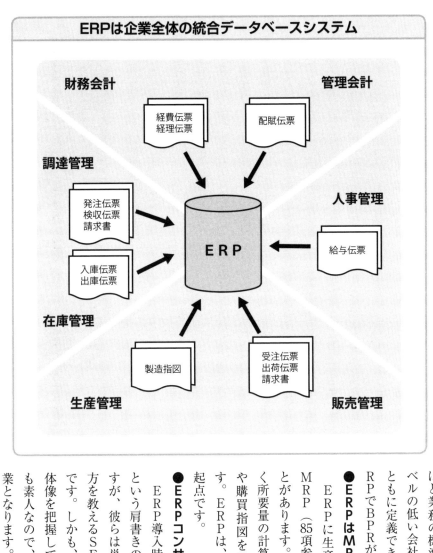

作業指示発行と実績収集を担う製造実行システム：MES

MESは切り分けがむずかしいシステム。

●MESとは何か

製造実行システムである「MES」は、Manufacturing Execution System の略で、生産現場への作業指示と実績収拾を行う仕組みです。

MESに隣接するシステムとしては、MRP（ERP）、スケジューラーなどがあります。

MESは、隣接システムとの機能の棲み分けが意外とむずかしく、その切り分けがシステム構築の肝になることがあります。

以下、隣接システムとの切り分けがむずかしい組合せについて考えていきます。

●棲み分けがむずかしいシステム

①MRP（ERP）

MESは作業指示を行うため、所要量展開と工程展開（作業展開）機能を持っている場合があります。この場合、上位システムであるMRP（ERP）とどちらが所要量展開を受け持つべきか、混乱が生じます。

正解はなかなかないのが実態で、きちんとしたシステム配置方針を持って検討すべきです。

たとえば、原価計算に直結する所要量展開はMRP（ERP）で受け持ち、MRP（ERP）の所要を受けてMES側で作業指示用の所要量展開、工程展開をするという切り分けです。

これは一例ですが、こうした機能の切り分けと担うべき配置をきちんとしないと、あちこちで同じような機能が混在し、ダブった機能でどちらが「正」なのかがわからなくなり、システム導入時に混乱をきたしてしまうのです。

②スケジューラー

作業展開、工程展開をした後の各作業の着手順序を効率化する機能であれば、MESとは切り分けてスケジューラー側に機能配置することができます。

しかし、スケジューラーの中には、多工程を連結して計画立案を行うものもあります。こうなると、所要量展開と工程展開・作業展開の機能を持つこ

MESは隣接システムとの棲み分けがむずかしい

MES が行う作業指示発行	MES が行う実績収集
●在庫引当て 工程内在庫引当て 有効期限・使用期限対応 ●製造指図 作業展開 製造指図発行 前工程出来高による次工程指示量の自動展開 ●出庫指図 出庫指図 出庫単位まとめ 仕込先情報 自動倉庫連携 ●指図承認 指図承認	●機器からの実績自動取込み ●バーコード確認 ●出庫確認 出庫確認 自動倉庫連携 ●着手完了報告 ●実績報告電子承認 実績報告承認 ●電子記録 作業記録 製造記録 ●詳細稼働実績分析 ●進捗管理

⬇

MES (Manufacturing Execution System) は製造現場の統合データベースシステム

とになり、MESとの切り分けがむずかしくなります。

このことは、同時にMRP(ERP)、MES、スケジューラーの三者間で所要量展開と工程展開・作業展開をどのように配置すべきかという複雑な問題を生み出します。

普遍的な正解はありません。指針としては、原価計算に直結する所要量計算をMRP（ERP）で行い、各工程所要量はスケジューラーに渡し、スケジューラーでボトルネック工程に関わる計画（スケジューリング）を行い、その所要をMESに渡し、細かい作業工程別の展開をMESで立案するという機能配置になるでしょう。

実績収集はこの逆の流れで、MES⇩スケジューラー⇩MRP（ERP）となります。機能配置と情報の流れは、採用したパッケージシステムの機能にも影響されます。

現物データの所在地

倉庫業務の要となる倉庫システム：ＷＭＳ

詳細精緻な管理が必要な実行の要。

●ＷＭＳによるきめ細かい在庫管理

「ＷＭＳ」とは、Warehouse Management System の略で、倉庫管理システムと呼ばれます。主に、倉庫に保管されている在庫の現品管理と入出庫管理を行います。

管理の過程で、入庫日管理やロットナンバー管理を行うこともあります。先入れ先出しでの出庫がルールだったり、有効期限管理が必要な場合などに活用します。重量や容積、荷姿、濃度管理やパーセンテージを表す「力価」管理、検査中やA級品・B級品というステータス管理など、きめ細かい管理を行う場合もあります。

●在庫の「正」はどこに示されるか

在庫というのは、現品で考えると実態はひとつしかないはずですが、システム上は、在庫はいろいろな管理形態をとり、いろいろなシステムにダブって管理されているのです。

倉庫にある在庫は、ＷＭＳで管理されています。一方、ＭＥＳでは工程内在庫が管理されますが、所要量展開時には、必要に応じて工場内のＷＭＳの在庫を引き当てます。

所要量計算のためには、工程仕掛在庫とＷＭＳの倉庫在庫を識別しなければなりません。また、ＷＭＳ内で検査待ちの完成品在庫は、会計上は仕掛りですが、ＭＲＰ（85項参照）やＳＣＭでの計画では完成品として扱い、計算上は正味の所要量からは省きます。

このように、在庫には検査中や出荷可能などのさまざまなステータスがあり、管理目的、業務目的に応じてさまざまな「顔」を持ちます。それぞれの業務タイミングごとに、どのような位置づけの在庫を扱って業務処理、システム処理を行うのか、十分に検討する必要があります。

現品在庫はＷＭＳです。現物がどれかという視点で見ると、在庫の「正」のデータはＷＭＳにあります。

よく、ＥＲＰに在庫計上されているから、在庫があると思ったら実はなかった、ということがあります。これ

WMSは倉庫業務の要となる倉庫システムとして「正」の在庫データを示す

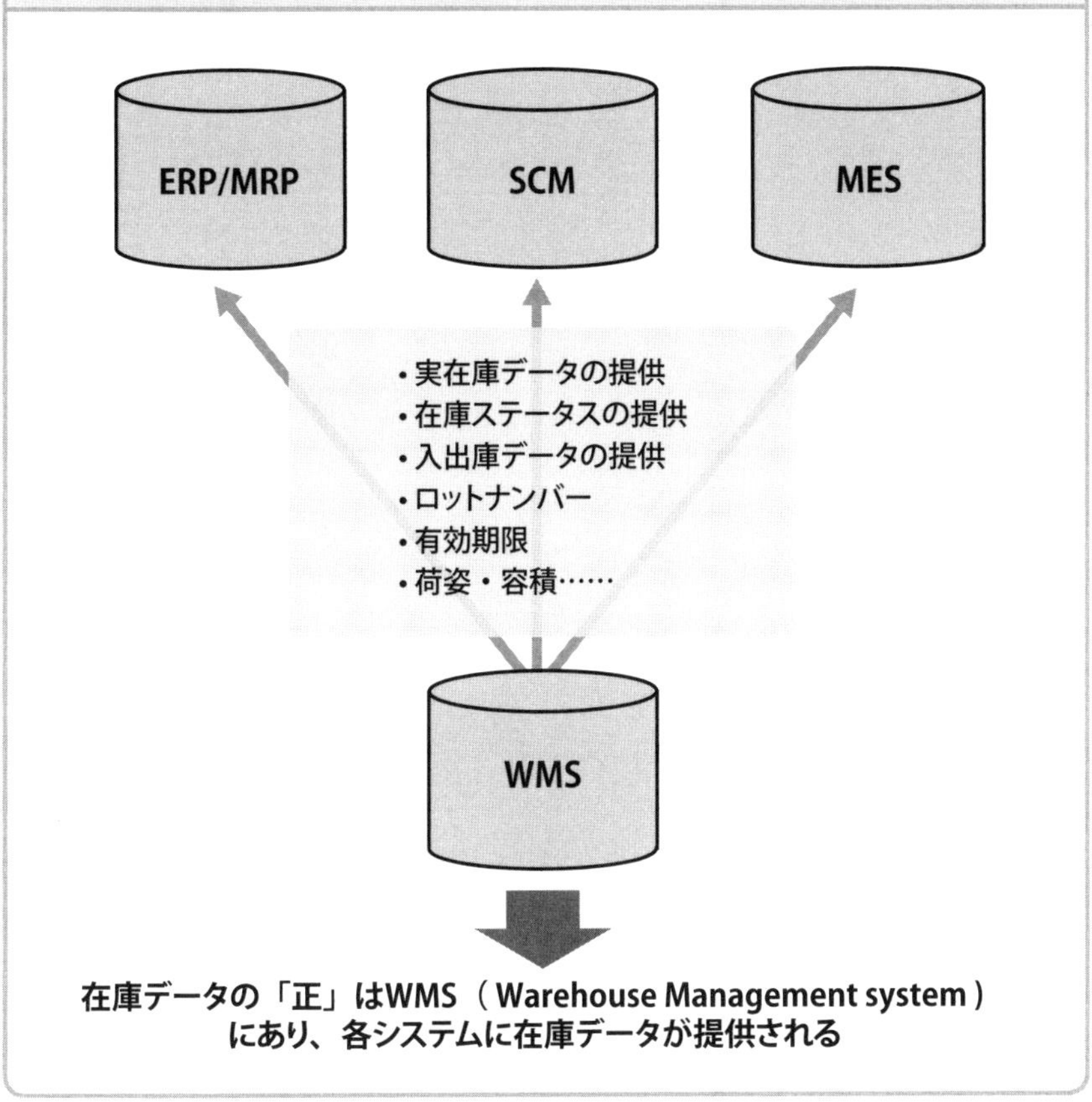
ERP/MRP
SCM
MES
・実在庫データの提供
・在庫ステータスの提供
・入出庫データの提供
・ロットナンバー
・有効期限
・荷姿・容積……
WMS
在庫データの「正」はWMS（Warehouse Management system）
にあり、各システムに在庫データが提供される

は、倉庫で出庫ずみのステータスが、ＥＲＰに引き渡される前に「在庫がある」と勘違いした例です。できれば、ＷＭＳと各種システムはリアルタイムにデータを受け渡すリアルタイムインターフェース機能がほしいところですが、そうできない場合、時間的なズレが生じるため注意が必要です。

会計上はＥＲＰ、工程管理上はＭＥＳにあり、ＭＲＰ、ＳＣＭ、ＭＥＳでＷＭＳ上の在庫を使いながら計画立案するので、相互の連携がきちんとしていないと、途中に人間による読み替えが必要になります。すると業務が属人化し、莫大な工数が要求され、業務品質が低下します。

業務ごとに在庫の「正」はどこにあって、どのシステムと連携して、必要に応じてデータ連携時にデータを変換処理するのかどうか、きちんと考えることが必要です。

SCMを支えるデータ管理のインフラ

進化するインフラ——バーコード・RFID・IoTのSCMへの貢献と限界

RFID、IoTはSCMを進化させるか。

●現品管理はバーコードから

現品管理を台帳で行っていた時代は過ぎ、今ではバーコードが使われています。価格情報を引き出したり、検査完了情報をシステムに飛ばしたり、人手ではとてもできないような大量処理が迅速にできるようになりました。

バーコードはさらに進化し、2次元バーコード・ＱＲコードとなり、より大量の情報を書き込めるようになりました。

●RFIDとは何か

印刷されたバーコードに対し、電子的な情報保持の道具としてＲＦＩＤが登場しました。Radio Frequency Identification の略で、情報を埋め込んだ電子タグ（ＩＣタグ）と無線通信で情報をやりとりする仕組みです。

ＲＦＩＤは、バーコードではできなかった管理を実現できると期待されました。データの書き込みや上書きができるので、トレーサビリティに活用できます。また、バーコードのようにひとつずつ読み込むのではなく、一括で箱に入っているすべての品物の情報を取得することもできます。一品ずつ現物確認するよりも格段に速く、正確に処理を行うことができるのです。

しかし、ＲＦＩＤはそれほど急激には導入が進んでいません。コストが高いからです。また読み取り範囲にも制約があり、ＲＦＩＤを読み取るにはかなりリーダーを近接させなければなりません。リーダーが高額であることも導入が進まない要因です。

課題がクリアされたとしても、業務でどうＲＦＩＤを使うのかを定義する必要もあります。コンテナ単位か、パレット単位か、単品ごとか、使う単位を決めなければ運用できません。また、データの書き込みタイミングや更新ルール、ＲＦＩＤの回収方法も考えなければなりません。

結局、ＲＦＩＤは魔法のソリューションではなく、目的と効果を考えて使うべき単なる情報インフラなのです。

●IoTもインフラ整備とモデルが必須

RFID、IoTはSCMを進化させるか
RFIDの意義とその限界
RFIDにデータ蓄積
実績データ蓄積と
高度なトレーサビリティシステム
&
非接触型のデータ読み書き
一括検品など、物流の効率化
RFIDの課題
●コスト
●非接触読み取りのリーダー能力
●きちんとした業務設計が必要
RFIDは単なるインフラなので、
それだけですばらしい業務が
成り立つわけではない
IoTの意義とその限界
IoTセンサーにデータ収集
いままでとれなかったデータの収集
&
人によるデータ処理・
受け渡しが省力化
ビッグデータ解析やAIで活用
IoTの課題
●データ収集のITインフラ整備
●IoTだけでは単にデータが集まるだけ
●データ解析のモデル化が必要
IoTも単なるインフラなので、
それだけですばらしい業務が
成り立つわけではない

いままで取れなかったようなデータを取得して活用しようというのがＩｏＴ（Internet of Things）です。ＩｏＴセンサーなどで収集した製造実績データや設備稼働情報を活用しようという試みです。ＩｏＴで取得した大量データを使ってビッグデータ解析をしたり、人工知能（ＡＩ）と組み合わせて予防保全などができると喧伝されています。

しかし、ＩｏＴを使うにはそもそもデータを収集、蓄積するためのＩＴインフラが必要です。また次項でも述べますが、ビッグデータ解析は、モデル化が必要です。適正なモデル化なきデータ解析は「風が吹けば桶屋が儲かる」ような解析結果となり、使いものになりません。

しかしＩｏＴは、データを統合できるインフラと解析を可能にするモデル化ができれば強力な武器となります。

AIを使いこなすことが必要

SCMでAIが期待される領域と活用の現実

AIですべてを解決できるわけではない。

●AIが期待されるSCMの革新領域

ＡＩの発展がＳＣＭを革新させると考えられています。第一に需要予測領域があります。第二に計画の最適化領域、第三に輸送計画の最適化、第四に輸送の自動化、そして第五にデータ解析の自動化と機械制御、第六にデータ解析による最適対応の示唆があります。

●AIとは何か、SCMに使えるのか

ＡＩとは、データの解析からデータに対する分析結果や対応方法をシステム的に推論し、導き出す道具です。収集されたデータからパターンを認識し、ルールを見出し、論理的な帰結もパターン化して導くのです。しかも短時間で大量のデータを処理できます。

こうした認識パターンと処理のパターンロジックは、人間が辞書のようにルールとして与える場合とＡＩが自らデータ解析から導く場合があります。後者は機械学習（ディープラーニング）と言われ、ＡＩ自体がパターンを学習・蓄積します。

●AIは需要予測に使えるか

ＡＩに期待されている領域のひとつが需要予測です。出荷実績データや温度や天気などの気象実績データから需要予測を行う際にＡＩを使おうということです。需要予測には大量の実績データが必要ですが、そもそも需要予測の実績には限りがあり、その制約下での予測精度になります。

●AIは計画の最適化に使えるか

計画の初期値としてＡＩに計画立案させ、定義された最適化目標を充たすように提案させることはできるでしょう。しかし、提案は参考情報として扱い、組織の利害調整やリスク判断は人の仕事になるでしょう。経営的な意思決定はＡＩに依存できないでしょう。

●輸送計画・輸送の自動化に使えるか

ＡＩを輸送計画の立案に使うこともできるでしょう。しかし、輸送計画もあくまで計画の提案までと考えたほうがよいでしょう。最後の意思決定はやはり人です。一方、輸送の自動化はＡＩによって実現されていくでしょう。

SCMで期待されるAIの活用

AIとは何か

AI：Artifical Intelligence
人工知能

データの解析から
分析結果や対応方法を
システム的に導き出す道具

- 収集されたデータからパターンを認識し、ルールを見出し、論理的な帰結もパターン化して導出
- 人間が認識したり思考する速度とデータ量を大幅に超えて処理できる

SCMに活用できる領域

①需要予測
②計画の最適化
③輸送計画の最適化
④輸送の自動化（自動運転）
⑤データ解析の自動化と機械制御（自動停止、フィードバック制御など）
⑥データ解析による最適対応の示唆（故障予知など）

AIは膨大なデータからパターンを認識してルール化する道具。何でもできる“魔法の箱”ではない。使える領域と機能的な限界を見極め、道具として使っていくことが必要

●データ解析の自動化と機械制御

製造現場のデータ解析でのＡＩ活用はすでに実用化が始まっています。画像解析による不良品の排除、製造データの異常認識による設備停止などの制御はどんどん進展していくでしょう。

●データ解析による最適対応の示唆

設備の異常探知と故障予知のような予知・予防関連への活用は時間がかかると予想されます。現段階で故障予知、予防保守などへの示唆ができるかというと、やはり人によるモデル化とパターン化が必要です。統計の世界でも因果関係をモデル化するのは相当な難易度です。ＡＩが単独で因果関係を推論し、パターン化するようなモデル化を実現するのはまだ先になるでしょう。

ＡＩには期待したいところですが、論理的な道具としてその限界も見極めて使っていくことで、ＳＣＭへの適正な活用領域があることでしょう。

Column

SCMとはシステム導入のことではない

◉需要予測やＥＲＰはSCMではない

システムを導入すれば、SCMができ上がるという幻想がありました。2000年頃は、需要予測システムやＳＣＰ、ＥＲＰを導入すればSCMができ上がると言われて、多くの企業が大金を投じてシステムを導入しました。しかし、大金を投じた割には、何も変わっていないというのが、多くの企業の実情ではないでしょうか。

需要予測システムやＳＣＰに至っては、当時導入したシステムをすでに廃棄した企業も多くあります。ＥＲＰは、単にいままでの基幹システムが置き換わっただけで、業務を改革したという印象は希薄です。結局システムを入れることがSCMではない、と多くの企業が気づいたのではないでしょうか。

◉システムは、標準化された業務しかできない

情報システムとは、基本的に標準化された業務処理しかできません。いつも同じ処理ができることを前提に、誰にでも理解できるロジック化した業務ルールだけがプログラムされてシステムが構築されるのです。結局、システムは標準化された業務しか処理できないのです。

いまに至っても多くの企業では、「属人化を廃して業務を標準化すべき」というのが謳い文句です。しかし、データの集計や計算処理とは別に、SCMはエキスパートやマネジメント層の判断と意思決定を伴う業務です。その点は標準化できないのです。判断や意思決定は、まさに属人化が必要な業務です。人による判断と意思決定が、大きな差と競争力を生むのです。

◉システムを使いこなす「良い属人化」を

誰が行っても同じ結果になることを目指した標準化業務が、会社の競争力を上げるはずがありません。そもそも、人間が行う仕事が全部システムに置き換わる、などという幻想は持つべきではありません。付加価値のない標準化できる業務は標準化し、効率化すべきですが、付加価値のある判断や意思決定は人の手に残し、エキスパートを育てる「良い属人化」が必要なのです。

第 10 章

これからのSCM

SCMはできていなかった

リーマンショックが教えてくれた、SCMは“マネジメント”

デマンドチェーンマネジメントを構築すべし。

●リーマンショックの激震

２００８年、リーマンショックが世界を襲いました。やや古い話になりますが、いまだに企業の多くはこのときの教訓を活かし切れていません。

リーマンショック当時、多くの日本企業はすぐに生産を抑制せず、海外に在庫を山積みにしました。日本の港と工場にも在庫を溢れさせました。

いくつかの製造業はリーマンショック以前に欧米の売上鈍化と在庫の積み上がりをつかんでいましたが、アクションはとりませんでした。実績も見込みも確認せず、販売の鈍化に生産を抑制せず、在庫累積のリスクの検知も計画変更の意思決定もしませんでした。

最終消費者や市場、販社の動向の検証、先々のリスクの検証、計画的意思決定は行われませんでした。つまりSCMはできていなかったのです。

左の図はリーマンショック前後の在庫率（在庫／売上）のグラフです。２００５年の在庫率を１００としています。

２００８年秋のリーマンショック前から在庫率が上昇しています。リーマンショック後もすぐにはアクションがとられず、年度末に向かって在庫が積み上がり、ピークはリーマンショックの半年後です。日本企業は半年以上の間、うまく手が打てなかったのです。

なぜこうなったのでしょうか。第一に〝販売〟の状況を見る仕組みができていなかったのです。販売の情報を見る仕組みとして、需要情報や販売計画予実情報の検証を行う機能が必要なのです。また、営業側の在庫も可視化することが必要だったのです。

第二に組織横断で計画的な意思決定を行う機能がなかったのです。販売動向や制約条件を検証し、リスクを判断し、計画的に販売、生産、調達の調整を行うマネジメント体制が必要だったのです。このことは94項で詳述します。

●〝販売〟の状況を見る仕組みが必須

SCMでは、販売状況をすばやく把握することが必須です。販社や代理店・

リーマンショック前後の在庫率の推移

計算資料は2005年の在庫率を100としている

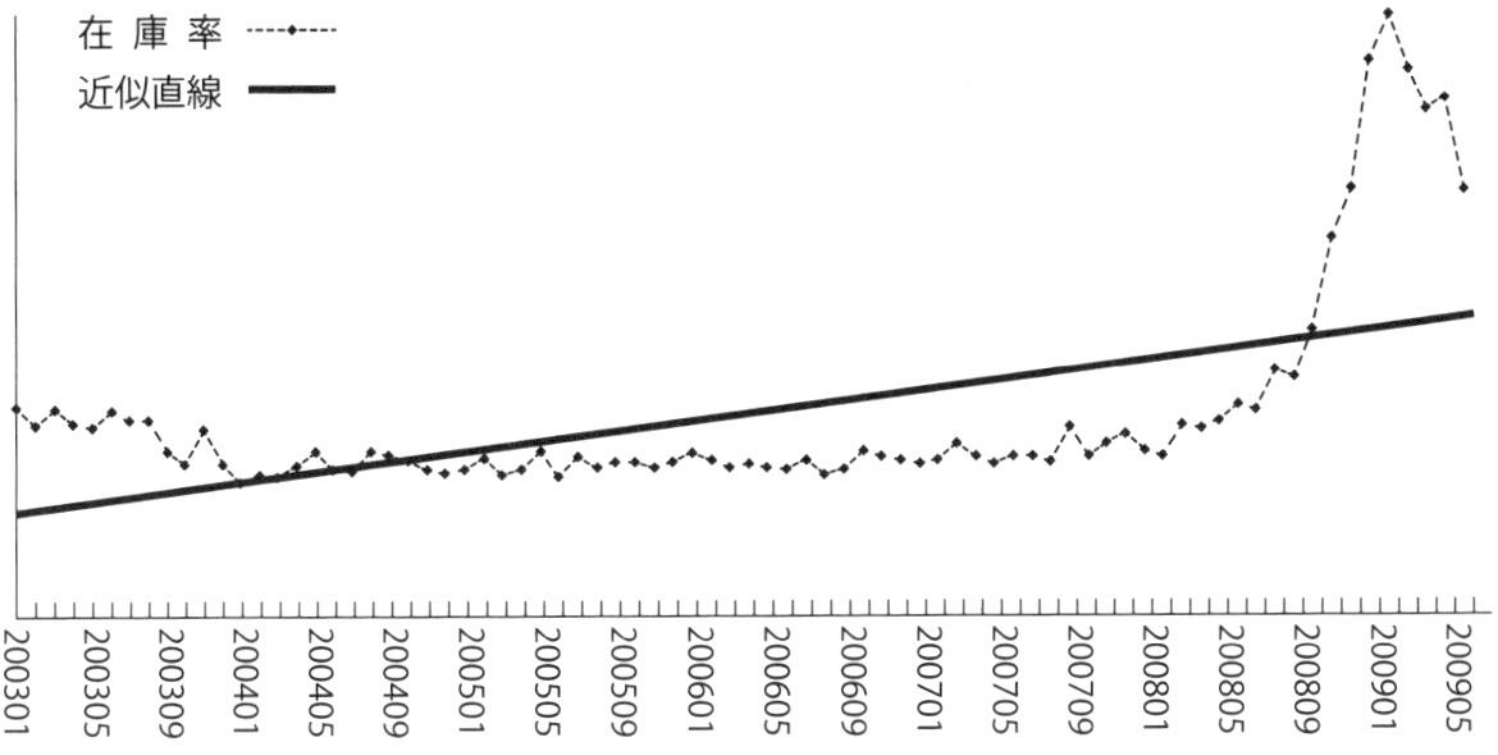

経済産業省資料より作成

- リーマンショックでは、販売側の販売の質、販売計画と実績、在庫状況等を把握しなかったため、前代未聞の在庫過剰に陥った
- 今後は販売の質、販売計画と実績、在庫状況をきちんと捉えて、供給側で対応することが必要であることに改めて気づかされた
- これからは販売を「見える化」し、変動対応だけでなく需要創造できるような「デマンドチェーンマネジメント」との融合が必要になる

小売の販売計画と販売実績、在庫実績と今後の在庫推移を検証し、先々の販売計画、在庫計画、仕入計画が妥当かどうか判断できるようにします。

販売動向を知ることで、供給側がリスクに備えて生産を落としたり、調達を止めたりできます。それだけではなく、いかに販売を伸ばすかという需要創造の活動にも連携していくことができます。販売が落ちたとき、キャンペーンやマーケティングの施策を積極的に打って、需要創造をした上で、需給をバランスさせようという対応です。

●デマンドチェーンマネジメントへ

古くは、供給側の体制をきちんとすることで、需要に対し適切な供給をすることがＳＣＭとされました。しかし、それだけでなく、需要創造や売上コントロールを視野に入れた〝デマンドチェーンマネジメント（需要連鎖管理）〟の業務構築が必要なのです。

商談情報がSCMのインプットとなる

B2BビジネスのSCMで必須となるSFA

SFA（Sales Force Automation）の構築・連携が必須。

●商談管理のツールSFA

B2Bビジネスでは商談管理が不可欠です。商談管理では、商談に関わる各案件の管理、案件ごとの進捗を測るステージ管理を行います。

商談管理をサポートするシステムがSFA（Sales Force Automation）です。SFAに商談案件を登録し、案件ごとのステージ進捗、受注確度、売上ボリューム想定＝売上着地見込みを可視化します。ステージごとの売上着地見込みの割合を可視化して、案件が進捗しているか、ステージが進んでいない案件でも、歩留まりを考慮して売上ポテンシャルがあるかを検証します。

●販売計画の着地見込みへの活用

ステージごとの案件が見えると、年度末に向かって案件が確実に受注・売上になりそうかどうか把握できます。月や期が進むにつれ、引き合いや見積もり段階だった案件が受注・売上となっているかを検証できるので、予算達成見込みが確認できるのです。

ステージの進んだ商談案件が十分あれば、売上達成見込みが高まります。逆に案件が少なければ、案件の創出が指示できます。このようにSFAを使って販売計画の達成度合い、売上着地見込みを可視化しつつ、確実な受注・売上を示唆することができるわけです。

売上着地見込みの確度が上がれば、生産や調達への適正な情報インプットになり、ムダな生産や調達の排除、あるいは売上達成に貢献する確実な供給を計画的に行うことができます。

●顧客を再定義、顧客情報を整備する

案件を確実に管理するには、顧客の定義が重要です。顧客は多様です。最終使用者、仕様決定者、設計者、販売代理店といった複数の顧客階層がある場合があります。こうしたケースでは、購入の決定権を持つ組織・人（決定権者）の定義が必要です。

決定権者と関係者の関連や動き、商談プロセスでの影響を考慮し、適切なタイミングで適切な組織・人にアプローチできるよう定義し、商談コント

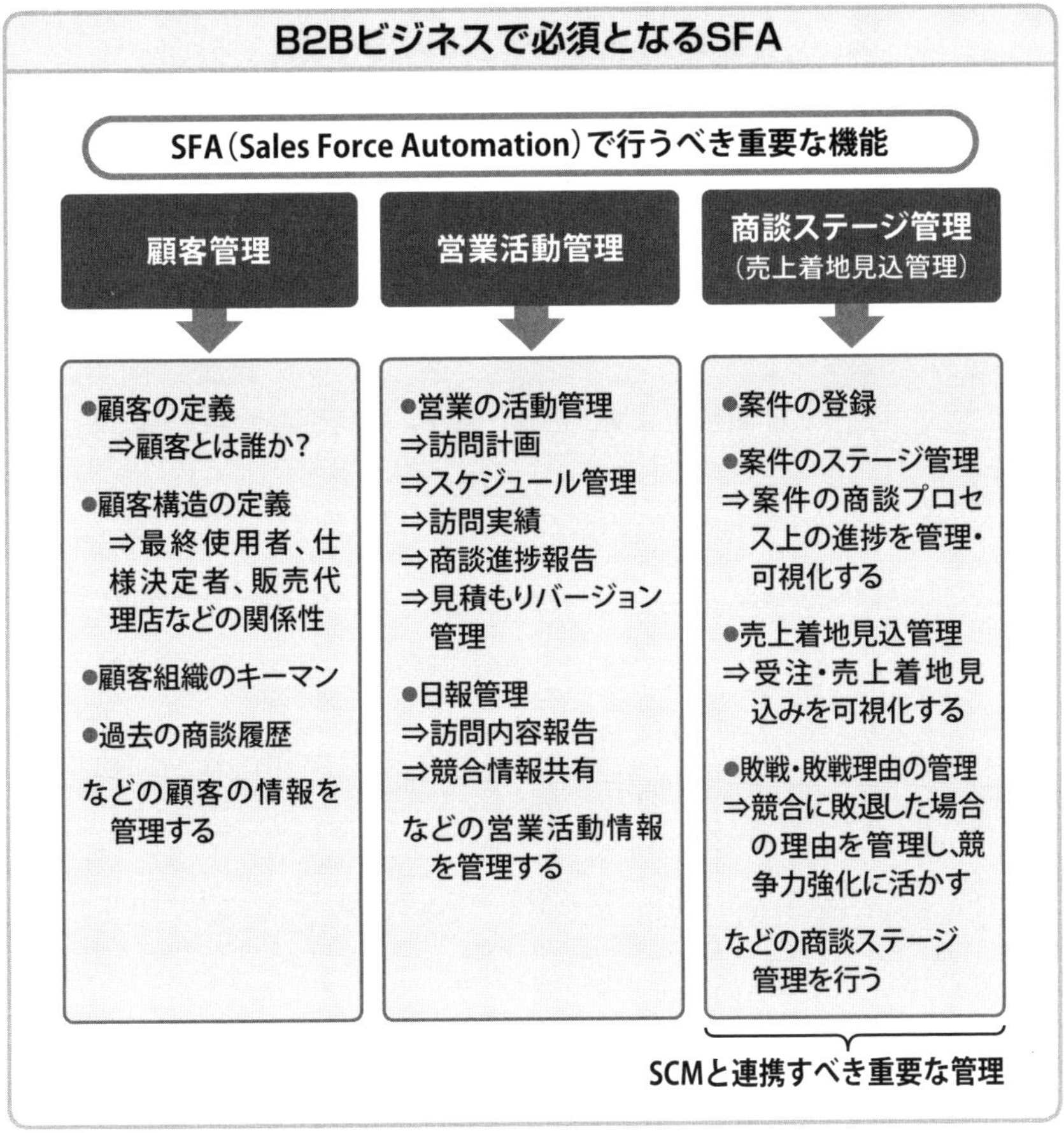

B2BビジネスでS必須となるSFA
SFA（Sales Force Automation）で行うべき重要な機能
顧客管理
営業活動管理
商談ステージ管理
（売上着地見込管理）
●顧客の定義
⇒顧客とは誰か？
●顧客構造の定義
⇒最終使用者、仕様決定者、販売代理店などの関係性
●顧客組織のキーマン
●過去の商談履歴
などの顧客の情報を管理する
●営業の活動管理
⇒訪問計画
⇒スケジュール管理
⇒訪問実績
⇒商談進捗報告
⇒見積もりバージョン管理
●日報管理
⇒訪問内容報告
⇒競合情報共有
などの営業活動情報を管理する
●案件の登録
●案件のステージ管理
⇒案件の商談プロセス上の進捗を管理・可視化する
●売上着地見込管理
⇒受注・売上着地見込みを可視化する
●敗戦・敗戦理由の管理
⇒競合に敗退した場合の理由を管理し、競争力強化に活かす
などの商談ステージ管理を行う
SCMと連携すべき重要な管理

ロールを行います。

また顧客情報と顧客との商談履歴の蓄積も重要です。誰がキーマンか、担当者は誰で、過去にどのような経緯があったかといったことです。ＳＦＡは顧客管理のデータベースにもなります。

●営業活動管理とは峻別する

ＳＦＡ構築では、営業活動管理や日報管理ばかりに目が行っている企業も多いものです。しかし、それだけではせっかくのＳＦＡが単なる営業マンの管理ツールで終わってしまいます。ＳＣＭで重要なことは、商談の売上着地見込みを把握し、生産や調達と情報連携し、計画的な準備やリスク対応に資することです。

営業活動管理は重要です。しかしＳＣＭとしては、それでは不十分です。商談ステージ管理や売上見込管理も合わせて構築し、組織横断でＳＦＡが活用できるようにすることです。

組織横断でのSCMの再構築

SCMで必須となるS&OPとは何か

開発、営業、生産、調達、財務を連動させるSCM。

●不確実性対応に必須のS&OP

計画的な対応をより高度化させるために、製販統合で行うS&OP（Sales & Operation Plan）という業務構築が重要になってきています。

S&OPは一般に「販売計画ならびに事業計画」と訳されます。S&OPは「販売計画と連動した生産・能力・調達計画」と考えていいでしょう。

S&OPの目的は、製販統合で売上・利益の最大化、在庫の最適化を実現することです。S&OPを行うことで、販売計画・売上見込みに対し、確実な生産、供給を行い、売上達成に貢献することができるのです。

●S&OPは開発計画、終売計画から

S&OPは開発計画や終売計画の検証と連携から始まります。開発計画によって新製品の販売・生産計画が決まり、連携して調達しにくい足長部材などの先行調達を意思決定します。また、終売に合わせて生産を中止していくタイミングを決めたり、販売中止に向けて販売活動を統制したりします。

開発計画、終売計画に対し、在庫や生産をコントロールしながら確実な供給と在庫滞留の回避を行うのです。

●販売計画・売上見込み検証

S&OPは販売計画を検証し、後続の生産・調達計画の意思決定を行います。販売計画の検証はS&OPでは必須です。販売計画の達成見込みにより、売上達成と生産や調達にリスクが生じるからです。

キャンペーンを含む販売計画の達成見込み、商談管理におけるステージ進捗と受注・売上見込みを検証します。達成リスクを見込んで販売計画を調整・承認し、販売計画に基づく生産・調達計画を意思決定します。

●財務インパクトも検証し、計画承認

S&OPでは数量的な計画を見るだけではありません。計画を金額換算し、財務インパクトを検証します。

たとえば、販社の仕入計画が大きい場合、在庫金額と仕入金額が膨らむので、大量仕入れに対する資金繰りも

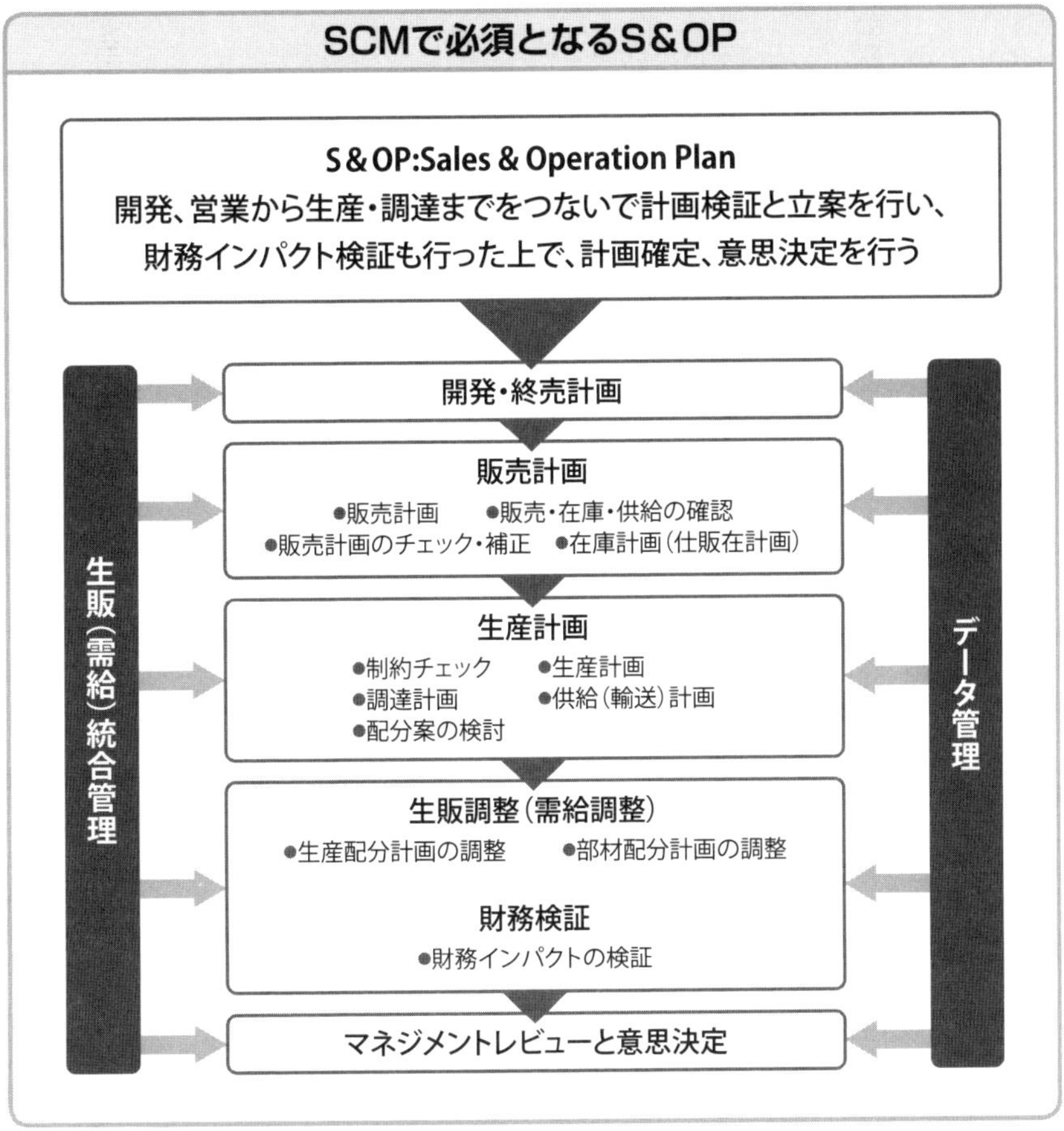

チェックします。資金ショートしそうな場合は本社が支援するなり、仕入計画を変更させるなりします。

また、調達難になりそうな部材の先行調達計画がある際には、先行調達したい部材在庫の金額と残留リスクを検討し、買うか買わないかを判断します。買う場合は、余っても製品化して何とか販売する施策を検討し、買わない場合は調達難になったときの代替部材の購入、あるいは代替製品の生産・販売計画を検討しておきます。

このように、開発、販社、営業、生産、調達、財務の各部門が協力し、計画を検証、調整した上でマネジメント層の承認を受けるのがS&OPです。

S&OPのプロセスは経営的な意思決定そのもので、SCMが経営的な意思決定の一部であることが如実に現れている業務です。SCMがマネジメントである証左です。

購買機能と調達機能の識別

購買機能とサプライヤーとの関係

確実な調達を実現するためのSCM。

●購買機能と調達機能の違い

部材や商品を外部から調達する際に、調達機能とは別に〝購買〟という機能があります。購買と調達は混同されることが多いのですが、別な機能です。購買機能とは、以下のような機能を言います。

①購入品目の決定、選定

部材などの購入品目を探索し、決定します。新製品開発に関わる際には、新たな部材の探索、評価を行います。また既存の部材でも、コストダウンや品質向上で代替品の提案を行います。

②サプライヤーの選定

購入品目のサプライヤーを選定します。複数候補に提案を依頼し、選定します。①の購入品目と同時に行う場合もあれば、別に行う場合もあります。

③価格交渉と価格決定

購入品目の見積もり依頼をし、価格交渉を行います。サプライヤーからの値上げ要請の対応も行います。

④購買条件の合意、契約管理

納期、良品率、最小購入単位、荷姿などの条件を交渉し、合意します。

⑤長期調達計画と取引条件の合意

計画調達契約に基づく長期の購入数量、価格、計画の変動幅などの条件を合意します。長期調達計画は調達機能側の組織で行うこともあり、企業によってさまざまです。

購買機能は調達の前段階で準備と合意を行う機能で、ソーシング機能とも言います。購買機能が弱いと、ＳＣＭの計画・実行機能が弱くなるので購買機能の強化が必要です。

調達機能は調達計画・調達数量の算出、発注、納期管理、受入、債務計上、支払い管理などを行います。調達は実行・統制に関わる機能です。

●企画、設計、開発と開発購買機能

購買の機能として、より上流業務である企画、設計、開発と連携する機能を開発購買機能と言います。開発購買は製品の企画段階から関わり、世の中にある革新的な部材や、先行技術を持つサプライヤーを探索したりします。

購買機能と調達機能の違い

購買機能	調達機能
●購買機能（ソーシング機能） ①購入品目の決定、選定 ②サプライヤーの選定 ③価格交渉と価格決定 ④購買条件の合意、契約管理 ⑤長期調達計画と取引条件の合意　など ●開発購買機能 ①企画・設計プロセスへの早期からの参画 ②革新的部材探索 ③先行技術サプライヤー探索 ④代替部材・代替サプライヤーの提案 ⑤サプライヤー交渉 ⑥原価積算シミュレーション　など	①調達計画の立案 ②調達数量の算出 ③発注 ④納期管理 ⑤入庫受入 ⑥債務管理、支払い管理

つまり企画段階や設計段階から、設計部門への新規部材や代替部材の提案、サプライヤー提案を行うのです。

開発段階では、試作での価格交渉や開発時の部材の発注・購入交渉などをサプライヤーと行います。

また開発品のコスト情報の収集、コストシミュレーションによる原価積算機能を担う場合もあります。

一度製品化した品目の代替部材企画、交渉、提案を行う機能も、開発購買機能と言うことができます。

●サプライヤーとの連携強化

購買機能はサプライヤーとの連携を強化し、S&OPでの計画合意や交渉を行う主軸になります。

調達機能はサプライヤーからの調達業務を管理・統制する機能です。一方、購買機能はサプライヤーとの関係を強化するとともに、量産前に製品のQCDを向上しておく機能になります。

不確実性の増大はSCMの脅威

不確実性への対応：即応型SCMと計画対応型SCMの両立

不確実性に対応することがSCMの主機能のひとつ。

●サプライチェーンの分断、不安定化

安定的にＳＣＭの運用が可能だった時代は終わり、製造業は大きな変動にさらされています。サプライチェーンが分断され、不確実性が増大しているのです。半導体不足、輸送能力の逼迫、電力不足、異常気象や紛争による調達難、輸送難などに起因するものです。

何も手を打たなければ、確実な生産・調達、確実な製品供給は困難になってきています。ここではサプライチェーンの分断、不安定化に対し、いくつかの対応策を述べましょう。

●即応型の緊急対応ＳＣＭ

サプライチェーン上で起きた突発事象に即応することで、短期的な対応はできます。たとえば調達が滞った場合は、急ぎ第二のサプライヤーを探す。輸送が滞った場合は、急ぎ第二の輸送業者を探したり、輸送ルートを変えるといった取り組みです。反射・即応的な対応で、生産、調達、物流などの部門が主導します。

こうした緊急対応は必要ですが、後手の〝リアクション〟です。打てる手も限られ、効果も一時的で、コストがかかります。

サプライチェーンの分断や不確実化に対しては、このような対応が最先端のように語られることが多いのですが、それは間違いです。計画的な先読み対応がよりよい対応です。

●ＢＣＰとサプライチェーンデザイン

ＢＣＰ（Business Continuity Plan）は、事業継続性計画と訳されます。突発事象が起きても、事業継続できるように前もって計画的に準備することです。ＳＣＭでのＢＣＰは、サプライチェーンデザインにおいて、供給を担保するよう十分距離の離れた場所に代替となる別倉庫・別工場を設ける、複数社購買を継続するといった方法です。

ＢＣＰ対応が難しいのは、バックアップ倉庫やバックアップ工場、バックアップサプライヤーを常に稼働させておかなければならないところです。たとえばＢＣＰ倉庫も、余分な「不動

サプライチェーンの不確実性への対応

①即応型緊急対応

問題が起きたときに、反射的に即応する対応

たとえば、

- 供給が滞った場合、急ぎ第2のサプライヤーを探す
- 輸送が滞った場合、急ぎ第2の輸送業者を探す、輸送ルートを変える　など

緊急対応としては必須、行うべきだが……

先読みした計画的な対応こそSCMの王道

②事業継続性計画
BCP：Business Continuity Plan

「先読み:Proactive」対応として、突発事象が起きても、事業継続できるように前もって計画的に準備する

たとえば、

- 十分距離の離れた場所に代替となる別倉庫、別工場を設ける
- 複数社購買を継続する　など

いわゆる、バックアップである⇒冗長性が高く、運用も高コスト

BCPは必要だが、計画的対応を主軸に

③計画的先読み対応

計画業務によって、リスクを読んで対応する計画的先読み対応をする

計画的先読みをS&OPに進化させるのが王道

BCP在庫」を保管しっぱなしにはできません。BCP対応在庫であったとしても、回転させ、倉庫も稼働させなければならないわけです。BCP対応は冗長で、コスト高なのです。

●リスクに対する計画的先読み対応

計画的な先読み対応を行うことこそSCMの肝になります。組織横断でのリスク把握と意思決定が重要なのです。計画的な対応ができれば、BCPの冗長性も低減できるわけです。

サプライチェーン横断・組織横断で情報を可視化し、制約を管理し、制約に対し、先行して計画対応します。

計画対応をより進化させたものがS&OPです。開発、営業、海外販社、工場、サプライヤーを巻き込んで組織横断で行う統合計画対応により、相互にリスクや変動を管理し、調整し、先読みして突発事象や変動に対応するのです。S&OPこそSCMの王道です。

これまでは各国が勝手に振る舞っていた

連結経営まで視野を拡大するSCM

世界規模のSCM司令塔は、連結経営の主軸。

●グローバルＳＣＭ構築はむずかしい

ＳＣＭをグローバルに構築しようとすると、いろいろな問題が出てきます。特に大きな問題は、海外販社や海外工場が、グローバルＳＣＭという考え方にしたがわないという問題です。

海外販社や海外工場の資本金への出資比率が低く、連結対象でない場合は仕方がありません。しかし、出資比率が高く、連結対象であっても、海外販社や海外工場は、まるで別会社のように振る舞うことがあります。

海外販社や海外工場の評価については、単独での予算達成責任が伴います。たとえば、本社で連結在庫を減らしたいと考えても、各国で財務成績に責任と権限を持っている海外販社や海外工場が、本社の指示にしたがわないことがあります。在庫を減らせば欠品の怖れもあるし、廃棄でもしようものなら廃棄損で利益が減ります。海外工場の生産を止めようとしても、予算達成が困難になる海外工場がしたがうはずがありません。

お客様に迷惑がかかる怖れがある上に、業績を悪化させかねない指示に、海外拠点がしたがうはずもなく、部分最適・全体崩壊の状況が生じかねないのです。

これでは、連結でＳＣＭ改革を進め、グローバルでのコントロールを強めて業績コントロールをしようという本社の意向は無視されます。海外販社や海外工場が、協力体制にないことになってしまい、組織の壁があいかわらず残ってしまいます。グローバルＳＣＭは、各国個別の単独経営により阻害されてしまうのです。

●ＳＣＭとしての連結予算管理

このような単独での活動を、グローバルＳＣＭとして、グループ全体で「必要なモノを、必要な場所に、必要なときに、必要な量だけ」供給し、その反対に、必要でなくなったときには、供給にも生産にも調達にもブレーキをかけて、不要な在庫を持たずにすむようにマネジメントする体制に持っていく

世界規模でSCMを展開するために連結経営も見据える

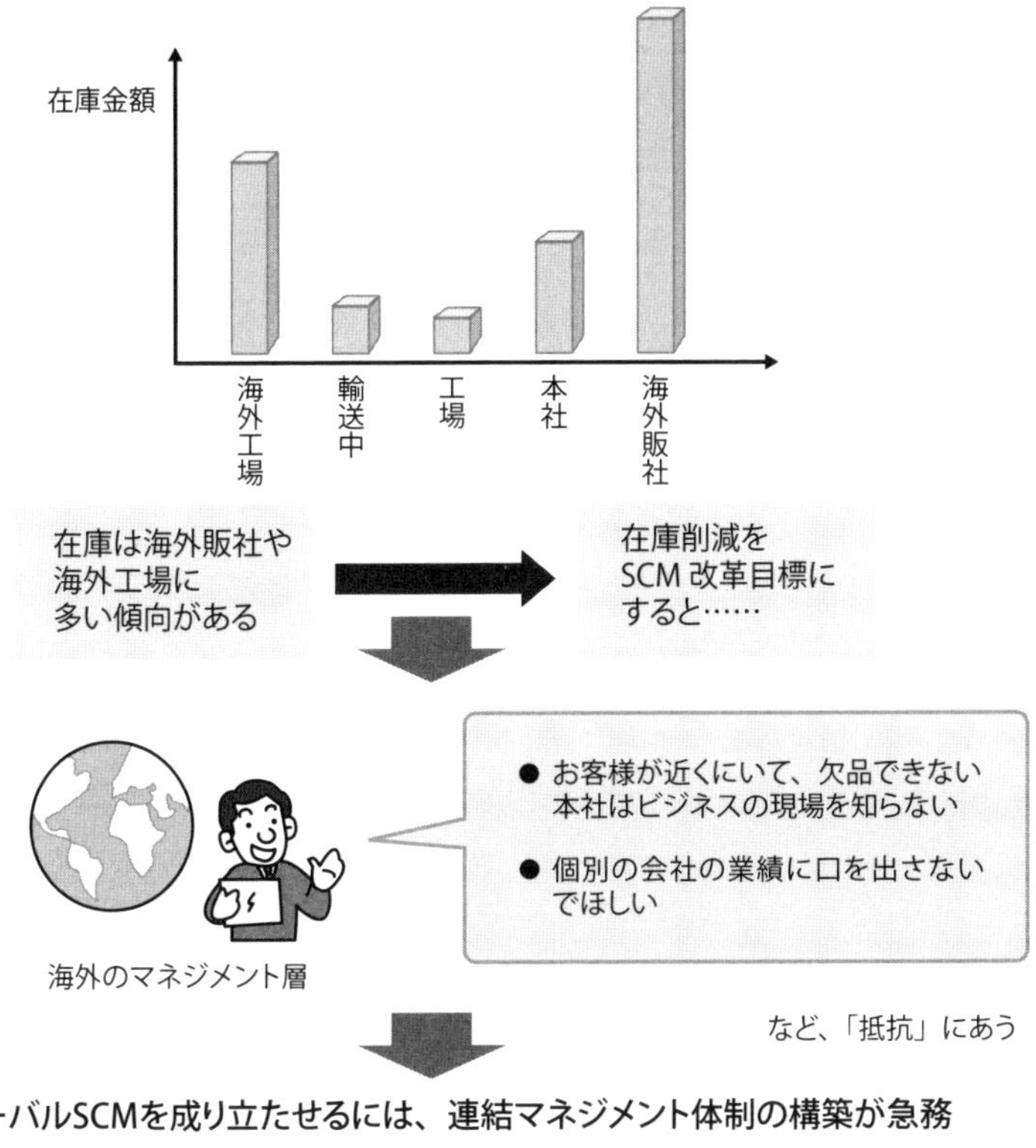
在庫金額
海外工場
輸送中
工場
本社
海外販社
在庫は海外販社や海外工場に多い傾向がある
在庫削減をSCM 改革目標にすると……
お客様が近くにいて、欠品できない
本社はビジネスの現場を知らない
個別の会社の業績に口を出さないでほしい
海外のマネジメント層
など、「抵抗」にあう
グローバルSCMを成り立たせるには、連結マネジメント体制の構築が急務

ことが必要です。そのためには、連結予算管理、連結業績管理とリンクしたSCMの構築が必須です。

連結予算管理とは、計画の最上位にある予算策定をグローバルで行い、各国の販売計画、在庫計画、仕入計画、生産計画を、連結予算の策定プロセスで指示・承認をしていく方法です。世界中の拠点の在庫方針や生産能力などを、合意の上で意思決定します。

そして連結業績管理では、連結予算管理で合意された業績達成を評価するようにします。単独で売上達成しても、他方で在庫過多の場合は、目標達成ではないとの評価です。損益評価だけでなく、資産評価も合わせて行わないと、山のような在庫を持った、キャッシュフロー上非常に効率の悪い経営が評価されかねません。そこで、連結の損益計算書と貸借対照表とキャッシュフローで統制します。

モノづくりの最上流と SCM

設計・開発プロセスとSCMの連携

エンジニアリングチェーンとサプライチェーンの統合。

●エンジニアリングチェーンとは

設計・開発のプロセスをエンジニアリングチェーンと言います。エンジニアリングチェーンのプロセスは、商品企画、設計、開発と製品のライフエンドを管理するＥＯＬ（End of Life）管理があります。この一連のプロセスをマネジメントしていくことをエンジニアリングチェーンマネジメント（以下ＥＣＭ：Engineering Chain Management）と言います。

●ＥＣＭとＳＣＭの関連と分断

ＥＣＭはＳＣＭと無関係ではありません。随所で関連しています。この関連が分断されると、合理的でない生産拠点選択や生産・調達難を生む製品仕様になり、企業の競争力を毀損します。

ＥＣＭとＳＣＭの関連では、商品企画段階での開発購買機能連携や生産拠点選択、設計時の製造設計との連携としてのコンカレントエンジニアリング、設計ＢＯＭから生産ＢＯＭ連携、サービスパーツの構成管理を行うサービスＢＯＭ連携などがあります。

●開発購買と生産拠点選択との関連

ＥＣＭの商品企画段階では、開発購買と生産拠点選択との関連を意識した企画が重要です。企画段階から購買機能として調達リスクを低減した部材やサプライヤーを推奨したり、市場との距離、供給リードタイム、輸送制約、製造コスト、輸送コストを考慮した拠点選択を行っていくのです。

新製品の商品企画段階から購買や生産管理、生産技術が参画していくことが重要なのです。

●製品ライフサイクルを管理するＰＬＭ

設計上の部材の構成情報を生産上の構成情報に連携していくことも必要です。設計段階の構成情報を〝設計ＢＯＭ〟、製造段階の構成情報を〝生産ＢＯＭ〟と言います。さらに保守に使うサービスパーツの構成を管理する構成情報を〝サービスＢＯＭ〟と言います。

設計ＢＯＭを源流に生産ＢＯＭ、サービスＢＯＭへと連携して構成が管理されます。設計変更が起きた際に設

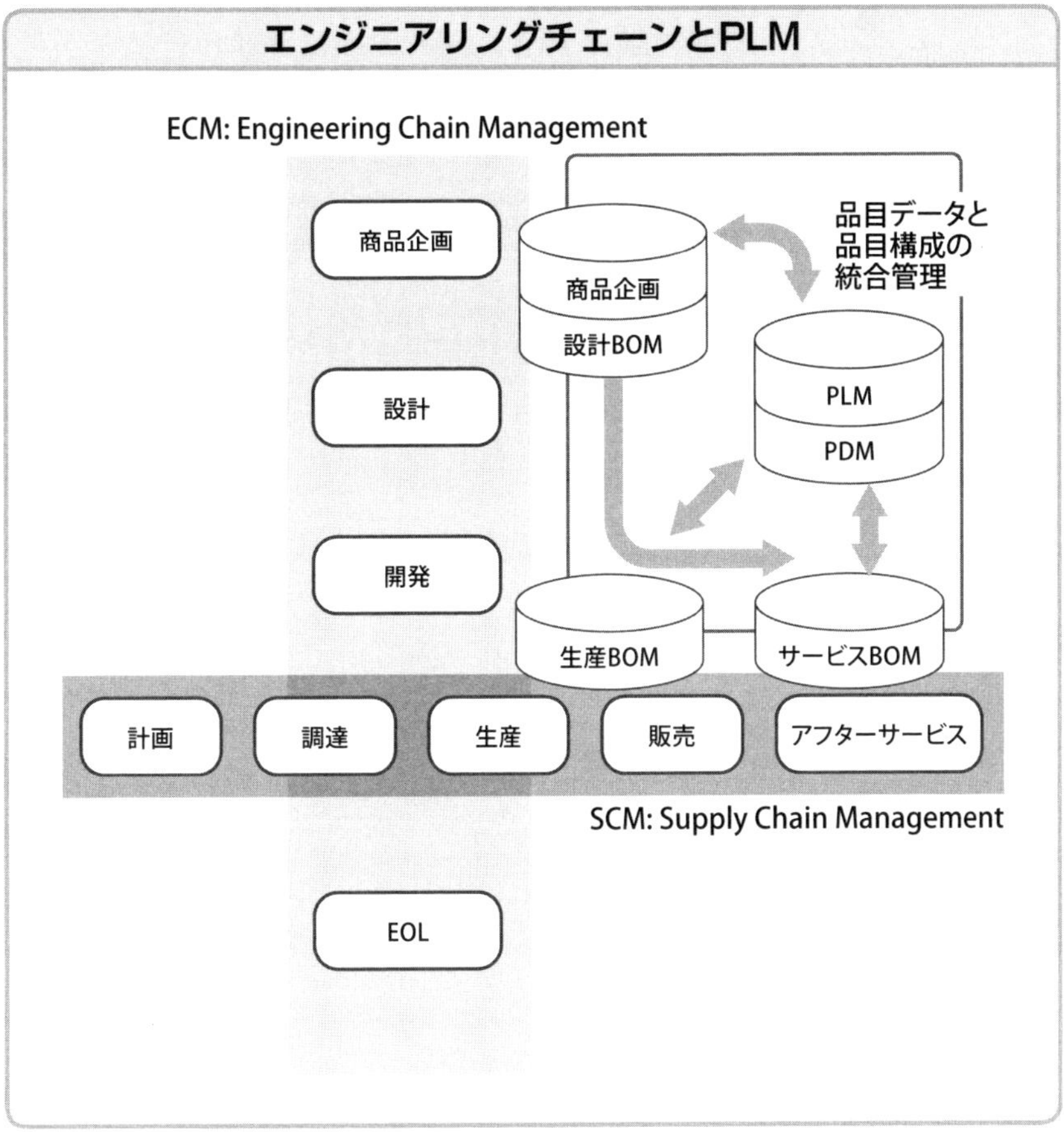

計ＢＯＭを改訂したら、迅速に生産ＢＯＭ、サービスＢＯＭへと連携していきます。生産が終了した後でもＥＯＬまでサービスパーツの供給が続くため、常にサービスＢＯＭも最新化が必要です。

また、製品ライフサイクルを企画段階から量産、アフターサービスまで全般的に管理する仕組みが必要です。製品ライフサイクルにわたる品目の構成を管理する業務はＰＬＭ（Product Lifecycle Management）と呼ばれます。

●ＰＬＭとＢＯＭとの連携

ＰＬＭはＣＡＤデータの図面情報を管理し、設計ＢＯＭデータを管理します。設計ＢＯＭから生産ＢＯＭやサービスＢＯＭがつくられます。ＰＬＭは図面情報からライフサイクル全般の構成を管理します。品目の情報だけを管理するシステムは、ＰＤＭ（Product Data Management）と言います。

物流を戦略化し、競争力に貢献させる

サードパーティー・ロジスティクスの波と自社物流回帰の流れ

顧客サービスとコスト、物流リソース制約を考慮した選択。

●サードパーティー・ロジスティクス

物流領域は行き当たりばったりで構築され、つぎはぎだらけの企業が多いものです。工場立地は、加工・組立などの原価を検討して選定されますが、そこに関連する物流の形態や物流コストが考慮されることは稀でした。

しかし、物流は顧客が意識するサービスのコストのカギを握っています。スピードが遅ければ顧客にそっぽを向かれます。物流が安定せず、常に緊急輸送していてはコストも高まります。素人集団だけで物流を構築することには限界があるのです。

「餅は餅屋に」という言葉がありますが、専門業者にはノウハウの蓄積があります。倉庫管理、動線設計、ピッキング、輸送管理、運行管理、貿易管理などのノウハウを蓄積しています。

最近は競争が激しく、物流業者も選別の時代に入っているため、厳しい業務改革を進めています。かつてはなかなか改革の進まない業界でしたが、外資の参入が刺激になりました。物流もグローバルを舞台に競争が行われる時代になり、物流業者も大きく変貌を遂げつつあります。

もし、従来の物流に危機感があるのであれば、物流機能をフル・アウトソーシングする、サードパーティー・ロジスティクス（3PL）も検討の余地があるでしょう。

●物流品質の向上とコストの変動費化

3PLでは、倉庫管理、入出庫、輸配送を全面委託します。

倉庫稼働時間、受注締め時間、誤出荷率や出庫リードタイムなどの指標、輸配送時間帯などはサービスレベル・アグリーメント（SLA）というサービスレベルの合意をした上で、物流品質の維持向上を高める仕掛けにします。コスト的には、物流費を変動費化させて、ピッキングや荷役作業は出来高で支払い、固定費化を防ぎます。

3PLで物流を競争力に変え、同時にコスト抑制を狙います。3PLでサービスレベルを上げ、売上拡大を実現し

サードパーティー・ロジスティクス(3PL)

サードパーティー・ロジスティクスとは？

物流業務を外部業者にフルアウトソーシングすること

サードパーティー・ロジスティクス検討の基準

Yes	No	
✔	□	競合に対抗していけるだけの物流品質を確保できるか？
□	✔	今の物流業務に甘えはないか？
✔	□	他の業者と戦って遜色のない物流業務が営めているか？
□	✔	日々改善の努力がされているか？
□	✔	サービスレベルは上がり、コストダウンは進んでいるか？

ひとつでもNoがあればサードパーティー・ロジスティクスを検討する余地がある

↓

しかし、ドライバー不足などにより物流が硬直化、高コスト化に！

アウトソーシングでは、物流が硬直化、高コスト化し、かえって競争力を削ぐ可能性もある

自社物流にすることで、
●柔軟性確保　●コストコントロール実現　●サービスレベル向上
などを行い、物流を競争優位に貢献させる流れも出てきている

ている企業が続々登場しています。

●一方で自社物流に戻す流れも

近年、ドライバー不足が深刻です。物流費は年々増大しています。リソース不足ゆえ規制も強化されます。いままでできたサービスも困難になり、物流に柔軟性がなくなってきて、ビジネスに大きな影響を与え始めています。

３ＰＬのような物流アウトソーシングとは逆に、自社で物流を担う自社物流に切り替える企業も出てきています。自社に物流部門を持ち、トラックとドライバーを抱えることで、自社で必要なサービスを必要なタイミングで必要な形態とリーズナブルなコストで実現し、物流を競争優位に貢献させようとしているのです。

外部に物流を握られると、柔軟性を失い、コストコントロールもむずかしくなり、企業競争力を毀損する怖れが出てきているからです。

グローバルSCM、SCM分断とその対応

グローバル化とサプライチェーン分断への対応、生産の国内回帰

SCMのグローバル統合管理とリスク対応。

●統合管理を失った日本の製造業

日本企業は販売、生産のグローバル化に合わせて世界に展開してきました。その過程では現地主義を尊重しすぎて、グローバルに統括する機能構築が脆弱でした。結果、日本の本社は単なる事務処理集団になり、各拠点への統制・指示が弱体化したのです。

そこにきて、半導体不足、紛争などによるサプライチェーン分断が起きました。組織的な対応ができない企業は調達や輸送が困難で生産ができなくなり、売上を大きく落としました。

日本企業は、ＳＣＭにおけるグローバル統括機能再構築が必要なのです。

●グローバル営業統括機能の再構築

まず、グローバルに営業組織を統括管理する機能の再構築が必要です。本社の意思を持った売るべき製品の指示と統制に従わせる機能が要るのです。

たとえば、在庫が余った際には売り切らせる、価格統制を効かせ、売りやすい製品ではなく、儲かる製品を売るように指示するなど、販売の統制力を取り戻すことが必須です。

●グローバル生産統括機能の再構築

各国工場のコスト状況、納期遵守を監視し、ライン稼働の最大化やコスト低減を横比較しながら厳しく統制する機能も必要です。管理方法が異なり、コストを横比較できないようでは、最適地生産など夢のまた夢です。各国工場のＱＣＤを可視化し、統括管理します。

●生産戦略と生産の国内回帰

海外生産のコスト高、サプライチェーンの分断により、国内生産への回帰の意思決定も必要になるでしょう。

まず各国製造拠点のＱＣＤ管理を行うことが必須です。さらに部材調達の難易度、人材確保の難易度がそろばんに合うならば、国内製造への回帰を迅速に意思決定すべきでしょう。

●グローバル購買・調達機能の再構築

複数の工場が同じサプライヤーから調達しているにもかかわらず、個々別々に発注していて、同じグループ工場間で部材の取り合いをしている製

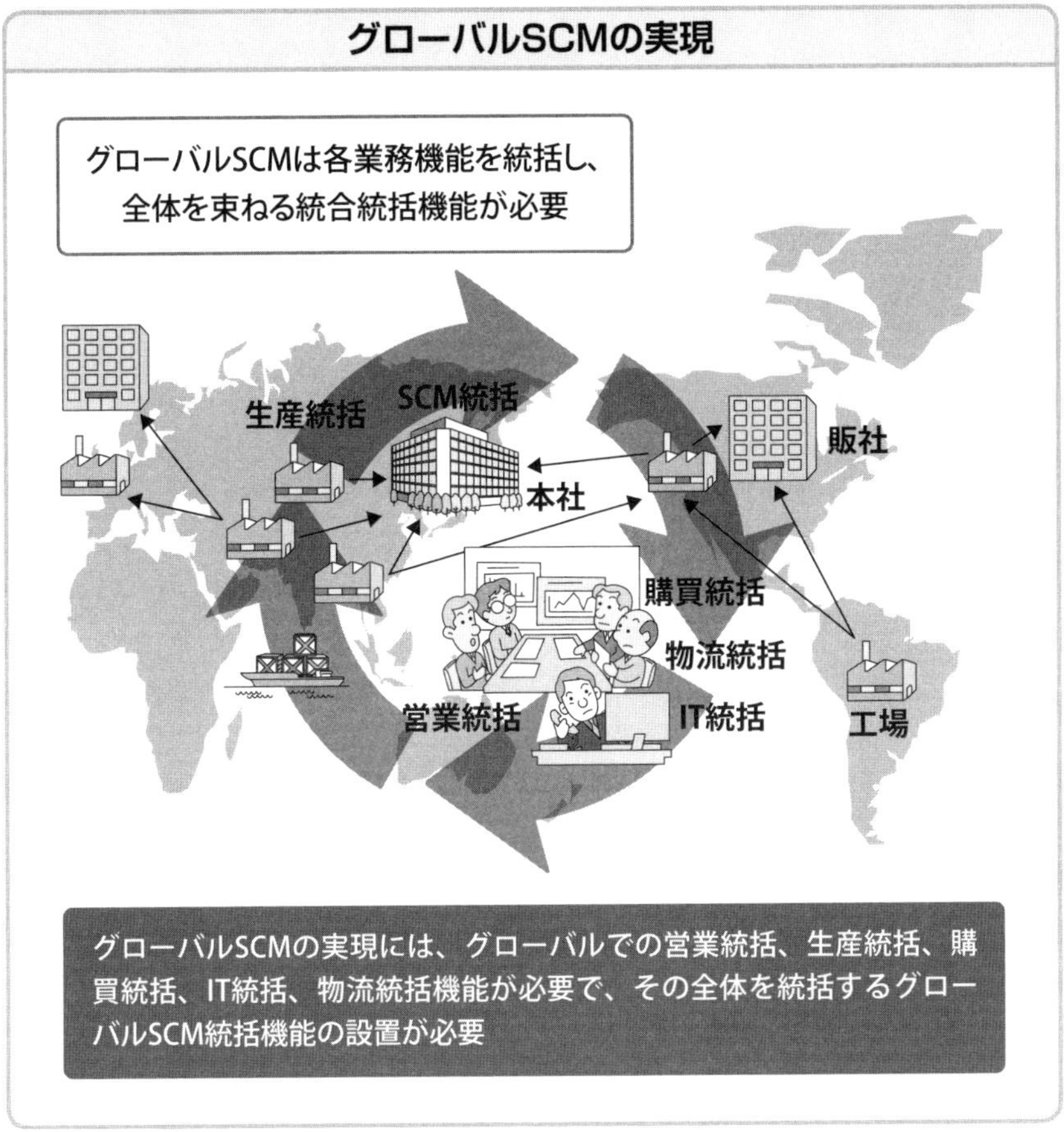
グローバルSCMの実現
グローバルSCMは各業務機能を統括し、
全体を束ねる統合統括機能が必要
生産統括
SCM統括
本社
販社
購買統括
物流統括
営業統括
IT統括
工場
グローバルSCMの実現には、グローバルでの営業統括、生産統括、購買統括、IT統括、物流統括機能が必要で、その全体を統括するグローバルSCM統括機能の設置が必要

造業も多くあります。全体の調達ボリュームで価格ディスカウントを行いながら、供給を確保していくグローバル購買・調達機能が必要になります。

●グローバル物流統括機能の再構築

物流機能も個々の拠点で契約し、輸配送するのではなく、グローバルに選定し、統括契約を結ぶことでコストダウンとリスク低減を図ります。

●グローバルＳＣＭ統括機能の設置

営業、生産、調達、物流、財務が連携してＳ＆ＯＰを行います。グローバルに行う際は、各国販社、各国工場も参画し、意思決定をします。

こうした意思決定はデータのとりまとめ、分析、議論テーマ設定、落としどころとなる案の設定、グローバルＳ＆ＯＰ会議の推進を行う機能が必要です。こういう機能を持って、統括すべき責任と権限を定義して、ＳＣＭ組織をつくるべきでしょう。

Column

「ものづくり」だけに閉じこもらず、SCMを再構築せよ

◉「ものづくり」は大切だが、それだけではいけない

近年、「ものづくり」という言葉が盛んに使われます。伝統的に日本を支えてきた、古くから綿々と続く職人的な気質と品質へのこだわりを称して、「ものづくり」という合言葉が使われるようになったようです。

たしかに、日本の製造業は「ものづくり」の理念を引き継ぎ、職人的な創意工夫と熟練を重視し、原材料も部品も品質を重視し、人が驚くような高い完成度の製品をつくることにこだわってきました。戦後の復興期の、「安かろう、悪かろう」という日本製品の悪いイメージを払拭し、いまでは世界で最も尊敬される品質を日本の製造業は達成したのです。

その一方で、グローバルでの競争が激しくなり、新興国の製造業が立ち上がってくる過程で、日本の製造業の競争力にも陰りが見えてきました。日本の製造業の先行きに暗雲が漂ってきた感じです。そうした気分を払拭するために、官民をあげて「ものづくり」という言葉が言われ始めました。

これはこれで正しいことです。しかし、すでに問題は別なところから生じ、競争の原理は「ものづくり」だけでは対応できなくなっているのです。

◉日本の製造業は「ものづくり」に逃げ込んではならない

「ものづくり」へのこだわりは大切にするとしても、それに加えて、いま必要とされているのは「マネジメント能力」です。無条件に高性能・高品質を追求するのではなく、性能と品質のレベルを選択し、何をつくるべきか、どこでつくるべきか、という戦略的な意思決定が必要なのです。「よいものをつくれば売れる」という昔の成功モデルに戻るのでは、今後生き残ることはできないでしょう。どこでどれだけ、どのような方針でモノを売り、どれほど在庫し、生産すべきか・せざるべきかを俊敏に分析・判断し、正しく意思決定していく「マネジメント能力」が必要なのです。

「ものづくり」に閉じこもるだけでは、ビジネスとしての全体性を考えた競争に勝つことはできません。いまこそ、SCMの再構築が必要です。なぜなら、SCMは企業のあり方を決め、統制し、収益を決定する業務だからです。

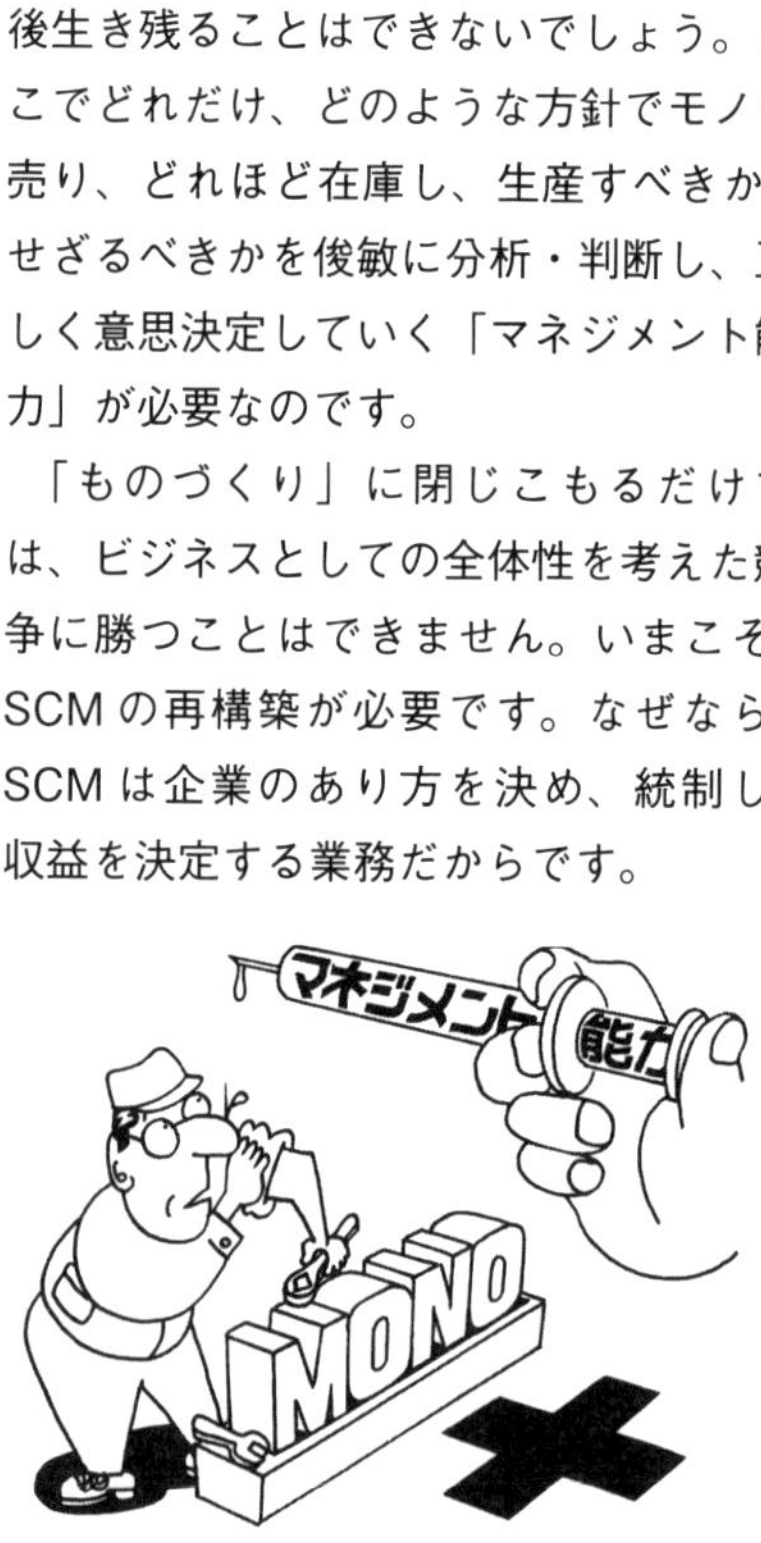

著者略歴

石川　和幸（いしかわ　かずゆき）

1965年茨城県生まれ。早稲田大学政治経済学部政治学科卒、筑波大学大学院経営学修士。アンダーセン・コンサルティング（現アクセンチュア）、日本総合研究所等を経て、サステナビリティ・コンサルティング代表。専門は、ビジネスモデル構想、SCM構築・導入、ERPシステム導入、管理指標導入、プロジェクトマネジメントなど。

著書に『この１冊ですべてわかるSCMの基本』『この１冊ですべてわかる 在庫マネジメントの基本』（以上、日本実業出版社）、『現場で使える「SCM」の教科書』（ソシム）、『なぜ日本の製造業は儲からないのか』（東洋経済新報社）、『エンジニアが学ぶ生産管理システムの「知識」と「技術」』『エンジニアが学ぶ物流システムの「知識」と「技術」』（以上、翔泳社）などがある。

【連絡先】
e-Mail:kazuyuki.ishikawa@susco.jp
URL: https://susco.jp/

なるほど！　これでわかった
新版 図解　よくわかるこれからのSCM

2023年9月29日　初版発行

著　者 —— 石川　和幸
発行者 —— 中島　豊彦

発行所 —— 同文舘出版株式会社
東京都千代田区神田神保町1-41　〒101-0051
電話　営業03（3294）1801　編集03（3294）1802
振替00100-8-42935　https://www.dobunkan.co.jp

ISBN978-4-495-58882-3
印刷／製本：萩原印刷　Printed in Japan 2023